증보

영유아발달

안선희 · 문혁준 · 김연하
김정희 · 임연진 · 한세영

창지사

머 리 말

영유아기는 인간발달 과정에서 가장 중요한 시기라는 것은 이미 잘 알려져 있다. 1959년 미국의 소아정신분석자인 셀마 프레이버그가 대학에서 아동발달을 강의하면서 영유아의 발달과 심리변화에 관해 저술한 『The Magic Years』라는 책이 미국 소아연구협회로부터 '올해의 책'으로 선정되었다. 이 책은 우리나라에 『마법의 시간 첫 6년』이라는 제목으로 번역되어 몇 해 전에 소개되었다. 제목에서 알 수 있듯이 영유아기는 정말로 마법의 시간이라는 것을 자녀를 키우는 부모나 유아교육현장에서 영유아를 돌보는 교사들은 깊이 공감할 것이다. 인간의 생명이 엄마의 몸속에서 점 하나 정도의 크기로 시작되어 만 6세 무렵에는 평균 110cm 이상으로 성장하게 된다. 이 책을 읽는 독자들도 영유아기가 신체적 성장뿐 아니라 언어, 사고, 사회성, 정서, 도덕성, 성역할 발달까지 이루어지는 놀라운 시기라는 것을 곧 알게 될 것이다. 대학 강단에서 여러 해 동안 영유아발달을 가르쳐온 우리 저자들이 경험한 바에 의하면 영유아발달에 관한 학습은 독자 여러분들에게도 매우 가치 있는 일이 될 것이라고 생각한다.

영유아발달 교과목은 보육교사를 준비하는 학습자들은 반드시 배워야 할 필수교과목으로 지정되었다. 보육교사들이 영유아발달에 관한 지식이 있어야 하는 이유는 발달에 대한 이해와 지식을 토대로 영유아의 발달 수준에 적합한 교육과정을 구성할 수 있으며 성장과 발달에 도움을 주는 환경구성, 일과 및 활동계획, 교사-영유아 간의 상호작용, 교수방법을 제공할 수 있기 때문이다. 보육교사가 영유아의 개별적 요구, 흥미, 경험에 맞춰 민감하게 상호작용하려면 영유아의 연령별 발달 특성과 개인적 발달 수준을 정확하게 파악하는 것이 그 무엇보다도 중요한 일이다. 이는 영유아교사뿐 아니라 자녀양육에 필요한 정보를 얻고자 하는 예비부모나 부모들도 알아두면 유용할 내용이라고 생각한다.

본서는 대학에서 아동학을 강의하는 안선희, 문혁준, 김연하, 김정희, 임연진, 한세영 등 6명의 교수가 각자의 관심에 따라 두 개의 장씩 집필하였다. 이미 영유아발달 관련 교재가 많이 있지만 본서는 학부생들이 꼭 알아야 할 내용 위주로 이해하기 쉽도록 집필하는 데 역점을 두었다. 사실 영유아발달은 다루어야 할 내용이 방대하여 한 학기에 배우기에는 다소 어려움이 있으므로 가급적 한 학기 강의계획에 무리가 가지 않도록 12개의 장으로 구성하였다. 1장에는 영유아발달의 개념과 이론을 소개하는 것으로 시작하여, 2장에는 영유아발달의 연구방법을 다루었고, 3장에서는 태내발달 및 출산, 4장에서는 영아기를 소개하였다. 이어서 발달의 주제별로 신체발달, 인지발달, 지능과 창의성, 언어발달, 정서 및 자아발달, 도덕성 및 성역할발달로 나누어 영아와 유아의 발달 특징과 관련 이론들을 설명하였다. 마지막 11장과 12장에서 영유아발달 과정에 중요한 영향을 미치는 가정환경과 또래, 매체 등의 가정 외적 환경을 살펴보았다.

본서는 여러 명의 저자가 모여 집필한 관계로 강점도 있으나 부족한 면도 동시에 가지고 있다. 부족하고 미흡한 부분은 차후에 보완할 것을 약속드리며 이 책이 나오기까지 많은 도움을 주신 창지사 이윤미 편집장님을 비롯한 창지사 여러분께 깊은 감사를 드린다.

2021년 2월

저자일동

차 례

CHAPTER 1

영유아발달의 개념 및 이론

영유아를 올바르게 교육하고 부모를 지원하기 위해서는 영유아기의 중요성을 인식하고, 이 시기의 발달을 설명하고 예측할 수 있는 이론에 대한 지식을 갖추어야 한다. 본 장에서는 발달이란 무엇이며, 영유아들의 발달을 설명하는 다양한 이론들에 대하여 간략하게 살펴본다.

1 영유아발달의 개념

1) 발달이란 무엇인가?

발달(development)은 인간이 정자와 난자가 결합하여 수정되는 순간부터 평생을 걸쳐 경험하는 신체적, 인지적, 사회 정서적 변화를 의미한다. 발달은 체계적이고, 연속적으로 이루어지나 개인차가 존재한다. 발달의 개인차가 누적되면, 그 사람의 고유한 발달적 특징이 형성된다.

발달과 유사한 개념으로 '성숙(maturation)'이 있다. 성숙이란 학습 또는 환경적 경험에 의해서라기보다는 나이가 들어감에 따라 자연적으로 나타나는 신체적, 인지적, 행동적 변화를 주로 의미한다. 또 다른 유사개념인 학습(learning)은 경험이나 훈련에 의해서 인간의 행동이 관찰 가능하게 변하여 일정기간 유지되는 것을 뜻한다. 발달은 이러한 성숙과 학습을 포괄하는 개념이라고 볼 수 있다.

영유아기는 인생의 어느 시기보다도 급격한 발달이 이루어지는 시기이므로 매우 중요하다. 따라서 영유아가 타고난 잠재력을 충분히 발휘하여 건강한 발달을 이룰 수 있도록 돕는 것은 매우 중요하다.

2) 발달의 단계

인간의 발달은 여러 단계를 거치며 이루어진다. 발달의 단계를 나누는 방식은 학자마다 조금씩 차이가 있으나 일반적으로, 태내기(수정~출생 전), 신생아기(출생 직후~4주), 영아기(1~24개월), 유아기(만 2~5세), 학령기(초등학교 시기), 청소년기(중고등학교 시기), 성인기로 나뉜다. 본 책에서는 태내기, 신생아기, 영아기, 유아기, 학령기를 중심으로 살펴보도록 하겠다.

같은 단계에 있는 영유아들이 보여주는 발달적 특징은 일반적으로 매우 유사하다. 그러나 한 단계에서 나타나는 발달적 특징은 다른 단계에서 나타나는 발달적 특징과 양적 또는 질적으로 다르다.

(1) 태내기(수정 출생 전)

정자와 난자가 수정되는 순간부터 생명이 시작되며, 수정란은 수정된 후 약 12시간 이후부터 세포분열이 시작된다. 그리고 분열된 세포는 이후 특정 신체기관을 위한 조직으로 분화한다. 태내기는 수정과 착상이 이루어지고 자궁벽에 착상되어 세포분열이 활발하게 진행되는 발아기(수정 후~약 2주), 주요 신체기관과 조직이 형성되는 배아기(3~8주), 신체 조직이 성장하고, 감각, 학습을 위한 여러 능력을 갖추게 되는 태아기(9주 출생 전)로 나뉜다.

(2) 신생아기(출생 직후 4주)

갓 태어난 아기는 태내환경과는 전혀 다른 환경에 적응해야 하는데, 출생 직후 4주까지를 신생아기라고 한다. 탯줄을 통해 산소와 영양을 공급받았던 태내기와는 달리 신생아는 폐를 통해 스스로 호흡하며, 스스로 영양분을 섭취한다. 이때 타고난 반사 능력은 신생아의 생존에 중요한 역할을 할 뿐 아니라, 환경과 상호작용을 시작하는 주요 수단이 된다.

(3) 영아기(1~24개월)

출생 후 약 2년 동안 인간은 생애 가장 급속한 성장을 겪는데 이를 영아기라고 한다. 영아기 중반 이후가 되면 신체적 성숙과 운동능력 발달이 어느 정도 이루어져서 적극적으로 환경과 상호작용한다. 또한 주양육자를 비롯한 주변 성인들과 최초의 사회적 관계를 맺게 되는데 이는 이후 사회정서 발달의 기초가 된다. 인지능력도 매우 급속하게 발달하고 이를 바탕으로 언어를 습득한다.

(4) 유아기(만 2~5세)

만 2세부터 초등학교 입학 전까지의 시기를 유아기라고 한다. 유아들의 운동능력은 영아기 때 한층 성숙되어 다양한 실·내외 활동에 참여하는 것이 가능하다.

언어능력도 발달하여 또래 및 가족 이외의 성인과 활발한 의사소통이 가능하다. 이 시기 대부분의 유아들은 유치원이나 어린이집에서 또래들과 함께 지내면서 사회적 경험을 시작한다. 이를 통해 정서조절, 자기통제, 협력 등의 능력을 길러나간다.

(5) 학령기(초등학교 시기)

학령기 아동은 초등학교라는 공식적인 교육기관에서 규칙과 규율을 지키며 또래와 함께 생활한다. 학령기에는 유아기에 경험한 것보다 훨씬 확장되고 복잡한 또래 관계가 형성되며, 이를 통해 더 발전된 사회적 능력을 기를 수 있다. 교사와 관계를 맺고, 학습습관을 향상시키기 위해 노력하는 것도 학령기의 중요한 과제이다. 삶의 중심이 가정에서 학교로 어느 정도 옮겨진 시기라고 볼 수 있다.

3) 발달영역

영유아의 발달영역을 구분하는 방식은 다양하나 본 책에서는 아래와 같이 네 가지 영역으로 나누어 살펴보도록 하겠다. 영유아마다 한 영역의 발달이 다른 영역의 발달에 비해 빠르거나 늦을 수 있다. 또한 각 영역의 발달은 다른 영역의 발달에 영향을 주는 상호의존적 관계이다.

(1) 신체발달영역

영유아는 일단 키와 몸무게가 급속하게 늘어나는 신체 크기의 양적 성장을 경험한다. 근육의 양도 많아지고 골격도 튼튼해진다. 또한 보고, 듣고, 맛보고, 느끼는 감각능력의 발달은 영유아가 환경을 이해하는 도구가 된다. 영유아의 운동능력 및 신체조절 능력도 연령의 증가와 함께 점차 세분화되고 세련되어진다. 신체의 움직임 측면에서는 두부에서 각부로 몸의 중추부에서 말초부로 발달하며, 신체의 기능면에서는 일반적인 것에서 특수한 것으로 발달한다.

(2) 인지발달영역

영유아는 환경을 탐색하거나 타인과 상호작용하면서 다양한 지식과 정보를 습득한다. 그리고 이를 사용하여 환경을 해석하고 적응해 나간다. 영유아의 사고는 초기에는 직관적이고 구체적이며 비논리적이다. 연령의 증가와 함께 점차 체계적, 논리적, 상징적 사고가 가능해진다.

(3) 언어발달영역

인지적 성장이 어느 정도 이루어지면 영유아는 타인의 말을 듣고 이해할 수 있게 되고 자신의 생각을 말로 표현할 수 있게 된다. 즉, 의사소통의 기초가 형성된다. 이를 바탕으로 언어적 상징을 다루는 능력, 즉 기초적인 읽기와 쓰기도 배운다.

(4) 사회 정서 발달영역

영유아는 자기 자신과 가족, 친구에 대한 기초적인 개념을 형성한다. 타인과의 관계를 맺고 유지하면서, 자신의 정서를 조절하고 표현하는 능력을 발달시키며, 타인의 정서를 이해하는 능력도 형성시킨다.

4) 발달의 원리

(1) 발달에는 순서가 있다

인간의 발달에는 일정한 순서가 있다. 영유아의 발달에도 공통된 순서가 있음을 쉽게 찾아볼 수 있다. 영아기의 신체발달을 예를 들면, 먼저 머리와 목을 가눌 수 있고(약 3개월경), 누워서 몸통을 뒤집을 수 있고(생후 약 6개월경), 몸통을 세우고 혼자 앉을 수 있으며(생후 약 10개월경), 서서 걸을 수 있다(생후 약 15개월경)(신희선·한경자·오가실·오진주·하미나, 2002). 이러한 발달의 순서는 여러 영역에서 나타나며, 인간의 타고난 신경학적 성숙의 순서와 관련이 깊다.

	출생~3개월	3~6개월	6~9개월	9~12개월	12~15개월	15~18개월
신체	머리를 들 수 있다. 	몸통을 뒤집을 수 있다.	앉을 수 있으며 움직임을 시도한다. 	손과 발을 사용하여 놀이를 한다.	도움없이 걷기를 시도한다. 	팔과 다리를 사용하여 기어오르기를 즐기며, 간단한 춤도 춘다.
사회 정서	성인과 신뢰 관계를 맺는다.	감정을 표현한다. 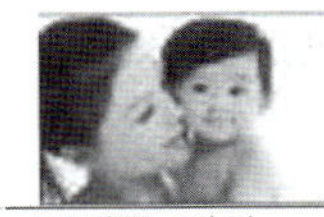	다른 사람들보다 가족들을 더 좋아한다.	성인과 노는 것을 즐긴다. 	성인의 도움을 받아서 탐색하는 것을 즐긴다.	성인의 도움을 받아 감정을 조절한다.
학습 능력	얼굴을 쳐다보고 미소를 짓는다. 	물체를 잡아 보려고 한다.	장난감을 잘 가지고 논다.	탐색하기 위해 돌아다닌다. 	자신이 원하는 것이 무엇인지를 알고 요구한다.	놀이를 통해 배운다. 
인지 능력	감각을 통해 학습한다.	반복되는 하루일과를 인지한다. 	사람들에게 관심을 보인다. 	숨기고 찾는 게임을 즐긴다.	끼적이기를 시작한다. 	간단한 조작 놀이를 즐긴다.
언어	목소리를 내고 다른 사람의 말소리를 듣는다. 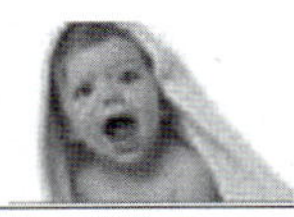	목소리를 내고 들리는 소리에 반응한다.	옹알이를 하고 점차 말하려고 시도한다. 	말소리와 함께 몸짓을 사용한다.	단어를 말하기 시작한다.	말을 통해 자신의 뜻을 전달하고자 한다. 

출처: Child Profile (2016).

[그림 1-1] 영아기 발달의 일반적인 순서

(2) 발달에는 개인차가 있다

영유아의 발달이 어느 정도 보편적인 순서대로 진행되는 것은 맞으나, 그 시기와 속도는 영유아마다 다르다. 어떤 영유아의 발달은 다른 영유아의 발달보다 빠르게 진행되기도 하고 그와 반대인 경우도 있다. 예를 들면, 대부분의 영유아가 약 15개월경에 첫 단어를 말하는 반면, 어떤 영유아는 약 10개월경에 첫 단어를 말하기도 한다. 영유아의 발달에 개인차를 가져오는 원인은 다양하다. 장애나 질병처럼 타고난 원인일 수도 있고, 가족이나 환경의 영향일 수도 있다.

(3) 발달은 누적적이다

한 시기의 발달은 다음 시기의 발달에 영향을 준다. 한 시기의 성공적인 발달은 다음 시기의 성공적인 발달로 이어지는 초석이 된다. 예를 들면, 영아가 생후 첫 1년 동안 보호자와 안정적인 애착관계를 형성했다면, 이는 유아기와 아동기에 또래 및 교사와 사회적 관계를 맺는 데 기초가 된다. 그러나 이전 발달시기의 부정적 영향력이 조금씩 누적되면 나중에 예상치 못한 결과를 가져오기도 한다. 예를 들면, 영아기에 극심한 영양실조로 인하여 키와 몸무게가 제대로 늘어나지 못했다면, 유아기나 아동기의 신체발달에서도 그 영향력이 관찰될 수 있다. 나아가서 성인기의 신체적 성장에도 부정적인 영향을 줄 수 있다.

(4) 한 영역의 발달은 다른 영역의 발달에 영향을 주는 상호의존적 관계이다

영유아의 발달을 영역별로 구분하여 살펴보는 것이 보편적이기는 하지만 사실 영유아의 발달은 영역 간에 매우 긴밀하게 영향을 주고받는다. 예를 들면, 신체발달이 또래에 비해 성숙한 영아는 그렇지 않은 영아에 비해 운동성이 잘 확보되어 스스로 자유롭게 움직이면서 환경 및 타인과 적극적으로 상호작용할 수 있다. 이는 인지발달이나 사회성 발달에 긍정적인 영향을 미친다. 반대로, 정서조절, 감정표현, 협력 등 사회성 발달에 어려움을 겪는 영유아는 또래 및 성인과 긍정적인 관계를 맺기 어려울 수 있는데, 이는 타인으로부터 새로운 인지적 자극을 경험할 수 있는 기회가 줄어드는 것을 의미하여, 인지발달이나 언어발달에 부정적으로 작용할 수 있다.

(5) 발달에는 결정적 시기가 있다

발달의 결정적 시기란 어떤 기능의 습득 및 성장이 극대화되는 시기가 생애의 특정 시점에 존재하는 것을 의미한다. 결정적 시기에는 생애 어느 시기에서도 다시는 찾아보기 어려울 만큼 빠른 성장이 일어나거나 급속한 기능의 습득이 일어난다. 놀라운 것은 이러한 발달의 결정적 시기가 대부분 영유아기에 집중되어 있다는 것이다.

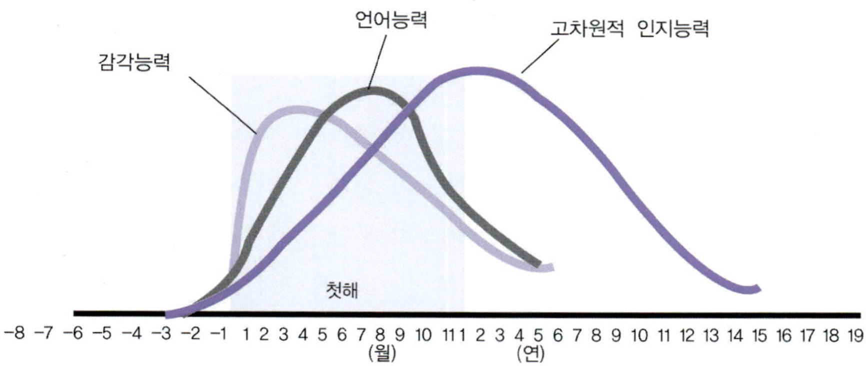

출처: Center on the Developing Child.

[그림 1-2] 발달의 결정적 시기

(6) 발달은 환경과 유전의 상호작용의 결과이다.

발달이 환경에 의한 것인지 또는 타고난 유전에 의한 것인지는 학자들의 오랜 논쟁거리였다. 물론 어떤 발달은 환경에 크게 영향을 받기도 하고 어떤 발달은 유전에 영향을 더 받기도 한다. 그러나 현재는 발달이 환경과 유전의 상호작용에 의한 결과라는 데 대부분 동의한다.

2 영유아발달 이론

영유아발달을 설명하고 예측하기 위한 체계적인 이론을 발달이론이라고 한다. 발달이론이 필요한 이유는 다음의 세 가지로 요약된다. 첫째, 성인이 영유아에게 언제 어떤 환경을 제공해 주어야 하는지, 어떤 기대를 가져야 하는지, 어떻게 하면 효과적으로 영유아의 발달을 도울 수 있는지에 대한 정보를 제공한다. 둘째, 영유아를 위한 교육, 복지, 법률 등을 제정함에 있어 과학적이고 체계적인 발달이론에 따른다면, 보다 효율적인 의사결정을 내릴 수 있다. 셋째, 영유아발달에 대한 연구는 인간의 본성 및 본질에 관한 연구의 기초가 된다.

영유아발달이론의 역사는 매우 깊다. 그동안 많은 학자들이 영유아발달에 관한 이론을 제시하여 왔다. 본 책에서는 현대 영유아발달 이론을 대표하는 성숙이론, 정신분석 이론, 인지발달 이론, 학습 이론, 생태학적 이론, 동물행동학 이론을 중심으로 살펴보고자 한다.

1) 성숙이론

성숙이론은 인간의 발달은 생물학적으로 계획된 순서에 따라 진행되며, 대부분의 영유아들이 약간의 개인차는 있으나 비슷한 단계를 거치며 비슷한 속도로 성장한다고 본다. 따라서 특정기술은 특정 연령에 도달하면 자연스럽게 습득된다고 보는 견해를 가지고 있다.

대표적인 학자는 미국의 심리학자이자 의사인 Gessell(1880~1961)이다. Gessell은 예일 대학교에 재직하면서 수많은 영유아들의 성장을 관찰한 자료를 바탕으로 영유아의 지적, 신체적, 사회정서적 발달의 기준이 되는 행동을 연령별로 제시한 발달 규준표(developmental schedule)를 제시하였다. 발달 규준표는 영유아가 연령에 맞게 잘 성장하고 있는지 또는 발달의 양상이 규준에서 벗어나는지를 파악하는 데 매우 유용하게 사용된다. 성숙이론은 영유아에게 어느 시기에 무엇을 가르쳐야 할지, 어떤 활동을 제공해야 할지에 대한 가이드라인을 제공하며 발달단계에 맞지 않은 지나친 기대나 성취를 강요하는 것은 바람직하지 않다는 발달적 교육적 시사점을 제공한다.

2) 정신분석이론

정신분석이론은 주로 인간의 성격이 어떻게 형성되고 발달하는가를 설명한다. 정신분석이론에 따르면, 인간은 누구나 내적인 욕구와 동기를 소유하고 있는데, 이것을 만족시키고자 하는 노력이 사회적으로 표출된 것이 인간의 행동이다. 따라서 모든 인간의 행동에는 내적 동기가 존재한다.

정신분석이론은 Freud(1856~1939)에 의해 창시되어 이후 여러 학자들에 의해 발전되거나 변형되었다. 이 책에서는 정신분석이론을 주장한 학자들 중 Freud의 심리성적 이론과 Erikson의 심리사회적 이론을 살펴보도록 하겠다.

(1) Freud의 심리성적 이론

가. 성격의 구조

의사였던 Freud는 히스테리 환자들이 사회적으로 용인될 수 없는 억압된 욕망 때문에 고통받고 있다는 것을 발견하였다. 또한 환자들이 자신의 욕망을 의식적으로 인지하기도 하지만 그렇지 못한 경우도 있음을 알게 되었다. 이러한 경험을 바탕으로 Freud는 인간의 의식구조를 무의식, 전의식, 의식의 세 단계로, 인간의 성격을 원초아(id), 자아(ego), 그리고 초자아(super ego)로 구분하였다. 원초아는 주로 무의식의 영역에 존재하며, 자아와 초자아는 일부는 무의식의 영역에 일부는 의식의 영역에 존재한다.

원초아는 쾌락과 생존의 원리에 지배를 받는 원시적 형태의 성격이다. 갓 태어난 영유아는 원초아적 성격이 강하지만 성장하면서 문화적 압력, 사회화, 교육에 의해 사회적으로 용인될 수 있는 형태의 성격, 즉 자아를 발달시킨다. 자아는 다른 사람들과 타협하고, 때로는 양보하고, 상황을 통제하면서 자신이 원하는 바를 추구한다.

초자아는 쾌락이나 본능의 추구에 대항하는 양심적이고 도덕적인 성격이다. 원초아와 초자아는 항상 대립하는데, 그 중간 지점을 찾는 성격이 바로 자아이다. 만약 성격의 세 구조 간에 균형이 잘 이루어지고, 특히 자아가 역할을 잘 수행한다면, 불안이 의식 밖으로 튀어나오거나 원초아가 실제로 행동에 반영되어 사회적 물의를 일으키는 것을 방지할 수 있다. 만약 원초아, 자아, 초자아 사이의 균형이 깨질 위기에 처하면, 불안과 욕망을 통제하기 위해 방어기제(defensive mechanism)가 작동한다. 방어기제란 통제할 수 없는 불안이나 충동을 억제하기 위해서 현실을 왜곡하거나 부정하거나, 조작하는 전략을 뜻한다. 예를 들면, 갓 태어난 동생을 둔 영유아의 경우, 동생을 향한 미움을 억누르기 위해서 잘 가리던 대소변을 다시 못 가리게 되는 퇴행(regression)을 보일 수 있다.

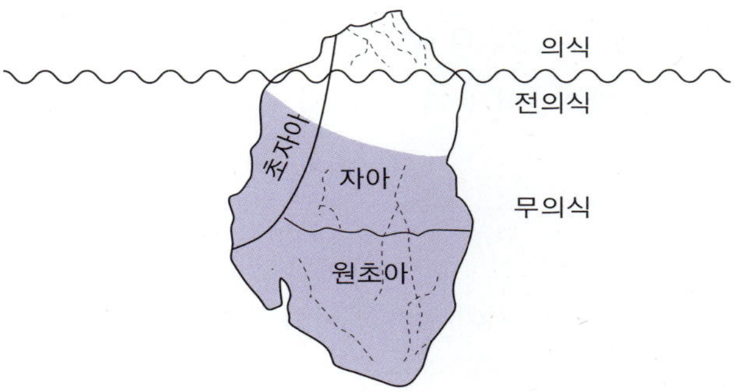

[그림 1-3] Freud의 성격구조

나. 리비도에 따른 성격의 발달단계

Freud는 인간의 성격발달에 단계가 있음을 주장하였다. 성격발달의 단계는 인간이 지닌 성과 사랑의 본능 리비도(libido)가 신체의 어느 부분에 집중되어 있는가에 따라 결정된다. 리비도가 특정 신체부위에 집중해 있는 동안 인간은 그 신체부위를 즐겁게 하고자 하는 행동에 집중하고, 만약 특정 단계에서 욕구충족이 좌절되거나 과도하게 이루어지면 그 단계에 고착(fixation)이 일어나서 이후 성격에도 영향을 줄 수 있다.

① **구강기**(oral stage)

리비도가 구강, 즉 입 주변에 존재하는 시기로 생후 첫 1년에 해당한다. 구강을 만족시키기 위한 행동, 즉, 빨고, 깨물고, 씹는 등의 행동에 몰입한다. 이 시기에 욕구 충족이 원활하지 못했다면, 고착이 일어나서 향후 구강기적 성격이 나타날 수 있다. 손가락 빨기, 손톱 깨물기, 과식, 과음, 흡연, 수다 등 주로 입 주변을 자극하는 행동들이 구강기적 고착 행동으로 알려져 있다.

② **항문기**(anal stage)

만 1~2세 사이에 해당하는 시기이며, 리비도가 구강에서 항문으로 이동하였다. 리비도가 항문 부위에 있으므로 스스로 대변을 참거나 배출하면서 쾌감을 느낀다. 배변을 스스로 조절하는 이러한 경험은 향후 자기통제의 기반이 된다. 만약, 부모의 심한 배변훈련으로 인하여 영유아가 스스로 항문 부위의 리비도를 통제할 수 있는 기회를 잃어버렸거나 무절제하게 대변을 배출하여도 과도한 칭찬을 받았다면 항문기적 고착행동이 나타날 수 있다. 결벽증, 수집광, 인색함 등이 항문기적 성격으로 알려져 있다.

③ **남근기**(phallic stage)

만 3~5세까지에 해당하는 시기이며, 쾌락의 초점이 항문에서 성기로 옮겨진다. 이 무렵 유아는 흔히 자신의 성기 부위를 자극하여 만족을 얻는 자위행위를 시작한다. 남근기 유아는 이성의 부모에 대한 어린이다운 성적 욕망 및 심리적 유대감을 가지는데, 남아에게 나타나는 현상을 오이디푸스 콤플렉스(oedipus complex) 그리고 여아가 겪는 현상을 엘렉트라 콤플렉스(electra complex)라고 한다. 콤플렉스의 해결은 동성부모와의 동일시를 통해 이루어진다. 즉, 아들이 어머니를 놓고 아버지와 경쟁하는 대신, 아버지와 자신을 동일시하여 콤플렉스에서 벗어난다. 이 시기의 동일시를 통해 아들의 경우 아버지의 남성성을, 딸의 경우 어머니의 여성성을 학습한다. 미해결된 콤플렉스는 이후 이성 관계 등 성격발달에 어려움의 원인이 될 수 있다. 남근기 고착의 성격특성은 허영과 과도한 자부심 등이고, 반대로 지나친 자기증오, 겸손 등이 거론된다.

④ **잠복기**(latency stage)

6세 이후부터 사춘기 이전까지 아동의 리비도는 잠복된 상태이다. 따라서 자신의 신체보다는 사회적인 것에 주로 관심을 갖는다. 학교에서 주로 동성친구와 어울려 다니고 사회적으로 필요한 기술을 습득하면서 시간을 보낸다.

⑤ **생식기**(genital stage)

제2차 성징이 출현하는 12~13세 무렵의 사춘기에는 잠복되었던 리비도가 다시 출현한다. 이때 리비도가 집중되는 신체부위는 생식기이다. 이 시기의 청소년은 자신, 이성부모, 동성 친구보다는 이성에게 집중한다. 만일 남근기를 성공적으로 거치지 못한 경우에는 권위에 대한 적대감이 해소되지 않고 동일시에 있어 혼란이 있기 때문에 생식기에 분출되는 성적 에너지를 원만하게 처리하는 데 어려움을 겪을 수 있다. 이로 인해 권위에 대한 반항, 비행, 또는 이성에 대한 적응 곤란이 나타날 수 있다.

(2) Erikson 심리사회적 이론

Erikson(1902~1994)의 심리사회적 이론은 Freud의 심리성적이론에 비해 인간의 성격발달에 있어서 사회문화적 요소를 강조했다. 또한 Freud 처럼 청소년기까지가 아닌, 출생부터 노년기에 이르기까지 평생에 걸친 성격발달을 설명했다는 측면에서 매우 포괄적이다. Erikson은 인간은 발달시기마다 획득하고자 하는 능력이나 관심사가 달라지는데, 자신을 둘러싼 사회의 요구와 인간이 원하는 바가 역동적으로 상호작용하며 성격이 형성된다고 보았다. Erikson은 평생 동안 총 여덟 단계를 거치며 성격발달이 이루어진다고 보았다.

가. 1단계: 신뢰 대 불신(trust vs. mistrust)

영아(출생 후 1년)는 보호자가 자신이 배가 고플 때 음식을 주고 고통을 느낄 때 위로를 준다는 믿음을 가지고 싶어 하는데 이것이 바로 기본적인 신뢰감이며, 향후 타인이나 상황을 바라보는 시각에 대한 기초가 된다. 보호자와 신뢰감을 형성한 영아는 보호자가 언제나 다시 돌아올 것을 믿으며, 지나친 걱정을 하지 않는다. 반대로 영아의 욕구에 대한 보호자의 행동이 일관성이 없고 반응적이지 않으면, 영아는 부모에 대한 불신감(mistrust)을 형성한다. 성공적인 성격발달과 적응을 위해서는 높은 수준의 신뢰감과 낮은 수준의 불신을 갖도록 하는 것이 중요하다. 하지만 신뢰감을 형성하기 위해서는 적절한 수준의 불신을 어느 정도 경험할 필요가 있다.

나. 2단계: 자율성 대 수치심 및 회의(autonomy vs. shame and doubt)

이 시기의 유아(만 1세~만 3세)는 움직이고 걷고 말하는 것이 어느 정도 가능하다. 따라서 환경을 적극적으로 탐색하고 자율적으로 조작하고 통제하고 싶어 한다. 그러나 유아들은 자신의 자율성을 어느 정도 사회적으로 적합한 방식으로 표출해야 한다. 그렇지 못하면 사회적 압력과 기대와 부딪혀 수치심 및 회의를 경험하게 된다. 이 시기에 자율성과 회의감을 적절히 경험하면, 유아는 스스로의 의지를 적합한 사회적 방식으로 관철하는 것을 배우게 되며, 이는 사회에서 성공적으로 기능하는 구성원이 되는 기초가 된다.

다. 3단계: 주도성 대 죄책감 (initiative vs. guilt)

이 시기의 유아(만 3세~만 6세)는 주도적으로 목표를 세우고 이를 위해 노력하고 경쟁하는 것에 관심이 많다. 동시에 자신의 계획과 희망이 좌절될 수도 있다는 것, 어떤 행동은 사회적으로 용인되지 못하거나 위험할 수 있다는 것을 경험하게 되면 죄책감을 경험한다. 이러한 죄책감은 추후 자기억제의 기초가 된다.

라. 4단계: 근면 대 열등감(industry vs. inferiority)

이 시기는 학령기(만 6세~만 12세)로서 학교 체계 내에서 사회화에 필수인 인지적, 사회적 기술을 습득한다. 이 시기에 성공을 경험하면, 아동은 근면감을 획득을 하고, 이는 추후 자기 자신을 유능한 존재로 여기는 것에 대한 기초가 된다.

반대로 노력에 뒤따르는 성공을 충분히 경험하지 못하면 열등감이 생긴다. 어느 정도의 열등감은 도전의 원동력이 될 수 있으나 추후 자아 개념에 손상을 가져 올 수 있으므로, 근면한 행동을 했을 경우 성공으로 이어지는 경험을 충분히 하는 것이 필요하다.

마. 5단계: 자아 정체감 대 역할 혼돈(identity vs. role confusion)

이 시기는 청소년기(만 12세~만 18세)로서 신체적, 성적인 성숙이 거의 완성된다. 또한 인지적 성숙도 이루어져서 추상적 관념적 사고가 가능한데, 이로 인하여 자기 스스로에 대한 근본적인 질문을 하게 된다. Erikson은 청소년이 자신이 처한 사회문화적 상황 내에서 원하는 바, 능력 및 역할에 대해 고민하고, 이를 통해 자아 정체감(self-identity)을 확립하는 것이 매우 중요하다고 보았다. 이러한 과정은 수많은 불분명함과 기회 및 가치 속에서 자신을 찾아나가는 매우 혼돈스럽고, 힘든 과정이다. 때문에 종종 청소년은 역할 혼돈에 빠지게 되며, 방황하기도 한다. 그러나 이러한 청소년의 갈등과 혼란스런 행동은 결국 자신을 찾아가는 능동적인 과정이라고 볼 수도 있다.

바. 6단계: 친밀감 대 고립감(intimacy vs. isolation)

이 시기는 성인 초기의 단계로서 청소년기의 자기몰두적인 관심이 타인과의 의미 있는 대인 관계를 형성하는 것으로 옮겨진다. 즉, 타인과 의미 있는 관계를 형성하여 애정을 나누고 친밀감(intimacy)을 형성하고자 한다. 그러나 타인과의 관계는 필연적으로 갈등과 반목을 수반한다. 이로 인해 성인은 고립감을 경험하기도 한다. 이전 단계에서 건강한 자아 정체감을 형성하였다면 타인과의 원만한 대인관계가 어렵지 않다. 만약 그렇지 못했다면 성인은 고립되고 자기몰두에 빠질 수 있다. 친밀감과 고립감을 적절하게 경험하면서 성숙되면 보다 완성된 형태의 타인과의 관계, 즉 사랑도 가능해진다.

사. 7단계: 생산성 대 자기 침체(generativity vs. stagnation)

성인 중기의 관심사는 다음 세대를 '생산'하고 문화와 가치를 전수하는 것이다. 생산성이란 좁게 말해서 자녀를 낳고 기르는 것이며, 넓은 의미로는 다음 세대에게 도움이 될 만한 문화와 가치를 전수하는 것이다. 이 시기에 자기를 어느 정도 희생해 가면서 다음 세대를 위해 도움이 되는 행위를 한다면 생산성을 어느 정도 획득할 수 있다. 만약 그렇지 못하면, 과도한 자기 몰두, 공허, 지루함 등의 자기 침체(stagnation)를 경험한다.

아. 8단계: 자아통합 대 절망(integrity vs. despair)

인생의 마지막 단계인 노년기의 관심은 자신의 생애를 반추하면서 그것이 과연 가치 있었는지 평가하는 것이다. 자신의 지나온 삶을 수용하고, 한계를 인정하고 그 안에서 의미를 찾으면 통합감을 경험한다. 반면 자신과 자신의 인생에 대한 후회와 회한, 그리고 죽음에 대한 두려움으로 점철된 평가가 내려진다면 이는 절망감으로 이어진다.

3) 인지발달 이론

인지발달 이론에 의하면 인간은 환경과의 상호작용을 통하여 스스로 지식을 구성해 나간다. 영유아는 환경에 수동적으로 반응하는 존재가 아닌, 환경을 탐색하고 자신의 경험에 대한 반성을 통하여 지식을 구성하는 능동적 존재라고 본다. 따라서 인지발달 이론을 구성주의 이론이라고도 한다. 영유아의 인지발달은 유전 혹은 환경 어느 하나에 의해 전적으로 이루어지기보다는 유전과 환경이 서로 상호작용한 결과로 본다.

인지발달 이론의 기초를 확립한 학자는 Piaget(1896~1980)와 Vygotsky(1896~1934)이다. 영유아 스스로 지식을 구성한다는 입장은 같으나 Piaget는 영유아가 물리적인 사물과 상호작용을 통해 인지구조를 형성해 나가는 내적인 과정에 관심을 두었으며, Vygotsky는 인지구조의 발달에 있어서 교사, 또래, 문화 등 사회적 상호작용의 역할에 관심을 두었다. 따라서 Vygotsky의 이론을 사회적 구성주의라고 한다.

(1) Piaget의 인지발달이론

Piaget는 영유아가 인지발달을 이루는 과정을 도식(schema), 조절(assimilation), 동화(accomodation), 균형화(equilibrium)라는 개념으로 설명하였고, 이러한 과정 전체를 적응(adaptation)이라고 하였다. 먼저 도식이란 영유아가 가지고 있는 세상을 이해하는 틀을 뜻한다. 신생아도 도식을 가지고 태어나는데, 신생아의 도식은 매우 단순하다. 신생아는 점차로 환경과 상호작용해 나가면서 복잡한 도식을 발전시켜 나간다.

동화는 기존에 영유아가 가지고 있던 도식으로 새로운 환경적 자극을 성공적으로 해석한 것을 뜻한다. 예를 들면 "동그란 물체는 공이며 통통 튀는 속성을 가지고 있다."라는 도식을 가지고 있는 영유아가 새로운 공을 만났을 때, 공을 만져보고 던져보면서 공이라고 이해한다.

한편, 이러한 도식은 단순하기 때문에 모든 환경적 자극을 해석할 수는 없다. 만약 오렌지를 본 영유아가 이를 공이라고 해석하고 오렌지를 만져보고 던져보았을 경우, 공과는 다르다는 것을 경험한다. 즉, 기존의 도식으로는 해석할 수 없는 자극을 만나게 된 것이다. 이러한 상태를 인지적 불균형상태라고 한다. 영아는 오렌지를 해석하기 위해서 반드시 새로운 도식을 구성해야 한다. 이것이 바로 조절이다. 영유아는 오렌지를 탐색하면서 오렌지는 공처럼 동그랗지만 통통 튀지 않으며, 먹을 수 있는 과일이라는 새로운 도식을 형성한다. 이로써 다시 영유아의 인지구조와 환경의 요구와 맞는 상태인 균형화 상태에 도달한다. 이러한 일련의 과정이 바로 적응이다.

〈표 1-1〉 Piaget 인지발달의 기본 개념

	인지발달의 기본 개념	예
도식	자극을 이해하는 필요한 기본적인 틀	동그란 것은 공이다.
동화	기존의 도식을 사용해 새로운 자극을 이해하는 데 성공하는 것	테니스공을 만져보고 공이라고 알아봄
조절	기존의 도식으로는 새로운 자극을 이해할 수 없어 새로운 도식으로 자극을 이해하는 것	오렌지는 공이 아니다. 오렌지는 공처럼 동그란 과일이다.
균형화	영유아가 인지구조가 환경의 요구와 맞는 상태	
적응	동화, 조절, 균형화를 반복하며 도식을 점차 발전시켜 세상을 이해하는 것	

Piaget는 영유아의 인지발달은 감각운동기, 전조작기, 구체적 조작기, 형식적 조작기라는 단계를 거쳐 이루어지며, 이 단계는 생물학적으로 고정된 것으로 모든 영유아에게 같은 순서로 나타난다고 하였다. 또한 각 단계에서 영유아가 보이는

인지적 특성은 다른 단계의 인지적 특성과 질적으로 다르다고 하였다. 각 단계에서 보이는 영유아의 인지적 특성은 다음과 같다.

가. 감각운동기(sensory motor stage)

출생 후 만 2세까지의 시기를 감각운동기라고 한다. 감각운동기에 영유아가 환경을 파악하는 수단은 감각기관이다. 즉, 만지고, 맛보고, 냄새 맡고, 보고, 듣는 것을 통해 자신 주변의 환경을 인식한다. 환경에 반응하는 수단은 움직임이다. 즉, 움직임을 통해 자신이 인식한 환경에 반응을 보인다. Piaget는 감각운동기를 다시 반사운동기, 일차 순환반응기, 이차 순환반응기, 이차 순환반응의 협응기, 삼차 순환반응기, 그리고 정신적 표상기의 하위단계로 나누었다.

한편, 감각운동기가 끝나가는 2세 무렵이 되면 영유아는 '대상영속성'이라는 중요한 개념을 획득한다. 대상영속성이란 "시야에 존재하였던 물체가 사라져도 다른 장소에 계속적으로 존재한다."는 기본적인 물리적 개념이다.

나. 전조작기(preoperational stage)

만 2세에서 7세까지의 시기를 전조작기라고 한다. 전조작기 유아는 언어가 발달하고 상징적 사고를 할 수 있다. 따라서 상징놀이가 나타난다. 그러나 사건들 사이의 관계를 논리적으로 이해하고 이를 내면화시키는 것은 어렵다. 따라서 전조작기 사고의 특징은 매우 직관적이고 자기중심적이다. 또한 물활론적 사고가 나타나는데, 동물이 사람처럼 말을 한다고 생각하거나 장난감 자동차도 스스로 움직이고 아파한다고 믿는다.

다. 구체적 조작기(concrete operational stage)

만 7세에서 12세까지의 시기를 구체적 조작기라고 한다. 이 시기의 아동은 구체적인 사건에 한해서는 논리적 사고가 가능하다. 논리적 사고의 발달은 가역적 사고(원래 상태로 되돌아가서 생각해보기)를 가능하게 해주고, 이는 보존개념 (어떤 대상의 외양이 바뀌어도 그 양적 속성이나 실체는 바뀌지 않음), 분류(유목에 근거해서 사물을 분류), 서열화(사물을 길이나 크기 등의 기준에 따라 순서 짓는 것)를 가능하게 해준다.

라. 형식적 조작기(formal operational stage)

12세 이후의 시기를 형식적 조작기라고 하며, 주로 사춘기에 시작된다. 형식적 조작기의 특징은 체계적, 논리적, 추상적 사고가 가능하다는 것이다. 즉, 구체적인 사물이 없이도 사건이나 사물들의 관계를 체계적으로 논리화할 수 있다. 따라서 이상주의적, 철학적 사고도 가능하다.

(2) Vygotsky의 사회적 구성주의 이론

Vygotsky는 영유아의 인지발달에서 문화와 사회적 관계의 영향력이 중요하다고 보았다. Piaget는 인지구조의 발달양상과 인지발달의 단계에서 나타나는 특성은 범문화적으로 나타나는 보편적인 것이라는 견해를 가졌으나 Vygotsky는 문화적, 사회적 특수성을 강조하였다. Vygotsky는 영유아의 인지발달을 이해하기 위해서는 그 영유아가 속한 문화나 영유아가 맺고 있는 사회적 관계를 이해하는 것이 필수적이라고 하였다.

Vygotsky의 이론에서 가장 중요한 개념은 근접발달영역(zone of proximal development)과 비계설정(scaffolding)이다. 근접발달영역이란 영유아가 자신의 힘으로 문제를 해결할 수 있는 실제적 발달 수준과 성인의 도움을 받아 문제를 해결할 수 있는 잠재적 발달 수준 사이의 가상의 영역을 의미한다. 사회문화적 힘, 즉 교사의 적절한 교수 및 유능한 또래의 도움이 주어진다면, 영유아는 실제적 발달 수준을 넘어서 잠재적 발달 수준까지 도달할 수 있다. 이렇게 영유아의 발달을 촉진하는 조력을 통한 학습을 비계설정이라고 한다.

유아교육 및 보육 프로그램에서 Piaget와 Vygotsky의 영향력은 매우 크다. Piaget의 이론은 특히 인지발달에 있어서 적절한 인지적 자극을 제공하는 물리적 환경의 중요성에 관한 큰 교육적 시사점을 남겼다. Vygotsky의 근접발달지대와 비계설정 개념은 영유아의 인지발달을 촉진하기 위한 교사 및 또래의 역할에 대한 학문적 근거가 되고 있다.

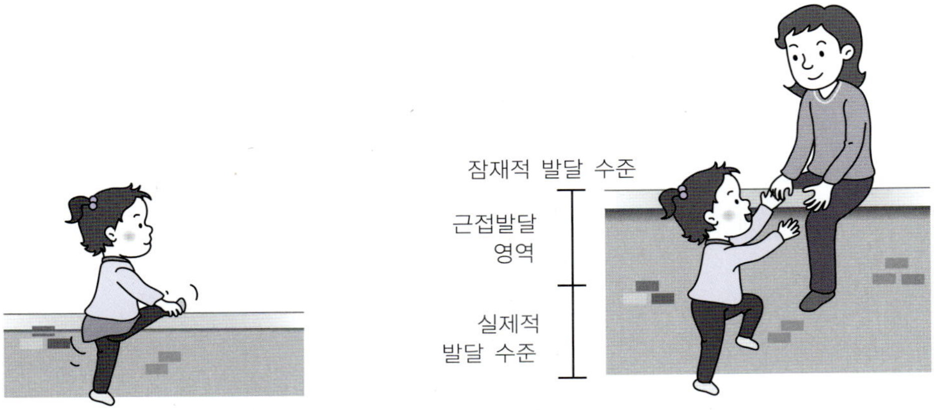

[그림 1-4] Vygotsky의 근접발달영역과 비계설정

4) 학습이론

학습이론은 행동주의에 기반하고 있는 발달이론이다. 행동주의의 기본 입장은 인간의 행동은 인간의 내부적인 요인에 의하지 않고 주변환경에 의해 결정되고 수정될 수 있다는 것이다. 따라서 영유아의 발달도 유전이나 생물학적 요인에 의한 것이라기보다 환경적 자극에 대한 영유아의 반응이 누적되어 행동적 패턴으로 나타난 것으로 본다. 학습이론을 대표하는 학자는 Pavlov(1849~1936), Skinner(1905~1990), 그리고 Bandura(1925~)이며 이들이 주장하는 바는 다음과 같다.

(1) Pavlov의 고전적 조건형성

행동주의의 기초를 확립한 사람은 러시아의 Pavlov이다. Pavlov는 개에게 고기를 줄 때 항상 종소리를 들려주는 것을 반복하면, 나중에는 종소리만 들려주어도 개가 침을 흘리는 현상을 학습이라고 주장하였다. 고기와 함께 들려주는 종소리는 조건자극, 개가 종소리를 듣고 흘리는 침을 조건반응, 이러한 과정 전체를 고전적 조건화라고 한다.

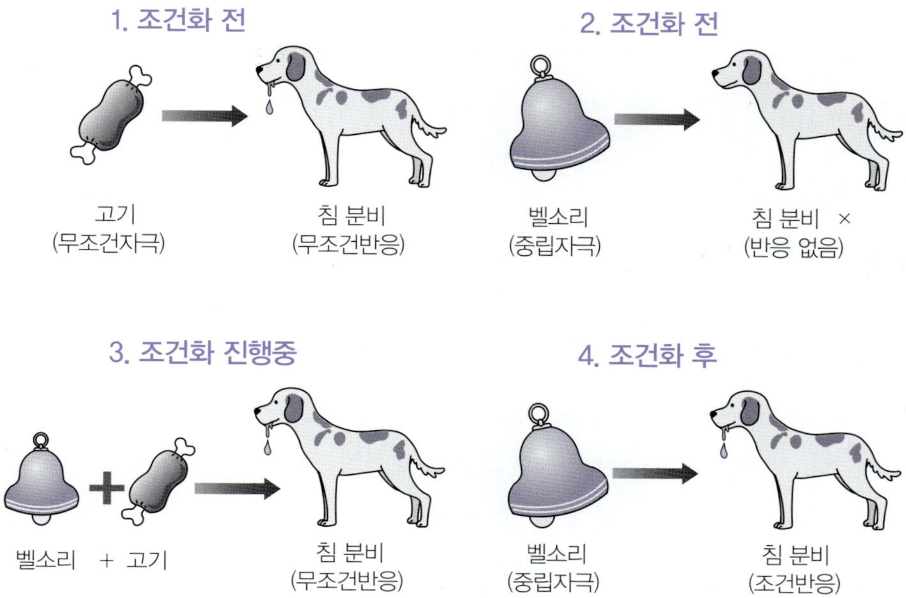

[그림 1-5] 고전적 조건화의 과정

(2) Skinner의 조작적 조건형성

미국의 심리학자 Skinner는 조작적 조건화라는 학습이론을 정립하였다. 조작적 조건화의 원리는 어떤 행동을 했을 때 칭찬이나 선물을 보상으로 주게 되면, 그 행동은 발생하는 빈도가 증가하거나 오래 지속되며, 불쾌한 경험을 하게 되면 그 행동이 다시 발생할 확률이 감소되거나 지속되지 않는다는 것이다.

Skinner 이론의 핵심개념은 강화이다. 강화란 행동의 발생빈도를 증가시키기 위한 것으로 정적 강화와 부적 강화가 있다. 정적 강화란 칭찬, 선물, 보상 등과 같이 긍정적인 반응이나 자극을 제시하여 행동의 발생빈도를 높이는 것을 뜻한다. 예를 들어, 동생을 잘 돌보아준 언니에게 엄마가 칭찬을 해주면 동생을 돌보려고 하는 언니의 행동이 지속되거나 자주 발생하는 것이 정적 강화를 통한 조작적 조건화이다. 반대로 부적 강화란 어려움이나 불편함을 제거하여 행동의 발생빈도를 높이는 것이다. 예로서 바람직한 행동을 했을 경우 숙제의 양을 줄여주거나, 청소 당번에서 제외시켜 주는 방법이 있다.

반대로 때로는 학습에 있어서 특정 행동의 발생빈도를 감소시키는 것도 필요하다. 가장 대표적인 것이 벌이다. 벌에는 크게 두 종류가 있다. 첫째는 특정행동이 나타난 후에 불유쾌한 자극을 제공하는 것이다. 예를 들며, 친구를 때린 아동에게 선생님이 벌로 반성문을 쓰도록 하는 것을 들 수 있다. 둘째는 특정행동을 감소시킬 목적으로 즐거움을 빼앗는 것이다. 예를 들면, 친구들과 소란스럽게 떠든 유아를 교사가 친구들과 떼어 놓는 것을 들 수 있다. 벌이 과연 특정행동을 감소시키는 데 효과적인가에 관해서는 여전히 논쟁 중이다. 그러나 Skinner가 제시한 조작적 조건화 이론은 이후 영유아교육뿐 아니라 행동수정, 특수교육, 교정 등 광범위한 분야에 막대한 영향력을 끼쳤다.

(3) Bandura의 사회학습이론

Bandura는 인간의 행동이 환경에 영향을 받는다는 것에는 동의하나 자극-반응 또는 강화-소거만으로 설명하기에는 부족하다고 보았다. Bandura는 특히 관찰에 의한 학습, 즉 모방의 중요성을 강조한다. 인간은 다른 사람의 행동이 어떤 결과를 가져오는지를 관찰하는 것을 통해 학습할 수 있다는 것이다. 예를 들면, 형이 어떤 행동을 해서 칭찬을 받으면, 동생은 형이 칭찬을 받았던 행동을 따라 할 수 있다. Bandura의 사회학습이론은 학습이론에 인지 사회적 관점을 추가한 것으로 특히 영유아의 친사회적 행동이나 공격적 행동의 발달을 설명하는 데 매우 유용하다.

학습이론은 발달에 있어서 인간의 외현적 행동에만 초점을 맞추고 인간의 내적 동기나 유전적 영향력을 간과한 이론이라는 비판을 받아왔다. 또한 인간행동의 복잡한 측면을 제대로 설명하기 어렵다는 한계도 있다. 그러나 실제 교육현장에서 강화, 모방 등을 활용한 교수학습 방법은 광범위하게 사용되고 있다.

5) 동물행동학 이론

동물행동학은 자연의 선택을 강조하는 다윈의 진화론을 인간의 발달을 설명하는 데 적용한 것이다. 인류는 거친 환경 속에서 수렵과 채집을 하면서 오랜 시간 여러 유형의 문제에 직면해 왔는데, 이런 문제들을 해결하는 데 가장 적합한 마음이나 행동양식을 가진 개체만이 생존에 성공했고, 우리의 내면에는 이러한 마음 또는 행동양식이 자리하고 있다는 것이 진화론의 입장이다. 특히, 오랜 진화를 거치면서 이러한 행동양식은 생물학적으로 프로그램화되어 학습이나 경험과는 무관하게 특정시기가 되면 발현한다.

(1) Lorenz의 각인

동물행동학의 토대 위에 이루어진 대표적인 연구는 바로 Lorenz(1903~1989)의 각인(imprinting) 연구이다. 각인은 결정적인 시기에 벌어지는 강력한 학습을 일컫는다. 새들과 포유동물들은 부화할 때 또는 태어날 때 가장 처음 본 움직이는 물체를 따르고 그 물체에 애착하게 되는 습성이 있는데, 대부분의 경우 이러한 물체는 어미가 된다. 각인을 통해 어린 동물은 자신을 길러주는 개체(어미)가 누구인지를 확인하고 강력한 유대관계를 형성함으로써 자신의 생존 가능성을 높인다.

(2) Bowlby의 애착

각인과 유사한 현상은 인간에게도 나타나는데, Bowlby(1907~1990)는 영아와 주양육자와의 강력한 유대를 애착이라는 개념으로 설명하였다. 진화론적 관점에서 아기는 무력한 존재이기 때문에 어떻게든 엄마(주양육자)를 옆에 두려는 본능적 욕구가 있고, 엄마는 자신의 자손을 보호하기 위하여 그런 존재에게 애착을 느끼도록 생물학적으로 프로그래밍되어 있다는 것이다. 따라서 주양육자와 영아간 애착현상은 생물학적으로 매우 자연스러운 현상이라고 볼 수 있다.

Bowlby는 어린 시절의 주양육자와 영유아 사이의 안정적인 상호관계는 생존뿐 아니라 정상적인 심리발달에 중요한 역할을 한다고 주장하였다. 애착형성의 결함이 향후 인격발달의 문제, 정서적 결핍이나 우울/불안과 같은 정신병리의 발생에 주요한 원인이 된다는 그의 주장은 이후 많은 연구를 통해 입증되었다. Bowlby의 애착이론은 현대인의 정신병리를 이해하는 데 매우 중요한 역할을 하고 있다.

6) 생태학 이론

Bronfenbrenner(1917~2005)는 사회와 문화를 인간이 살아가는 생태계로 파악하고 이 속에서 서로 영향을 주고받는 인간과 환경과의 관계로 영유아의 발달을 설명하고자 하였다. 영유아의 발달은 좁게는 가족, 이웃, 넓게는 지역사회 및 국가의 영향 속에서 이루어진다. 또한 영유아는 단순히 사회와 문화로부터 영향을 받기만 하는 존재가 아닌 영향을 주기도 하는 존재이다. 생태학 이론은 영유아를 중심으로 미시체계, 중간체계, 외체계, 거시체계로 구성된 인간 생태계를 가정한다. 미시체계는 영유아가 속한 가장 직접적인 사회문화적 환경이다. 가족, 학교, 이웃이 대표적인 예이다. 만약 영유아가 속한 가족이 영유아의 발달에 긍정적인 여러 요소를 갖추었다면 영유아는 건강한 발달을 이룰 수 있다. 그러나 가족이 보호, 양육, 애정 등과 같은 기본적인 역할을 제대로 하지 못한다면 영유아의 발달에 부정적인 영향을 주게 된다.

중간체계는 미시체계들 간의 관계를 의미한다. 예를 들어, 어린이집과 가정 사이의 의사소통이 활발하게 이루어지고, 영유아의 발달에 관한 중요한 정보를 서로 공유한다면 영유아의 발달에 긍정적인 영향을 준다. 이와는 반대로, 어린이집과 가정에서 영유아에게 기대하는 바가 서로 다르고 적절하게 의사소통이 이루어지지 않는다면 영유아가 혼란을 겪을 수 있다. 외체계는 영유아와는 직접 상호작용하지 않으나 지역사회 수준에서 기능하면서 미시체계에 영향을 주는 것들이다. 예를 들면, 부모의 직장이 가정친화적인 문화를 가지고 있어서 맞벌이하는 부모가 집에 일찍 퇴근할 수 있고, 육아휴직을 자유롭게 사용할 수 있다면 영유아에게 긍정적인 영향을 준다. 이와는 반대로, 육아와 양립하기 어려운 근무조건을 가진 직장에 다니는 부모라면 영유아와 보내는 시간의 양과 질이 낮아져서 영유아발달에 부정적인 영향을 줄 수 있다.

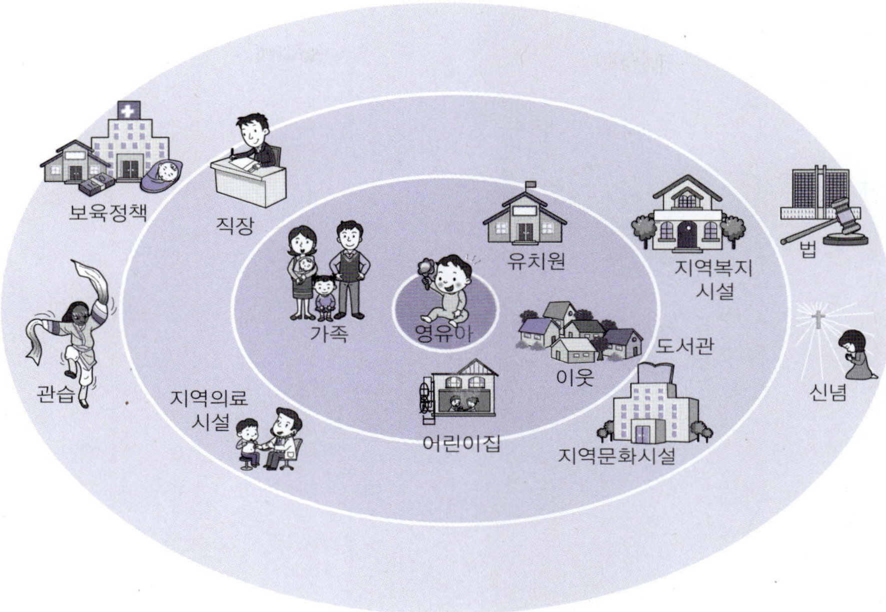

[그림 1-7] 영유아를 둘러싼 생태계

마지막으로 거시체계는 미시체계, 중간체계, 외체계에 포괄적으로 영향을 주는 사회, 문화, 관습 및 신념 등을 의미한다. 거시체계는 영유아의 발달이나 생활과는 직접적인 관련이 없어 보이지만 실상은 그렇지 않다. 예를 들면, 남아선호사상이 강했던 과거의 경우 딸들도 아들들에 비해 상대적으로 교육의 기회를 갖지 못하였다. 현재는 남아 선호사상이 많이 희석되어 여성들도 대부분 남성들과 동등한 교육의 기회를 갖는다. 다른 예를 들어 보면, 보육 공개념에 대한 사회적 공감대가 형성되면서, 무상보육 및 보육과 관련된 예산이 대폭 확대되었다. 이로 인해 현재 더 많은 수의 영유아가 보육을 경험하고 있다.

CHAPTER 2

영유아발달 연구방법

영유아발달에 대한 연구는 사회과학, 자연과학, 의학 분야에서 폭넓게 이루어져 왔다. 학문적 영역을 막론하고 영유아를 연구대상으로 포함하는 모든 연구는 반드시 엄정한 연구방법과 연구윤리를 토대로 하여 이루어져야 한다. 이를 통해 올바른 연구결과를 도출하여, 영유아와 가족의 행복과 안녕에 기여하여야 한다. 본 장에서는 영유아발달 연구와 관련된 철학, 연구 목적, 연구 종류, 연구의 절차, 그리고 연구윤리에 관하여 살펴본다.

1 발달 연구의 두 패러다임

인간의 발달을 이해하고 예측하기 위한 연구는 크게 두 종류의 과학철학에 바탕을 두고 있다.

첫 번째는 실증주의(positivism)에 기초한 양적 접근법이다. 실증주의 과학철학에서는 실제로 감각으로 파악할 수 있고, 검증할 수 있는 것만이 확실한 지식이라고 본다. 따라서 양적 접근법은 객관적인 측정도구를 사용해 측정한 수치를 통계적으로 분석하며, 그 결과를 기초로 하여 인간의 발달을 이해하고 설명하려고 한다. 양적 접근은 물리적 세계와 마찬가지로 인간의 행동과 발달에 적용되는 일반적인 원칙이 존재한다고 보며, 이를 검증하거나 찾아내기 위해 노력한다.

두 번째는 현상학(phenomenology)에 기초한 질적 접근법이다. 현상학이란 상황을 바라볼 때 그 개별적 상황에 충실하게 그리고 그 상황에 처한 사람들의 관점에 이입하여, 사물의 본질이 드러나게 하는 철학적 방법이다. 따라서 질적 접근법은 연구대상자의 입장에서 인간행동이나 사회현상을 이해하려는 시도를 취한다. 개인의 경험은 그 상황과 상호작용하는 사람에 따라 매우 독특한 의미를 지니며, 이를 이해하기 위해서는 연구자가 직접 연구 대상자를 면접하거나 직접 그 경험에 참여한다.

양적 연구와 질적 연구는 각각 장점과 단점을 가지고 있다. 양적 연구는 관련성이나 인과관계를 입증하는 데 용이하며, 질적 연구는 사회현상을 드러나게 하고 파악하는 데 용이하다. 발달연구에서 어떤 입장을 취하는가는 연구자의 선호도보다는 탐구하고자 하는 문제의 본질이 무엇인가에 따라 달라지는 것이 바람직하다.

〈표 2-1〉 양적 연구와 질적 연구의 비교

	양적 연구	질적 연구
목적	변인들 사이의 관계 연구	사회 현상의 이해
연구 설계	미리 연구 설계가 필요	연구를 진행하면서 설계
접근법	연역적, 이론 검증	귀납적, 이론 생성
연구도구	표준화된 측정도구	인터뷰, 면담 및 참여 관찰
연구대상	많은 수의 연구 대상자 필요	소수의 연구대상자 필요
자료분석	숫자의 통계 분석	언어로 수집된 자료의 기술과 해석

출처: Ary, Jacobs, & Razavieh(2002).

2 발달 연구의 목적

1) 기술

기술이란 현상이나 주제의 내용과 특징을 있는 그대로 열거하거나 기록하여 나타내는 것을 뜻한다. 예를 들면, 우리나라 영유아들의 키와 몸무게를 연령별로 제시한다면, 한국 영유아들의 신체발달에 관한 정보를 기술적으로 나타내는 것이다. 발달 연구에서 기술 역시 과학적이고 정밀하게 이루어져야 한다. 한국 영유아들의 신체발달의 표준을 기술적으로 보고하려면, 몇몇 영유아들의 키와 몸무게를 보고하는 것이 아니라 각 지역을 대표하는 많은 수의 영유아들을 대상으로 키와 몸무게를 측정하고 그 평균을 보고하는 것이 좀 더 정확한 방법이다.

2) 예측

예측이란 두 대상 또는 변인 사이의 관계를 미리 헤아려 추측하는 것을 말한다. 영유아발달에서는 흔히 두 변인 사이의 관계를 예측하여 이에 대한 가설을 세우고 이를 입증하려는 시도를 많이 한다. 예를 들면, "어머니의 양육태도와 유아의 인지발달은 관련이 있는가?" 또는 "아버지의 양육참여가 유아의 사회성 발달과 관련이 있는가?" 등이다. 만약 어떤 연구에서 어머니의 양육태도가 온정적일수록 유아의 지능이 높아진다는 관계가 입증되었다면, 이를 일반 어머니의 양육태도와 유아의 지능에도 적용하여, 어머니가 유아를 양육할 때 온정적인 양육태도를 갖도록 권고하거나 조언할 수 있다.

3) 설명

설명은 발달 연구에서 가장 궁극적으로 추구하는 바로 원인과 결과를 규명하며, 어떤 발달적 현상이나 사건이 일어나는 이유를 밝히는 것이다. 인과관계를 규명하기 위해서는 첫째, 일단 두 변인 사이에 관계가 존재해야 하며, 둘째, 하나의 변인이 다른 변인에 시간적으로 선행해야 한다. 마지막으로, 이 두 사이의 관계에 영향을 줄 수 있는 다른 변인들을 통제한 이후에도 그 관계가 유의미하여야 한다. 예를 들면, 영유아기에 학대를 경험하면 성인기에 정신건강에 어려움을 겪을 가능성이 높다는 영유아기 학대경험-성인기 정신문제 관계가 발견되었다. 이때, 영아기 학대 경험-성인기 정신문제에 시간적으로 선행한다. 만약 성인기 정신문제의 발생에 영향을 줄 수 있는 여러 외생 변수를 통제한 이후에도 영유아기 학대 경험과 성인기 정신문제 사이의 관계가 유의미하다면 우리는 이 둘 사이의 인과관계를 추정할 수 있다. 즉, 과거 영유아기 학대 경험은 성인기의 정신적 문제를 야기한다고 설명할 수 있다. 그러나 실제로 인과관계를 규명한 연구는 매우 드문 편이다. 그 이유는 매우 복잡한 연구 설계가 필요하고, 인과관계에 영향을 줄 수도 있는 모든 외생 변인들을 완벽하게 통제하기가 쉽지 않기 때문이다.

3 발달 연구의 종류

영유아발달 연구는 자료 수집의 시점에 따라 횡단연구와 종단연구로 나뉠 수 있으며, 자료수집의 방법에 따라 문헌연구와 실증연구로 분류될 수 있다.

1) 자료 수집 시점에 따른 연구의 종류: 횡단연구와 종단연구

횡단연구는 한 시점에서 자료조사가 이루어지고, 그 시점에서 조사된 변인들 간의 관계를 파악한다. 따라서 시간의 흐름에 따라 나타나는 두 변인 간의 관계 변화를 기술할 수 없다. 예를 들면, 가정의 수입과 영유아의 신체발달 간의 관계를 횡단연구를 통해 살펴본다면, 가정의 수입에 대한 자료와 영유아의 신체발달에 대한 자료를 동시에 조사하고 둘 간의 유의미한 관계가 성립되는지 검증한다. 이 결과를 바탕으로 가정 수입과 영유아의 신체발달 간의 관계를 기술할 수 있다. 횡단연구는 단기간에 많은 연구대상자를 대상으로 많은 정보를 수집할 수 있기 때문에 시간과 비용측면에서 매우 효율적이다. 다만, 변인을 측정한 시점이 모두 동일하고, 시간에 따른 변화를 파악하는 것은 불가능하므로, 횡단연구를 통해서 인과관계를 입증하는 것은 어렵다.

반면, 종단연구는 일정기간에 걸쳐서 반복적으로 동일 연구대상에 대한 자료를 수집한다. 예를 들면, 저소득층 영유아를 두 집단으로 나누어, 한 집단에는 수준 높은 유아교육프로그램을 제공하고, 다른 한 집단에는 기본적인 보호만 제공했다고 가정하자. 두 집단에 속한 유아들의 학업 성취도와 사회적 능력을 만 10세, 만 14세, 만 18세, 그리고 만 40세에 반복적으로 측정한다면, 양질의 유아교육프로그램이 저소득층 자녀의 학업성취도와 사회적 능력에 미치는 영향력을 검증할 수 있는 종단적 자료를 얻게 된다. 만약, 여러 가지 외생 변수를 제외하고도, 두 집단 간에 유의한 차이가 존재한다면, 양질의 유아교육프로그램은 저소득층 유아들의 학업능력과 사회적 능력발달에 도움을 준다는 결론을 도출할 수 있다.

이렇듯 종단연구는 변인들 간의 인과관계를 파악하는 데 유용하다. 그러나 시간이 오래 걸리고 비용이 많이 소요되며, 동일한 연구대상자들을 찾아내어 반복적으로 측정하는 것이 쉽지 않아서 중도에 탈락하는 연구대상자가 많이 나타나는 등의 어려움이 있다.

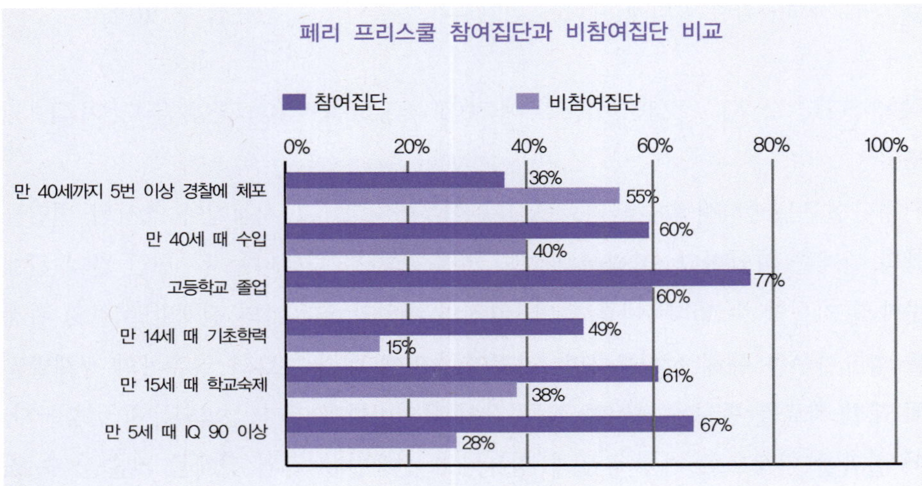

출처: Schweinhart(2004).

[그림 2-1] 종단적 연구의 예: 페리 프리스쿨 프로젝트(Perry Preschool Project)

2) 자료수집방식에 따른 연구의 종류: 문헌연구와 실증연구

문헌연구란 한 주제와 관련하여 그동안 이루어졌던 선행연구, 서적, 신문기사, 논평 등을 사용하여 결론에 도달하는 방식이다. 즉, 연구자의 주장을 기존 문헌들에 근거하여 이론적으로 밝히는 것이다. 실증연구에도 연구의 필요성을 역설하거나 연구가설이나 연구모형을 수립하기 위해 선행 연구 고찰의 형태로 문헌조사가 어느 정도 포함되는 것이 일반적이다.

실증연구란, 연구자가 가설을 세우고 이를 실제로 수집한 자료를 바탕으로 증명해 내는 연구를 뜻한다. 따라서 실증연구에는 필수적으로 실제 자료수집이 포함되어야 한다. 예를 들면, 연구자가 "아동의 인지발달은 아버지의 양육태도와 관련이 있을 것이다."라는 가설을 세웠다면, 이를 입증하기 위해서는 실제로 아동의 인지발달에 대한 자료와 그 아버지들의 양육태도에 관한 자료가 필요하다. 실증연구의 자료수집 방법에는 여러 가지가 있으나 대표적인 것이 관찰법, 조사법, 실험법이다.

관찰법이란 자료를 수집하는 사람이 연구대상자의 말, 행동 등을 직접 보고 파악하여 자료를 수집하는 방법이다. 관찰을 시작하기 전에 관찰의 목적과 대상을 명확하게 정하고 시작하는 것이 바람직하다. 관찰을 통한 자료 수집은 반드시 객관적으로 이루어져야 한다. 관찰법은 기록하는 방식에 따라 일화기록법, 행동목록법, 평정척도법으로 분류된다. 일화기록법은 시간과 장소에 구애받지 않고 연구주제와 관련이 있는 특정 행동이 나타났을 때 일기형식으로 기록하는 것을 뜻한다. 행동목록법은 관찰하고자 하는 행동의 목록을 미리 정해 놓고 일정시간 동안 몇 번이나 그 행동이 나타났는지를 기록하는 방법이다. 평정 척도법은 특정행동이 나타나는 수준이나 정도를 관찰을 통해 파악하는 것을 뜻한다. 관찰은 실험실에서처럼 통제된 상황에서 이루어질 수도 있고, 놀이터 등과 같이 자연적인 상황에서 이루어질 수도 있다. 예로서 놀이터에서 나타나는 유아의 신체적 공격 행동을 행동목록법을 통해 관찰한다고 가정하자. 우선 연구자는 차기, 밀기, 때리기, 던지기 등과 같은 공격적 행동의 목록을 미리 정해 놓아야 한다. 이후 놀이터라는 자연적 상황에서 연구대상자인 유아들을 관찰하며, 일정시간 동안 유아들이 보이는 신체적 공격성의 빈도를 기록하여 연구의 실증적 자료로 사용한다.

조사법은 연구대상자에게 질문을 통하여 필요한 정보를 얻어내는 것을 뜻하며, 대표적인 것이 질문지법과 면접법이다. 질문지법은 질문이 인쇄된 종이를 연구대상자에게 주어 연구대상자가 스스로 응답하게 한다. 글을 읽고 해석할 수 있어야 하기 때문에 영유아를 대상으로 질문지법을 실시하는 것은 불가능하지만 부모나 교사를 대상으로는 많이 이루어지고 있다. 질문지법의 장점은 짧은 시간 동안 비교적 저렴한 비용으로 많은 정보를 수집할 수 있다는 것이다. 다만, 질문지법의 경우 연구대상자가 불성실하게 응답하거나, 일부 질문의 응답을 누락하였을 경우 양질의 실증적 자료를 확보하는 데 어려움이 생길 수 있다. 면접법은 자료조사자가 연구대상자에게 직접 질문하여 자료를 수집한다. 면접법의 경우 의사소통이 가능하다면 어린 연령의 연구대상자에게도 실시가 가능하다. 면접법은 질문에 대해 불확실한 답을 한 응답자에게 다시 질문하여 확실한 정보를 얻을 수 있고, 미리 정해진 질문에 대한 응답 이외에도 다양한 부가적 자료를 얻을 수 있다는 장점이 있다. 단, 자료조사자와 연구대상자가 일일이 대면하여야 되기 때문에 비용과 시간이 많이 소모된다. 최근 인터넷의 발달로 인하여 조사법에도 많은 변화가 생겨나고 있다. 종이로 된 질문지 대신 온라인 질문지를 통해 자료가 수집되기도 하고, 직접 대면하여 면접하는 대신 전화나 화상인터뷰를 통한 자료 수집이 점차 확대되고 있다.

실험법이란 원인과 결과 사이의 인과관계를 입증하기 위해 인위적으로 설계된 자료 조사법이다. 영유아발달 연구에서 실험을 위해서는 첫째, 실험집단과 통제집단을 선정해야 한다. 이때 두 집단 간에 종속변인(결과)에 차이가 존재하지 않는다는 것을 먼저 확인하는 절차가 필요하다(사전검사). 둘째, 실험집단은 처치(독립변인, 원인)를 받아야 하고, 통제집단은 실험집단과 비교를 위해 처치를 받지 않는다. 마지막으로 실험집단과 통제집단 사이에 종속변인(결과)에 대한 차이가 존재하는지에 대한 확인이 다시 이루어진다(사후 검사). 만약 사전검사에서 두 집단 간에 종속변인의 차이가 없었는데, 사후검사에서 차이가 나타났다면 이는 실험집단이 받았던 처치에 의한 것으로 추정할 수 있다(원인–결과의 인과관계 성립). 예를 들어, 연구자가 가정에서 한 달 동안 어머니와 매일 30분씩 하는 독서활동이 유아의 어휘력 증가에 얼마나 도움이 되는가를 실험법을 통해 실증적으로 연구한다고 가정해 보자. 첫 번째 단계에서 연구자는 실험집단 유아 30명과 통제집단 유아 30명을 선정하고, 사전검사를 통해 두 집단 간 어휘력이 동등하다. 즉, 차이가 없다는 것을 밝혀야 한다. 두 번째 단계에서 연구자는 실험집단 유아들에게는 어머니가 매일 30분씩 동화책을 읽어주고 대화하도록 하고, 통제집단 유아들의 어머니에게는 독서활동을 하지 않도록 해야 한다. 세 번째 단계에서 연구자는 실험집단 유아들과 통제집단 유아들의 어휘력을 다시 측정하여야 한다. 이때, 실험집단 유아들의 어휘력이 통제집단 유아들의 어휘력보다 높아졌다면 이는 어머니와의 30분간 독서활동으로 인한 것이라 볼 수 있다.

〈표 2-2〉 가정 독서활동과 유아의 어휘력 증가 간의 인과관계를 입증하기 위한 실험 설계

	1단계	2단계	3단계	결론
	사전검사	처치	사후 검사	
실험집단 유아	어휘력 검사	한 달 동안 30분간 가정 독서활동	어휘력 검사	
통제집단 유아	어휘력 검사	가정 독서활동 없음	어휘력 검사	
	차이가 없음		차이가 있음	인과관계 성립
			혹은	
			차이가 없음	인과관계 없음

영유아를 대상으로 실험법을 진행하는 데는 여러 가지 어려움이 따른다. 우선 실험집단과 통제집단을 완벽하게 동질한 집단으로 구성하기 어렵고, 처치 이외에도 연구결과에 영향을 미칠 수 있는 외생 변인을 최대한 통제해야 한다. 예를 들면, 통제집단 유아의 어머니들에게 가정 독서활동을 하지 말아 달라고 연구자가 부탁하였더라도, 손위 형제가 흥미 있는 책을 발견하여 유아에게 책을 읽어 주고 상호작용하는 등의 상황이 얼마든지 발생할 수 있다. 자연스러운 상황에서 특히 영유아를 대상으로 완벽하게 인과관계를 규명하기 위한 실험법은 매우 엄정하고 복잡하게 설계되어야 한다.

4 연구의 절차

연구의 목적이나 설계의 특성에 따라 조금씩 달라지기는 하지만, 일반적으로 영유아발달의 연구는 다음의 절차를 거치며 진행된다(Ary, Jacobs, & Razavieh, 2002).

1) 연구 주제의 선정

연구를 통해 탐색하고자 하는 주제를 선정하는 단계이다. 이때, 이미 기존에 연구의 주제에 대한 탐색이 많이 이루어져 어느 정도 답이 제시되어 있는 것은 피하고, 영유아발달을 새롭게 설명하고 예측하는 데 공헌할 수 있는 주제를 잡는 것이 바람직하다.

양적 연구에 있어서 연구 주제는 변인들 간의 관계로 이루어진 질문 형태가 일반적이다. 예를 들면, “아버지의 양육참여가 많을 수록 유아들의 사회성이 높아지는가?” 혹은 “양질의 보육프로그램이 저소득층 어린이들의 학교 준비도를 높이는가?” 등이다. 반면 질적 연구에 있어서 연구 주제는 어떤 현상에 대한 질문, 즉 왜(why) 또는 어떻게(how)로 진술될 수 있다. 예를 들면, “보육교사들은 어떻게 유아들의 공격성을 다루는가?” 또는 “왜 유아들은 또래로부터 고립되는가?” 등이 있을 수 있다.

2) 주제와 관련된 선행 연구나 문헌 고찰

연구주제가 설정되었다면 반드시 기존에 주제와 관련되어 진행된 연구를 면밀하게 검토할 필요가 있다. 또한 연구주제와 관련된 책이나 신문기사 등도 문헌 고찰의 대상이 된다. 문헌 고찰을 통해서 연구자는 연구주제에 대한 깊이 있는 이해와 영감을 얻을 수 있다.

3) 연구의 설계

연구주제가 정해지고, 문헌 고찰을 통해 연구주제에 대해 이해와 영감을 얻었다면, 이제 연구주제에 대한 해답을 얻기 위해 연구를 구체적으로 설계하고 계획해야 한다. 이때, 어떤 연구방법을 사용할 것인지, 어떤 종류의 자료를 수집할 것인지, 누구로부터 자료를 수집할 것인지, 언제 자료를 수집할 것인지, 어떻게 자료를 수집할 것인지를 결정해야 한다.

양적 연구에서는 연구 설계가 한번 정해지면 끝까지 지키는 것이 일반적이다. 연구 도중에 예상치 못한 변인들 간의 관계가 발견되더라도 추후 연구를 위한 제언으로 남겨 놓고, 원래의 연구목적과 설계는 고수한다. 반면, 질적 연구에서는 연구설계가 매우 유동적이어서 필요하다면 연구도구에 변경할 수 있다. 따라서 질적 연구의 설계방식을 종종 발현적(emergent)이라고도 한다.

4) 자료수집

이제 연구 설계에서 계획된 대로 자료수집이 이루어져야 한다. 양적 연구에서는 주로 설문지, 관찰, 검사, 실험 등을 통해 자료수집이 이루어진다. 양적 연구의 자료는 주로 숫자의 형태로 기록된다. 질적 연구에서는 주로 심층 인터뷰, 참여관찰, 문헌분석을 통해 자료를 수집한다. 질적 연구의 자료는 주로 언어적 형태로 기록된다.

5) 자료분석

수집된 자료는 엄정한 과학적 방식으로 분석되어야 한다. 양적 연구에서는 숫자로 수집된 영유아발달에 관한 자료를 다양한 통계적 방법을 통해서 분석한다. 질적 연구자는 통계적 분석방법을 사용하지는 않고, 방대하게 수집된 언어적 자료를 조직화하고 분류하여 의미를 도출하고 해석한다.

6) 결론 도출

자료분석을 통해 결과를 얻었다면 이를 해석하여 연구가 답하고자 했던 문제에 대한 결론을 도출해야 한다. 양적 연구자들은 통계적 분석을 통해 얻어진 결과를 바탕으로 연구문제에 대한 결론을 제시하고, 그 결론의 타당성과 신뢰성을 가늠할 수 있는 수치인 유의 수준(probability)을 반드시 보고한다. 반면, 질적 연구자들은 연구문제에 대한 결론을 진실성(credibility)과 신뢰성(trustworthiness)을 바탕으로 언어적 해석과 설명으로 제시한다.

7) 연구결과의 보고

연구자들은 그동안 진행했던 연구의 절차, 결과, 그리고 결론을 명료하게 글로 진술하여 제시해야 한다. 이때, 연구가 거쳐 왔던 단계들을 명확하고 간결하게 그러나 필수 정보는 반드시 포함하여 제시한다.

5 연구의 윤리

인간을 대상으로 하는 모든 연구는 연구대상자의 자유의사를 존중하고, 권리와 안전을 반드시 보장하여야 한다. 특히 영유아는 연구의 목적 자체를 정확하게 이해하거나, 연구과정에서 어떤 경험을 하게 될지, 그리고, 연구결과가 본인에게 어떤 영향을 줄지 예측하여 의사를 표명하기 어렵다. 따라서 영유아의 권리를 보호하기 위하여 영유아를 대상으로 하는 연구는 그 어떤 연구보다 엄격한 윤리적 규준을 갖추어야 한다. 2013년 유엔아동기금(UNICEF)은 아동을 대상으로 하는 연구가 갖추어야 할 연구윤리지침(Ethical Research Involving Children)을 발표하였다(Graham, Powell, Taylor, Anderson, & Fitzgerald, 2013). 연구윤리는 크게 일곱 가지로 요약될 수 있다.

첫째, 아동 연구에 있어 연구윤리는 연구에 관여하는 모든 사람의 책임이다. 연구를 직접적으로 수행하는 연구자뿐 아니라, 연구자에게 연구비를 제공하는 사람이나, 연구를 위임하거나 위탁하는 사람, 그리고 연구의 결과물을 검토하는 사람들 모두 연구윤리에 관한 높은 기준을 가지고 있어야 함을 의미한다.

둘째, 아동을 연구함에 있어서 아동의 존엄성 존중은 핵심 가치가 되어야 한다. 아동을 연구함에 있어서 아동의 의견 및 문화를 존중해야 한다. 연구자들은 아동의 지위와 능력을 정확하게 인식하고, 아동이 연구에 기여하는 바에 대하여 소중하게 생각하여야 한다.

셋째, 아동을 대상으로 하는 연구는 공정하고 공평해야 한다. 연구에 참여하는 아동은 공정한 대우를 받을 권리가 있다. 모든 아동을 공평하게 대우하고 혜택과 부담을 공평하게 배분해야 한다. 아동을 부당하게 배제시키거나 차별하지 않도록 한다.

넷째, 아동을 포함한 연구는 반드시 아동에게 이로운 것이어야 한다. 아동을 포함한 연구는 연구에 참여한 아동 또는 전체 아동들에게 이로운 것이어야 한다. 연구자는 연구를 수행하기 전에 연구의 과정 및 연구의 결과가 아동에게 궁극적으로 혜택을 주는가를 평가하고 그 수행 여부를 결정할 책임이 있다.

다섯째, 연구에 참여하는 아동은 결코 피해를 입어서는 안 된다. 연구자들은 연구도중 발생하는 예상치 못한 피해를 방지하기 위한 노력을 기울여야 한다. 또한 위험요인이 있다면 과연 아동을 연구에 포함시키는 것이 꼭 필요한지 신중하게 고려하여야 한다.

여섯째, 연구를 수행함에 있어서 아동의 사전 동의와 지속적인 동의를 구해야 한다. 부모의 동의 및 연구를 수행하는 데 필요한 기타 사항과 더불어, 아동의 동의가 반드시 필요하다. 우선 아동에게 연구과정과 결과에 대한 충분한 설명을 제공한 후에 동의를 얻도록 하는 것이 중요하다. 아동의 반대 또는 철회 의사도 항상 존중해야 한다.

일곱째, 윤리적인 연구는 지속적인 성찰이 필요하다. 아동을 대상으로 하는 연구는 사실 영유아의 발달에 대한 이해를 돕고, 학문의 발전을 위해서 꼭 필요하다. 아동을 대상으로 연구를 진행하는 연구자는 규제에 의존하기보다는 스스로 자신의 연구 방법, 연구신념, 연구 가치를 반성적으로 분석하는 것이 필요하다. 이를 통해 더 수준 높은 연구윤리를 발전시켜나가야 한다.

CHAPTER
3

태내발달과 출산

인간의 생명체는 정자와 난자가 결합하여 수정되는 순간 시작된다. 모체의 자궁 속에서 수정란은 약 38주 동안 경이로운 과정을 겪으며 마침내 세상 밖으로 나오게 된다. 본 장에서는 임신, 태내발달단계, 태내발달이상, 태내발달에 영향을 미치는 요인, 그리고 출산에 관하여 살펴본다.

1 임신

인간의 생명체는 정자와 난자가 결합하여 수정되는 순간 시작된다. 모체의 자궁 속에서 수정란은 약 38주 동안 경이로운 과정을 겪으며 마침내 세상 밖으로 나오게 된다. 본 장에서는 임신, 태내발달단계, 태내발달이상, 태내발달에 영향을 미치는 요인, 그리고 출산에 관하여 살펴본다.

1) 수정

남성의 정자(세포핵)와 여성의 난자(세포핵)가 결합될 때 이것을 생명의 시작이라고 한다(그림 3-1). 여성의 배란기를 전후로 질 속에 사정된 정액 속의 정자가 긴 꼬리로 헤엄쳐서 나팔관까지 올라가면 난소에서 내려오던 난자와 만나게 된다. 난자는 혼자 힘으로는 움직이지 못하고 융모의 수축운동에 의해 자궁까지 도달할 수 있다. 배출된 난자의 생존기간은 약 24시간이며 정자의 생존기간은 약 72시간이다. 이 기간 내에 수정이 이루어지지 않으면 정자와 난자는 수정능력을 잃게 된다.

정자와 난자가 합해진 수정란은 난자의 23개 염색체와 정자의 23개 염색체가 합쳐진 46개의 염색체를 가진 생명체로서 분열이 시작된다. 하나의 정자만이 난자의 세포질을 통과하여 세포핵과 접촉하며, 난자의 세포체로 들어간 정자는 다른 정자가 들어오지 못하도록 물질을 방출한다. 난자 내부에서 정자는 꼬리를 상실하고 정자의 핵과 난자의 핵이 결합하여 하나의 새로운 세포체를 형성한다. 이때 24시간 내에 나팔관을 통과하여 자궁에 착상하는 것을 '수정(fertilization)'이라 하고, 새로 생긴 단일세포를 '수정란(fertilized ovum)'이라 한다. 이 수정란은 접합체라고 불리는데, 이것이 곧 새로운 생명의 시작이다.

일반적으로 수정은 한 개의 정자와 한 개의 난자 결합으로 이루어진다. 그러나 한 개의 난자가 이분되어 일란성 쌍생아로 성장하거나, 매우 짧은 기간에 두 개의 난자가 방출되어 두 개의 정자와 만나 이란성 쌍생아가 되기도 한다.

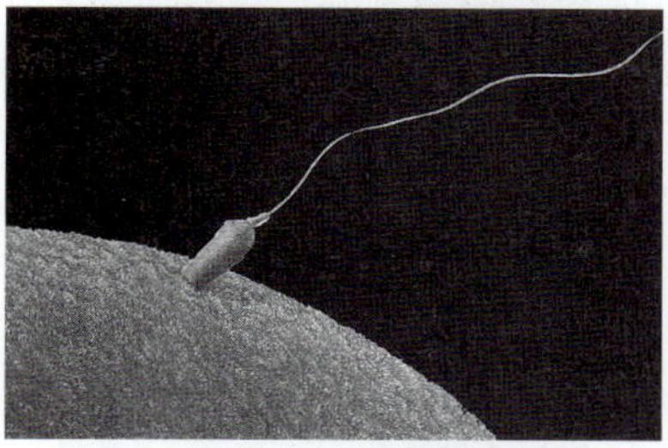

출처: Berk(1997).

[그림 3-1] 정자와 난자의 수정

2) 유전

인간은 고유의 유전인자(gene)를 가지고 있으며, 이 유전인자의 특징에 의해 생명현상의 상당 부분이 결정된다. 유전인자는 이중 나선구조 형태의 DNA라는 분자로 구성되어 있으며 유전인자가 모여 있는 집합체를 염색체라고 한다(그림 3-2). 인간의 염색체는 총 23쌍(46개)으로 형성되어 있는데, 일란성 쌍생아를 제외한 모든 사람은 각기 다른 유전인자 조합을 가지고 있다. 인간의 특성과 관련된 모든 유전인자는 항상 같은 염색체상의 같은 위치에 있기 때문에 현대 의학에서는 유전인자들의 위치를 규명함으로써 출산 전에 유전적 결함을 진단해 낼 수 있다.

한편 각 개인마다 고유한 유전인자의 구성을 유전형(genotype)이라 하며, 이러한 유전자가 실제로 표현되어 키와 같이 외부에 표출되는 것을 표현형(phenotype)이라 부른다. 자녀는 23쌍의 염색체 각각에 대해 부모로부터 각기 한 개씩 염색체를 받기 때문에 같은 위치에 있는 한 쌍의 유전인자, 즉 알레르(alle)는 서로 동질적일 수도 있고 이질적일 수도 있다. 두 개의 알레르가 같은 특징을 발현시키는 것이면 동질접합(homozygous gene)이라 부르며, 서로 다른 특징을 발현하는 것이면 이질접합(heterozygous gene)이라 한다. 두 개의 알레르 중 표현형으로 발현되는데 우세한 유전인자를 우성인자(dominant gene)라 하고, 열세한 유전인자를 열성인자(recessive gene)라 한다(권민균 외, 2005).

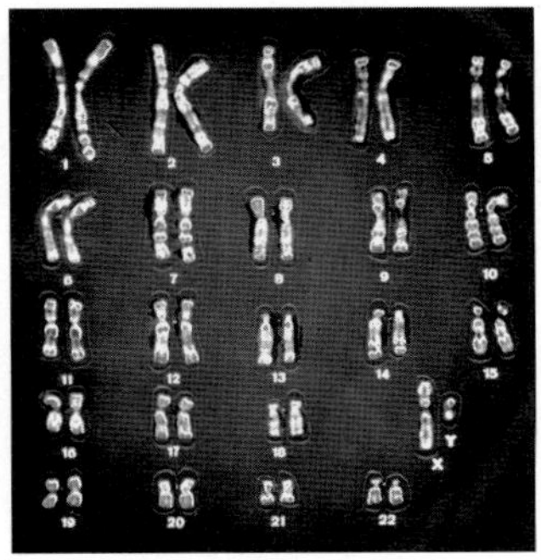

출처: Berk(1997).

[그림 3-2] 염색체

3) 성의 결정

23쌍의 염색체 중 마지막 한 쌍은 성염색체인데, 이 성염색체에 의해 태아의 성이 결정된다. 사람의 난자는 X 염색체만을 가지고 있으나 정자에는 X 염색체를 가진 것과 Y 염색체를 가진 2종류가 있다. 따라서 Y 염색체를 가진 정자가 수정을 하면 XY 접합체로 남자가 되고, X 염색체를 가진 정자가 수정을 하면 XX 접합체로 여자가 된다. 정자의 절반은 X 염색체를 가지고 있고, 나머지 절반은 Y 염색체를 가지므로 남자나 여자로 성이 결정될 확률은 50:50이다. 그런데 Y 염색체를 가진 정자가 X 염색체를 가진 정자보다 쉽게 난자와 결합하므로, 수정 시에는 남녀 비율이 130:100 정도이다. 그러나 유전인자의 결함이나 자연유산 위험이 남아가 더 높기 때문에 출생 시 남녀 비율은 약 106:100 정도가 된다(정옥분, 2004).

4) 쌍생아

쌍생아는 동일 임신에서 생긴, 또는 동시에 수정된 한 개의 난자, 또는 두 개의 난자로부터 발육된 두 개의 태아 중의 하나이다. 이중 이란성 쌍생아는 동일 월경주기에 배란된 둘 이상의 난자에 하나씩의 정자가 수정되어 자라난 쌍생아로 성별 및 외양이 판이하게 다를 수 있다. 또한 일란성 쌍생아는 한 개의 정자가 한 개의 난자에 수정된 수정란이 발달 초기에 두 개의 배아로 분할되어 따로 성장 발육한 것으로 동일한 유전인자를 갖고 태반을 공유한다. 따라서 같은 성별이며 신체 특성이나 성격이 유사한 특징을 갖는다. 자연적인 상황에서도 이란성 쌍생아가 일란성 쌍생아보다 더 많이 태어나지만, 최근 난임치료 기술의 발달로 이란성 쌍생아가 더 많이 출생하고 있다. 쌍생아의 수정과정은 [그림 3-3]과 같다.

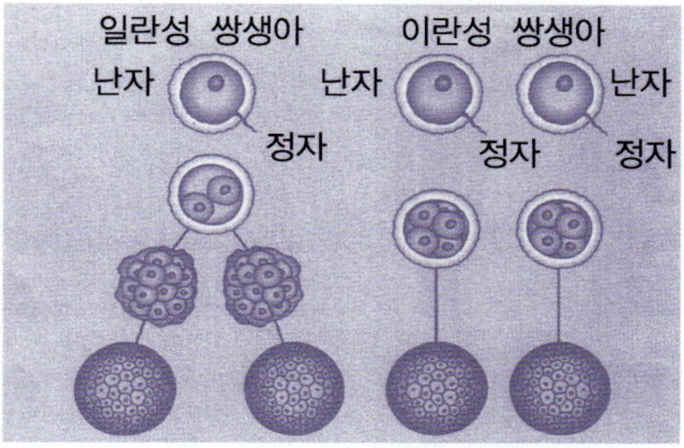

출처: 정옥분(2004).

[그림 3-3] 일란성 쌍생아와 이란성 쌍생아의 수정과정

2 태내발달단계

태내기라 함은 난자와 정자가 만나 수정된 순간부터 출산에 이르기까지 약 38주의 기간을 말한다. 수정에서 분만에 이르기까지 태내기의 발달은 3단계로 나누어 진행된다(그림 3-5, 그림 3-6 참조).

1) 발아기(수정 후 2주일간)

정자와 난자가 결합한 수정란이 자궁벽에 착상하는 2주까지의 기간을 발아기

(germinal period)라고 한다(그림 3-4). 이 시기는 인간 생애에서 사망률이 가장 높은 시기이지만, 신체는 이에 대해 지각을 하지 못한다. 정자와 난자의 결합으로 이루어진 수정란은 급속히 세포분열을 하는데, 2일 후에 4개의 세포로, 3일 후에는 32개의 세포로, 수정 후 1주일이 지나면 약 100~150개의 세포로 분열한다. 수정란은 세포분열 동안 난관 내부의 섬모운동과 난관의 수축작용으로 3~4일 후에 자궁에 이른다. 자궁에 도달할 때쯤 수정란의 크기는 머리핀 크기만 하며, 작은 공 모양의 배반포로 변해 1~2일간 자궁 속을 떠다닌다. 배반포는 외세포 덩어리 및 내세포 덩어리와 그 속에 채워진 액체로 구성되어 있다. 외세포 덩어리는 자궁벽에 정착하여 태아를 보호하고 영양분을 공급하는 조직으로 발달한다. 내세포 덩어리는 이후에 자궁 내에 완전히 착상하면 배아로 성장한다. 착상이 완전히 자리 잡기까지는 1주일 정도 걸리는데, 임신의 약 60%는 착상에 실패한다. 어떤 경우는 수정란이 자궁 외에 난관, 난소, 자궁경부에 착상하게 되는데, 이를 자궁 외 임신이라 한다.

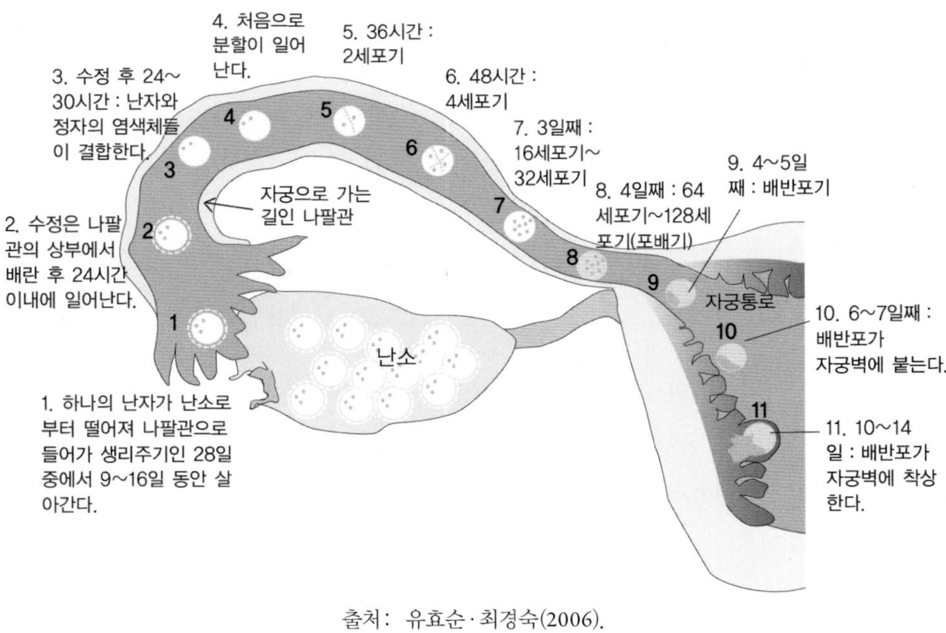

출처: 유효순·최경숙(2006).

[그림 3-4] 수정란의 착상과정

2) 배아기(3~8주)

발아기의 끝인 수정 후 2주경이 되면 수정란은 자궁벽에 확실히 착상하게 되며, 이때부터 수정란을 배아라고 부른다. 배아기는 수정란의 착상으로부터 6주까지, 즉 수정 후 8주까지이다. 이 기간에 배아는 주요 신체기관과 조직을 발달시킨다. 배아의 세포는 외배엽과 중배엽, 내배엽의 세 층으로 분열된다. 외배엽은 분열하면서 뇌, 척추, 피부, 치아 같은 조직이 되며, 중배엽은 근육, 뼈, 혈관이 되고, 내배엽은 폐, 간, 소화기관이 된다. 3주가 되면 머리와 두뇌 영역이 발달하고 순환체계가 발달하기 시작해 심장이 뛴다. 4주가 된 배아는 2.5cm 정도뿐이 안 되지만, 척추와 팔다리가 뚜렷해지고 소화체계와 신경체계가 발달하기 시작한다. 5주가 되면 손과 폐가 형성되기 시작하고, 6주가 되면 머리가 더 커져 두뇌가 좀 더 발달하며 손, 다리, 발 등이 보다 더 정교하게 형성된다. 7, 8주가 되면 근육이 형성되며 대뇌피질이 발달한다.

또한 태반이 발달하고 탯줄이 태반과 태아를 연결한다. 혈액이 태아의 탯줄을 통해 배아와 태반 사이를 오감으로 모체로부터 영양분과 산소를 공급받고 이산화탄소와 배설물을 배출한다. 임신 3개월 이전인 이 시기에 결함이 있는 경우에는 시각장애, 폐의 결함, 언청이 등과 같은 장애를 갖게 된다. 배아의 결함이 크면 자연유산이 된다.

3) 태아기(9주~출산)

8주가 지나면서 인간의 기본 구조가 완성된 이후에 배아는 태아로 불린다. 12주경에 태아는 약 7.6cm 정도의 길이가 되며 28g을 넘지 않으며 만지면 반응을 한다. 16주경에는 쥐기 반사와 바빈스키 반사, 빨기 반사를 보인다. 또한 태아의 심장박동 소리가 자궁벽을 넘어서도 들린다.

16~20주 사이에 손, 발이 완전히 발달하며 눈을 감고 뜰 수 있고, 소리를 들을 수 있으며, 폐호흡이 가능해진다. 보통 16주경에 태동이 나타나며, 20주경에

태아의 신장은 출생 시의 50%까지 증가하지만 체중은 10% 정도에 머문다. 체중 증가는 주로 태아기 말에 가서 급속도로 이루어진다.

7개월 초에 태아는 울고, 숨 쉬고, 삼키고, 소화하는 것이 가능하기 때문에 조산하더라도 생존이 가능하다. 8개월경에는 출생 후에 체온조절을 돕는 피하지방층이 생기기 시작하며 9개월 말에는 체중과 신장의 증가가 멈추지만, 피하지방의 축적과 심장박동수의 증가, 내부기관 등은 출생 후의 환경에 적응하기 위하여 효율적으로 성숙하게 된다. 출생 직전의 태아는 보통 신장이 50cm 정도이며, 체중은 3.4kg 정도로 성장한다.

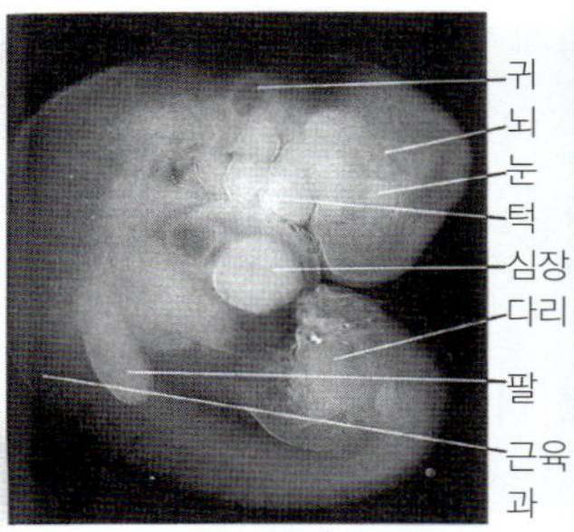

4주 사진

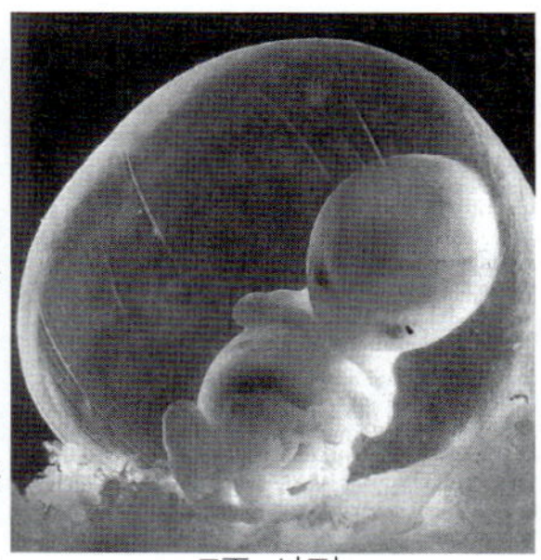

7주 사진

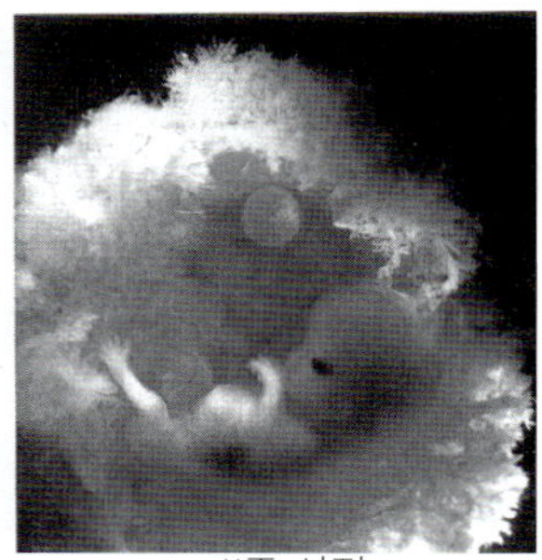

11주 사진

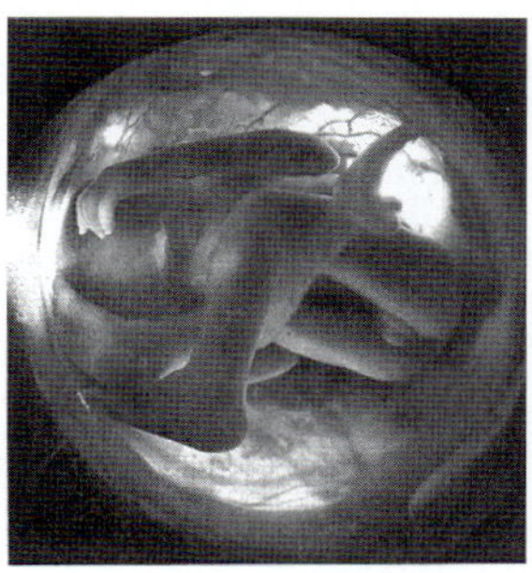

22주 사진

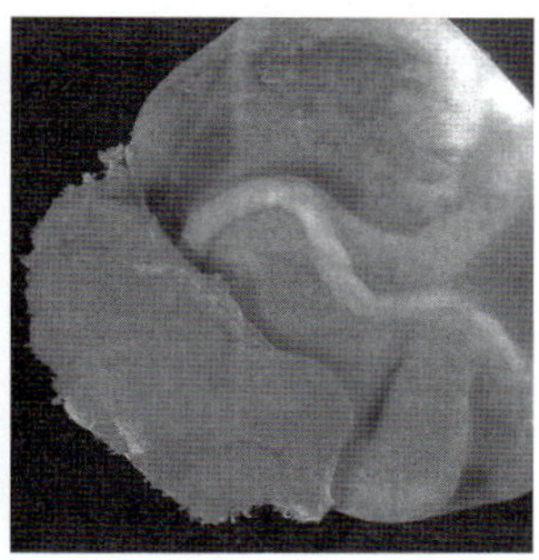

36주 사진

출처: Berk(1997).

[그림 3-5] 태내발달단계

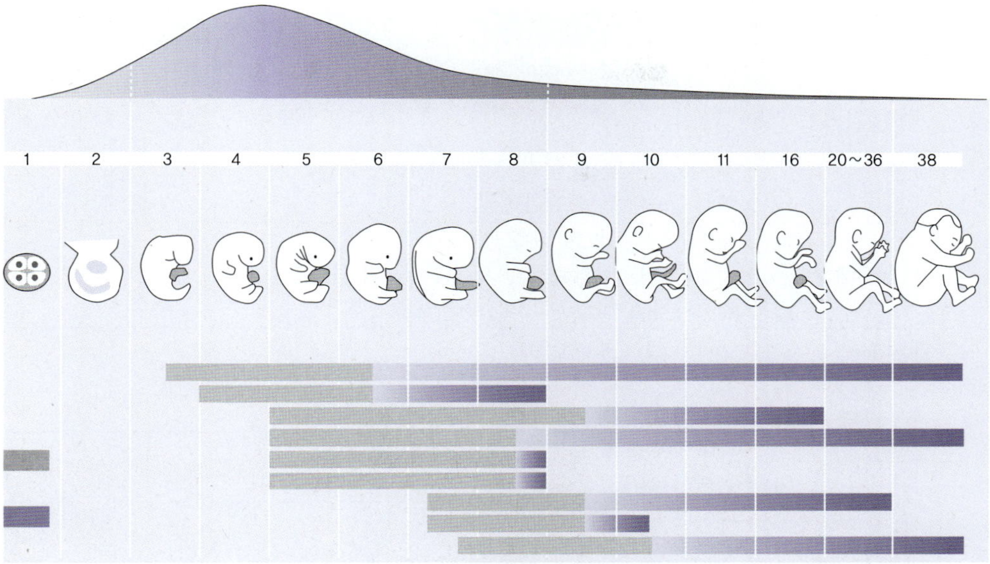

출처: Berk(2006).

[그림 3-6] 태내발달의 민감기

〈표 3-1〉 태아의 발달과정

월령	태아의 발달
3개월	• 태아의 신장 9cm, 체중 20g • 손발의 모양이나 머리 부위와 몸통의 구별이 확실해짐 • 성기가 형성되어 남녀구별이 확실함 • 전체 얼굴 윤곽이 드러남 • 신장이 형성되어 소변을 양수로 보냄
4개월	• 태아의 신장 16~18cm, 체중 110g • 뇌에 기억력과 관련된 기관이 생기기 시작함 • 하품을 하고 기지개를 켬 • 손가락, 발가락이 생김 • 어머니가 태동을 느끼며 애착을 형성하게 됨
5개월	• 태아의 신장 20~25cm, 체중 300g • 손발과 전신운동이 활발함 • 머리카락이 자라기 시작함 • 청각이 완성되고 엄마, 아빠의 소리를 기억함 • 근육과 뼈가 발달함

월령	태아의 발달
6개월	• 태아의 신장 28~30cm, 체중 650g • 머리카락색이 짙어지고 속눈썹, 눈썹도 분명해짐 • 손가락을 빨기 시작함 • 6개월쯤 눈꺼풀을 움직이기 시작하여 눈을 뜸 • 뼈와 근육이 발달, 튼튼해짐
7개월	• 태아의 신장 35cm, 체중 1,000g • 차츰 머리를 아래로 향한 자세를 취하기 시작함 • 엄마가 말을 하면 태아의 심장박동수가 빨라짐
8개월	• 태아의 신장 40cm, 체중 1,500g • 위치와 자세를 일정하게 잡음 • 엄마가 슬퍼하는 것, 기뻐하는 것을 알아차림
9개월	• 태아의 신장 45~46cm, 체중 2,500~2,600g • 성숙한 태아의 모습
10개월	• 태아의 신장 50cm, 체중 3,000g • 태아의 머리는 몸의 1/4을 차지하고, 몸 전체에 근육이 생김 • 머리뼈가 굳어짐

출처: 정희영·최영해·장은희·이선경·신현정·정다운·정희정(2014).

3 태내발달 이상

태아의 발달은 여러 가지 화학적, 생리적 상호관계에 의해 이루어지므로 이상이 생기면 대개 자연유산되지만 때로는 결함을 가진 채 출산되기도 한다. 해마다 선천성 기형이나 장애를 가진 아기의 임신과 출산이 증가하고 있다.

1) 유전인자의 이상

유전인자의 이상에는 우성인자에 의한 결함과 열성인자에 의한 결함이 있다.

(1) 우성인자에 의한 결함

우성인자에 의한 결함의 이유는 정상 유전인자가 비정상 유전인자에 비해 우성이기 때문이다. 대부분의 유전병은 열성인자에 의한 것으로, 우성인자에 의한 유전병은 매우 드물다. 우성인자에 의한 유전병의 경우, 보균이 가능한 열성인자에 의한 유전병의 경우와 달리 반드시 발병하게 되어 있다. 또한 발병하면 대개 자녀를 낳을 때까지 오래 살지 못하므로 이 유전자 형질은 영원히 사라진다. 그러나 간혹 비정상 특성이 우성인자에 의해 전달되어 생기는 유전병이 있는데, 헌팅턴병(Huntington's disease)이다.

헌팅턴병은 아동기, 청년기, 성년기까지는 별문제가 없지만 중년기 이후에는 신경세포가 손상되기 시작해서 환각, 망상, 우울증, 성격변화를 포함한 정신장애와 근육이 무력해지는 운동기능장애가 나타난다. 이 병은 신체적으로나 정신적으로 걷거나 음식물을 삼키는 것이 점차로 불가능하고, 인지적 기능을 완전히 상실하게 되어 사망에 이르게 된다.

(2) 열성인자에 의한 결함

열성인자에 의한 결함은 양쪽 부모로부터 같은 열성인자를 물려받은 경우에 나타난다.

가. 적혈구성 빈혈(sickle-cell anemia)

적혈구성 빈혈은 주로 아프리카인들에게서 발견되는 유전병이다. 일반적으로 적혈구는 원모양이지만 적혈구성 빈혈의 경우 모양이 낫(sickle)과 비슷하다. 이 모양의 적혈구는 정상 적혈구보다 수명이 짧으므로 적혈구의 수가 모자라 빈혈의 원인이 되고, 신체로 산소를 원만하게 운반하지 못하므로 사망하게 된다. 적혈구성 빈혈이 있는 경우 아동기에 폐렴이나 호흡기 질환에 걸리기 쉽고, 심장병이나 신장병으로 사망할 경우가 많다.

나. 낭포성 섬유증(cystic fibrosis)

낭포성 섬유증은 점액, 침, 땀을 생산하는 선에 이상이 생겨 너무 많은 점액을 만들어내고, 이것이 폐, 간, 췌장 등의 소화기관에 쌓이게 되는 특징이 있다. 이 환자는 호흡기 질환에 잘 걸리고, 담에 염분이 많아 탈수현상을 일으킨다. 낭포성 섬유증이 있는 영아의 약 10%는 매우 진한 분비물 때문에 출생 시 장폐쇄증이 나타난다.

다. 페닐케토뉴리아(phenylketonuria)

페닐케토뉴리아는 신진대사에 필요한 효소의 결핍으로 인한 유전병으로, 이 효소는 유제품, 계란, 빵, 생선 등에 함유된 단백질인 페닐알라닌을 아미노산으로 전환해 준다. 이 효소가 결핍되면 페닐알라닌이 분해되지 못하고 그 독성이 신경조직에 축적되어 정신지체를 유발시키는 요인으로 작용한다. 이 경우 지능장애와 운동신경 장애를 동반하고, 심한 경우 지능지수가 50 이하로 떨어진다.

2) 성(性)염색체 이상

정상적인 성염색체를 지닌 경우 XX일 경우 여성으로, XY일 경우 남성으로 태어나지만 성염색체 중 하나가 없거나 더 많으면 결함이 있는 유전인자를 지니게 되어 정상적인 생활을 하는 데 어려움을 겪는다.

(1) 터너증후군

터너증후군(turner syndrome)은 전체 염색체 수가 45개로서 X 염색체가 하나 없는 XO를 나타낸다. 여성 2,500~8,000명당 1명꼴로 나타난다. 이에 해당하는 여성의 신체적 특징은 키가 작고 살이 쪘으며, 목이 없이 얼굴과 어깨가 거의 붙어 있고, 삼각형 얼굴모양과 가슴이 넓고, 손가락이 짧은 특징이 있다. 심장과 신장이 기형이나 정상적인 지능을 가지고 있으며 소녀티가 난다. 10세경에 난소에 이상이 생겨 기능을 제대로 하지 못하고, 여성호르몬의 부족으로 2차 성징이 잘 나타나지 않는다. 언어지능은 정상이지만 공간지각 능력이 평균 이하인 경우가 많다.

(2) XYY증후군

XYY증후군(초웅증후군)은 Y 염색체가 하나 더 많아 성염색체가 47개의 XYY를 이루는 경우로 남아 1,000명당 1명꼴로 발생한다. 정상의 남성보다 키가 크고, 남성적 특징이 두드러지고, 정신지체가 있고, 공격적 행동을 나타내는 경향이 있어 범죄율이 높고, 성인기에 정신분열증의 발병률도 높다. 치아가 넓고, 때때로 여드름이 심하게 난다. 남성적인 성적 특징과 임신 등은 정상이다.

(3) XXX증후군

XXX증후군(triple X syndrome)은 여성의 1,000명당 1명꼴로 발생하며 2세 때부터 결함이 나타나기 시작한다. 상대적으로 키가 큰 것을 제외하고는 같은 연령층의 정상적인 아이들과 비교하여 외형이나 성적인 발달 면에서 별다른 차이가 없다. 언어적인 지능에는 결손이 있다.

(4) 클라인펠터증후군

클라인펠터증후군(klinefelter syndrome)은 고환형성 부전증으로 남성적 특성이 약하고, 사춘기에 가슴과 엉덩이가 커지는 등 여성적인 2차 성징이 나타난다. 일반적으로 남성의 경우 유방암의 발병률이 매우 낮은 데 비해, 이 질병의 남성은 유방암 발병률이 20배나 높다. 고환이 미성숙하여 정자를 생산하지 못하기 때문에 생식 불능이다. 지능이 낮은 경우가 많은데, 특히 언어지능이 떨어지며, 이러한 결함들은 여분의 X 염색체가 많을수록 더욱 현저하다.

3) 상(常)염색체 이상

상염색체(autosome)는 성염색체를 제외한 22쌍의 염색체로, 상염색체의 결함에서 오는 대표적인 장애가 다운증후군(Down syndrome)과 에드워드증후군(Edward syndrome)이다.

(1) 다운증후군(Down syndrome)

이는 21번 염색체의 이상으로 야기되며 염색체 수가 하나 더 많은 47개가 된다. 지능은 40~60 정도이나 다정하고 쾌활한 성격적 특성을 가진다. 저항력이 약하기 때문에 조기에 사망하는 경우가 많다. 심장기형 환자 외에는 대부분 어른이 될 때까지 살 수 있으나 노화현상이 빨리 와서 수명이 짧다. 다운증후군은 부모의 연령과 관계 있는데, 부모 연령이 증가함에 따라 급격히 증가한다. 또한 이러한 자녀를 출산한 경험이 있는 경우 발생률이 더욱 증가한다.

(2) 에드워드증후군(Edward syndrome)

이는 18번째 염색체가 세 개로 형성되어 삼체형이 되는 것이다. 3,500~8,000명 중 1명꼴로 나타난다. 신체적 특징은 귀의 기형 및 귀의 처짐, 발의 기형, 소두증, 굽은 손가락 등이고 심각한 정신지체가 나타난다. 출산 후 1개월 내에 사망 확률이 30%이고, 1년까지 생존확률이 10% 미만으로 사망률이 높다.

4 태내발달에 영향을 미치는 요인

대부분의 아기들은 정상아로 태어나지만 출생 시 이미 결함을 갖고 태어나는 아기들도 있다. 오늘날 기형아나 장애아의 출생 빈도는 과거보다 더 높아지고 있다. 이들 중 유전적인 원인에 의한 기형아는 20~25%에 불과하고, 나머지가 외부의 환경요인에 의해 발생한다.

1) 흡연

임신 중 모성 흡연은 출생 시 신생아의 체중이 2,500g으로 정의되는 저체중아 출산에 영향을 미치는 가장 대표적인 요인이다. 흡연을 한 어머니의 태아는 일반적으로 체중이 150~230g 정도 감소하며, 흡연 여성은 비흡연 여성에 비해 저체중아 출산율이 2배 정도 높게 나타난다. 또한 흡연은 뇌결함, 구개파열, 조산아가 태어날 확률, 영아돌연사증후군(SIDS), 주의력 결핍 및 과잉행동장애(ADHD)의 확률을 증가시킨다. 최근 임신 중 흡연으로 인해 모체와 태아를 연결하는 태반의 DNA가 손상된 여성은 DNA의 손상을 수리하는 메커니즘도 손상되어 태아의 영양과 성장에 핵심적인 역할을 수행하는 단백질 생산이 감소한다는 사실도 밝혀졌다.

비흡연 임산부라도 주변인에 의한 간접 흡연의 피해를 입는다면, 직접 흡연과 유사한 영향을 미친다. 흡연을 하는 어머니의 심리상태도 태아에게 영향을 미치는 요인의 하나로 지적될 수 있다. 외부로부터 받는 스트레스나 어머니의 불안한 상태가 어머니로 하여금 담배를 피우게 하고, 흡연의 악영향에 기여하게 된다. 어머니가 음주나 흡연을 할 경우, 태아가 지체를 보일 확률은 2배 정도 높아지며, 두 가지를 모두 할 경우 4배로 증가한다(Dworetzky, 1990).

2) 음주

태아의 알코올 분해능력은 성인의 절반 수준에 머무르기 때문에, 임신기간 중에는 소량의 알코올조차도 비정상적인 발달을 야기할 수 있다. 알코올 중독현상을 보이는 임산부의 태아는 태아 알코올증후군(fetal alcohol syndrome)을 나타나는데, 중앙신경계통의 미성숙으로 정신지체나 주의집중력의 결핍, 과잉행동 등을 보인다. 또한 이들은 출생 전후의 성장지체, 비정상적인 두개골 모양, 눈이나 심장, 사지, 관절의 결함을 갖고 태어날 확률이 있다. 이러한 증상은 알코올 섭취량이 많을수록 증가하며, 정신지체아 가운데 상당수가 알코올증후군에서 비롯된다.

3) 연령

보통 25~29세 사이를 임신과 출산을 하기에 최적의 연령이라 하며, 임산부 연령이 35세를 지날 경우 노산이라 일컫는다. 최근 의학의 발달로 임산부의 연령이 태아에게 미치는 직접적인 영향이 많이 감소했지만, 노산의 경우 자연유산, 난산, 임신중독증, 미숙아, 다운증후군 등을 출산할 확률이 급격히 증가하는 것으로 알려졌다(권민균 외, 2005). 한편 임산부의 연령이 너무 어려도 조산이나 사산의 위험이 크고 미숙아나 저체중아를 출산할 가능성이 증가하는데, 이는 신체적인 미성숙보다는 심리적인 미성숙이 더 큰 원인으로 작용한다고 볼 수 있다. 또한 임신 중 의료적 처치를 잘 받지 못하고, 영양불량, 건강문제 등이 많은 저소득층이 해당된다는 것도 원인이 될 수 있다.

4) 질병

풍진은 태반을 통해 태아의 혈액으로 침입하여 농, 맹, 심장기형, 중추신경계 손상, 정신지체 등을 유발한다. 이는 임신 2개월까지 커다란 영향을 미치며 태아가 어느 정도 형성된 3개월 이후에는 청력, 시각, 언어 문제를 일으킨다. 톡소프라스모시스(toxoplasmosis)는 감염된 고양이나 익히지 않은 고기를 통해 감염되는 기생충이 일으키는 질병이다. 배아기에 감염되면 뇌와 시각에 장애를 일으키며, 임신 후기에 감염되는 경우에는 경증의 시각장애나 인지장애를 초래한다.

5) 정서상태

임산부와 태아는 신경조직과 내분비조직이 서로 연결되어 있으므로 산모가 겪는 긴장이나 불안이 태아에게 전해진다고 볼 수 있다. 정서적 스트레스의 일환인 분노, 공포, 불안과 같은 감정은 자율신경계에 영향을 미쳐 부신호르몬의 분비를 촉진시키게 되며, 이는 태반을 통해 태아에게 영향을 준다. 스트레스에 반응하기 위해 분비되는 호르몬은 혈관을 수축시키고, 혈액의 흐름을 어머니의 자궁으로부터 다른 신체기관으로 전환시키게 되어 태반 내 혈액량을 감소시키게 되며 태아에게 산소나 영양공급의 부족을 가져온다.

6) 방사선과 환경오염

일반적으로 방사선에 노출되었다고 해서 모두 기형아를 출산하는 것은 아니며, 방사선의 종류, 조사량, 방사선 촬영의 횟수에 따라 피해가 다를 수 있다. 진찰을 위한 소량의 X-ray나 CT 촬영은 태아에게 별다른 영향을 주지 않지만, 임신 중기나 후기보다 임신 전기 착상 무렵에 방사선에 노출되면 유산되거나 기형아를 출산할 확률이 매우 높아진다.

또한 살충제, 제초제, 화학용품, 시너, 가구광택제 등 유독성 화학물질은 태아에게 심각한 결함을 줄 수 있기 때문에 피해야 한다. 자동차 매연에 노출되었거나 납중독이 되었을 경우 미숙아, 저체중아, 뇌손상, 신체적 결함을 지닌 아기를 출산할 확률이 높다. 최근에는 오염된 물고기를 자주 먹은 임산부들이 머리가 작고 체중이 적은 아기를 출산한 것이 밝혀졌다(Berk, 2000).

7) 태내 영양

태아는 임산부가 잘 먹을 때 잘 발달한다. 영양가 있는 음식을 먹은 임산부는 임신 중이나 출산 시 어려움이 적고 건강한 아이를 낳는 데 반해, 부적절한 식사를 한 경우는 조산아, 저체중아를 낳을 확률이 높다. 임산부가 영양실조 상태일 경우 태아의 두뇌발달에 영향을 주는데, 정상적인 뇌세포 수의 60% 정도로 나타났다(김수희 외, 2006). 보통 임신 기간 중 체중증가는 임신부의 키, 골격 구조, 영양 상태에 따라 다르지만 11~16kg 정도 증가하는 것이 적당하다.

〈표 3-2〉 임산부에게 필요한 영양소

영양소	내용
칼슘	태아 체조직의 생성 및 발육에 필수이며, 적게 섭취할 경우 골다공증이 나타나기 쉽다.
마그네슘	칼슘, 인과 함께 골격의 구성성분을 이루기 때문에 견과류, 우유, 정제되지 않은 곡류, 콩, 채소, 과일, 육류 등의 섭취로 얻을 수 있다.
철	태반의 형성이나 태아와 모체의 헤모글로빈 생성에 필요한 필수영양소이다. 식품을 통한 섭취만으로 어렵기 때문에 철분 영양제로 보충해야 한다.
아연	아연 결핍 시 선천성 기형이나 뇌발달장애가 초래될 수 있다.
요오드	요오드가 부족한 모체에서 태어난 경우 흔히 크레틴병 현상이 나타난다. 신체적인 성장부진과 지능이 떨어지게 된다.
각종 비타민	비타민 A는 저항력과 시력에 관계되며, 비타민 K는 신생아 출혈과 황달을 예방하고, 비타민 B는 수분대사 및 모유분비에 중요하다. 또한 비타민 C는 호르몬 분비기능에 중요하다.

출처: 정희영·최영해·장은희·이선경·신현정·정다운·정희정(2014).

5 출산

태내발달기간의 38주를 채우게 되면 태아는 엄마의 자궁에서 이 세상으로 나올 준비를 한다. 이때 자궁 속에서 출산에 도움이 되도록 스스로 위치를 변경하여 몸 전체를 모체의 자궁경부 가까이 이동한다. 출산의 과정을 3단계를 통해 살펴보고 여러 가지 출산방법에 대해 알아보고자 한다.

1) 출산의 단계

출산은 자궁근육의 수축이 반복되면서 자궁으로부터 태아와 그 부속물들이 질이나 복부를 통해 외부로 나오는 전 기간을 말한다. 출산의 단계는 크게 개구기, 출산기, 후산기의 세 단계로 진행된다(그림 3-7).

(1) 제1기(개구기)

개구기는 출산의 준비기이다. 진통은 자궁경부를 열기 위하여 규칙적으로 수축이 이루어지는 과정에서 나타나는 현상이다. 진통은 처음에는 20분, 30분 간격으로 짧게 오다가 개구기의 마지막에는 3~5분 간격으로 일정해지며 강도가 심해진다. 개구기는 자궁경부가 완전히 열린 최대의 크기인 약 10cm 정도가 되었을 때 끝나며 대개 6~12시간이 걸린다. 이 시기에는 출산에 대한 공포를 없애고 신체의 긴장을 풀면 자궁경부를 둘러싼 근육의 이완이 촉진된다. 반면 공포심 때문에 긴장하게 되면 근육이 팽창하지 않아 더 심한 통증을 느끼게 된다. 따라서 임산부는 출산 이전에 긴장완화를 유도할 수 있는 방법을 교육받기도 한다.

(2) 제2기(출산기)

이 시기는 자궁경부가 10cm 이상 완전히 열린 상태에서 태아가 바깥으로 나올 때까지를 말하는 것으로, 초산부의 경우 약 1~2시간, 경산부의 경우 30분 정도 소요된다. 이때 산모가 산도의 아래쪽에 힘을 주어 밀어내는 경우 분만 2기는 단축될 수 있다. 자궁 수축의 강도는 점점 강해지며 횟수는 줄어드는데, 이렇게 함으로써 태아에게 혈액을 공급할 수 있고, 산모는 산모대로 다시 힘을 쓰기 위해 충분한 휴식을 할 수 있다. 태아의 머리는 산모의 골반을 내려가면서 회전하게 된다. 태아는 얼굴을 바깥으로 향하여 내려가는데, 골반 하부는 다이아몬드 형태로 되어 있기 때문에 골반 안을 내려가면서 머리가 90도 회전하여 머리가 산모의 자궁 후면에 위치한다. 양막의 파열과 자궁경부가 완전히 소실, 확장되면 태아가 만출(태아를 밀어냄)된다.

(3) 제3기(후산기)

후산기는 태아 출산 후 부속물인 태반, 탯줄 등이 떨어져 나올 때까지를 의미한다. 약 5분 정도 시간이 걸리고 20분이 지나도 나오지 않을 때는 주의해서 살펴보아야 한다. 자궁은 태아가 출산되고 나서 수축을 계속한다. 그러나 태반은 근육으로 구성되어 있지 않기 때문에 자궁과 함께 수축하지 않고 분리된다. 태반은 질을 통해 자연스럽게 미끄러져 나오는데, 이때 약간의 출혈이 따른다. 만약 태반이 질 내부에 그대로 있으면 조심스럽게 아래로 당겨 빼내면 되는데, 이때는 별다른 고통은 없다.

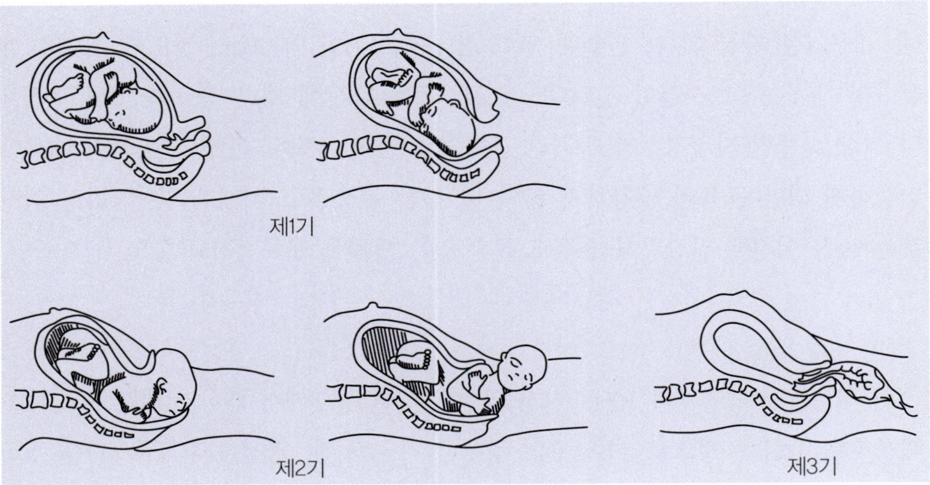

출처: Berk(1997).

[그림 3-7] 분만의 단계

2) 출산방법

출산 시 진통은 임산부 누구나 경험하는 고통으로 피할 수는 없지만 여러 가지 자세나 동작의 변화로 모체의 고통을 완화시킬 수 있다.

(1) 수중분만

수중분만은 양수와 동일한 조건의 물속에서 아기를 낳는 방법이다. 산모가 양수와 같은 온도의 깨끗한 물을 담은 수조에서 회음절개나 진통제, 촉진제 주사 등 의료적 처치 없이 자연상태로 분만하는 것이다. 진통부터 분만까지의 모든 과정을 물 안에서 할 수 있고, 진통을 물에서 하고 분만은 밖으로 나와서 하거나, 반대로 진통은 밖에서 하다가 분만 시에만 물 안으로 들어와 아이를 낳을 수도 있다. 기존의 분만법과 달리 수중분만에서 의사의 역할은 덜 중요하며 진통에서 분만까지 남편의 격려와 도움을 받으며 분만하게 된다. 수중분만은 누운 자세가 아닌 앉는 자세 분만법의 하나로, 중력을 이용했기 때문에 골반이 잘 벌어지며 힘을 주기도 쉬운 분만자세이다. 이 방법은 프랑스에서 1970년대에 처음 시도되었고, 우리나라는 1999년에 한양대학교 부속병원에서 처음 실시되었다.

(2) 폭력 없는 분만

폭력 없는 분만법은 프랑스의 의사인 Leboyer가 1975년 『폭력 없는 탄생』이라는 저서를 통해 주장한 것이다. 그는 산모의 고통뿐 아니라 산도를 통해 모체 밖으로 나오는 태아의 고통에 대해서도 관심을 가져야 한다고 주장하였다. 출산 시 아기는 어둡고 따뜻한 방에서 조용하고 부드럽게 받아져야 하며, 즉시 탯줄을 자르지 말고 아기를 엄마의 배 위에 5분 정도 두었다가 탯줄을 자른 다음 따뜻한 물속에 넣고 부드럽게 마사지해주어 아기가 긴장을 풀고 외부 세계를 맞이해야 한다고 본다. 이 분만법에 반대하는 견해는 희미한 불빛으로 인해 출산과정의 위험 요소를 놓칠 수 있고, 아기가 물속에서 세균에 감염될 수 있다고 주장한다.

(3) 라마즈분만

라마즈분만법은 분만의 두려움을 덜어주고 즐거운 마음으로 출산을 맞을 수 있도록 도와주는데, 산모는 이 분만법을 통해 스스로의 상태를 조절할 수 있는 운동과 분만에 필요한 기술을 습득하고 부모가 된다는 감정을 표현함으로써 정신적으로 출산준비를 한다. 출산에 대한 긍정적 태도를 심어줌으로써 편안한 분만을 유도하는 정신예방적 분만법이라 볼 수 있다. 이 과정에서 부부간, 부모 자식 간의 사랑은 더욱 돈독해지고 가족의 결속력도 강해진다. 라마즈분만법은 연상법, 라마즈체조, 이완법, 호흡법으로 구성돼 있는데, 연상법은 말 그대로 어떤 기분 좋은 상황을 머릿속에 떠올리는 것이다. 라마즈체조는 임신 6개월부터 시작하는 것으로 임신을 건강하게 유지하고 분만할 때의 진통을 잘 견딜 수 있게 하며, 효과적인 힘주기와 분만 후의 몸매회복 등을 위해 필요한 라마즈체조, 특히 복근과 질근을 강화시키는 운동으로 구성되어 있다. 이완법은 머리끝에서 발끝까지 전신의 근육을 이완시키는 것인데, 분만이라는 스트레스적 상황과 진통으로 온몸이 경직되는 산모의 근육을 이완시킴으로써 릴랙신(relaxin)이라는 물질의 분비를 증가시킨다. 호흡법은 호흡속도를 익히는 것이 중요하며 꾸준한 반복연습이 요구되는데, 진통이 시작되었을 때 산소공급을 원활하게 해주고 근육긴장을 예방해 준다.

(4) 무통분만(약물분만)

무통분만이란 마취를 통해 진통을 줄임으로써 근육을 이완시켜 출산을 쉽게 유도하는 방법이다. 출산 시 산모가 진통을 심하게 느끼면 근육들이 긴장해 태아가 산도를 빠져나오는 데 어려움을 겪어 산도에서 오랜 시간 머무르게 되어 스트레스를 받게 된다. 이렇게 산모와 태아의 고통을 줄이기 위해 마취를 하여 통증을 줄임으로써 분만이 쉽게 진행되게 한다. 이때 분만과정 중 투여하는 약물은 태반을 통해 태아의 혈액과 세포로 들어가 이후의 체중증가 둔화, 젖을 빠는 능력의 감퇴, 반응저하, 초기 학습과제 수행능력의 저하 등 인지발달이나 운동능력의 문제를 야기시킨다는 결과도 있다(김나영 외, 2005).

(5) 제왕절개 분만

제왕절개(caesarean section) 분만은 임산부의 복부를 절개해서 자궁으로부터 아기를 꺼내는 분만법이다. 사산 또는 난산, 태위 이상, 전치태반, 제대탈출, 골반불균형, 과거 제왕절개 분만경험자와 아기의 머리 크기가 커서 산모의 골반을 통과할 수 없을 때 이 분만법을 사용한다. 이 분만법은 장협착증과 같은 수술 후 후유증, 세균감염의 위험성 외에도 자연분만보다 회복기가 길기 때문에 정상분만이 가능한 경우에는 이 방법을 삼가는 것이 좋다.

6 출산과 관련된 문제

출산은 태어나는 아기나 임산부 모두에게 위험할 수도 있으며, 출산 후의 발달과 관련된 중요한 경험이 된다. 출산과 관련하여 다음과 같은 문제의 가능성이 있다.

1) 임신중독증

임신중독증은 임신 말기에 가장 주의해야 하는 질병으로 임신 중 여러 가지 병적인 상태를 보이는 증상이다. 이 병은 간, 신장 등이 과로하여 제대로 기능하지 못할 때 혹은 임신이라는 특수한 상태에 대해서 몸이 제대로 반응할 필요가 있는데 그 반응방식이 너무 지쳤다든지 조화를 이루지 못하기 때문에 나타난다. 이는 임산부 사망의 첫째 원인이 되며, 이로 인해 난산이나 미숙아를 출산할 가능성이 높다.

2) 전치태반

전치태반은 태반이 태아보다 자궁입구에 가까이 발육되어 자궁의 아래쪽 부위에 형성되는 것이다. 자궁의 수술이나 종양으로 자궁에 상처, 염증이 생겼거나 수정란의 발육불량, 착상불량 등으로 생기는 경우가 많다. 전치태반은 태반이 자궁입구를 덮고 있는 정도에 따라 3종류로 분류하는데, 완전 전치태반은 태반이 자궁입구를 완전히 덮고 있을 때이며, 부분 전치태반은 태반이 자궁입구를 부분적으로 덮고 있을 때이다. 이 경우는 정상분만이 가능하다. 번연 전치태반은 태반이 완전히 자궁입구를 막고 있는 경우로 정상분만으로 태아를 출산하지 못하고 제왕절개술로 분만해야 한다.

3) 유산

유산은 임신 12주부터 28주 사이에 일어나는 임신종결 현상이다. 특히 당뇨, 간질환, 천식, 심장병, 고혈압과 같은 병을 가진 모체의 태아는 유산될 확률이 높다. 자연유산은 임신 12주 이내에 임신이 종결되는 것으로 임신임을 알기 전에 일어나므로 알지 못하고 지나가는 경우가 많다. 자연유산을 3회 이상하게 되면 이를 '습관성 유산'이라고 한다. 유산의 원인은 80% 정도가 태아와 모체 둘 다에 기인하며, 이 중 약 50~60%는 알 수 없는 원인에 의해 발생한다.

4) 만산

만산은 출산예정일을 2주 이상 지나 분만하는 경우로서 모든 임신의 약 10% 정도가 이에 해당된다. 만산은 대부분 정상이지만 뱃속에서 태아가 계속 커져 태아와 자궁이 잘 맞지 않거나 자궁 내 태아의 위치가 비정상인 것 등이 문제가 된다. 이는 골반이 좁아 태아의 머리가 내려가지 않아 골반 내의 신경을 자극할 수 없는 경우, 자궁경관이 단단해서 산도의 준비가 더딘 경우 등이 원인이 된다.

5) 조산과 저체중아

신생아의 경우 체중이 2.5kg 미만이면 저체중아라고 한다. 보통 저체중아는 영양상태가 나쁘거나 조산 시에 나타난다. 조산은 임신 29~37주 사이에 출산되는 경우인데, 조산아의 경우 호흡기를 비롯한 신체발달, 운동발달, 신경학적 측면과 인지발달에서 만산아보다 지체를 보인다. 만산아이며 저체중인 경우 생후 1년 동안 질병감염률, 사망률, 신경학적 문제를 조산아보다 더 많이 나타내는 경향이 있다.

CHAPTER 4

영 아 기

영아기는 출생에서 만 2세까지를 말하며 인생의 주기 중에서 성장과 발달이 가장 급속하게 이루어지는 시기이다. 얼핏 보기에 먹고 자는 것밖에는 아무 일도 할 수 없는 것처럼 보이는 신생아도 성인의 보호와 관심을 불러일으키는 여러 가지 능력을 갖추고 있다. 본 장에서는 신생아와 영아의 발달 특징을 자세히 살펴본다.

1 신생아의 특징

1) 신체적 특징

출생 당시 신생아의 신체 크기는 임신 동안 어머니의 영양 및 건강 상태, 부모의 체격, 아기의 성별 등과 관련이 있지만, 신생아의 평균 키는 남아가 51.4cm이며 여아는 50.5cm이다. 평균 체중은 남아와 여아가 각각 3.4kg, 3.3kg이다. 생후 4개월이 되면 이들의 몸무게는 출생 당시 몸무게의 2배가 되고 생후 12개월이 되면 거의 3배가 된다. 키는 생후 12개월이 되면 출생 시 키의 약 1.5배에 이르게 된다.

신생아의 머리는 몸 전체 길이의 1/4가량 되며 평균 머리둘레는 약 33㎝, 가슴둘레는 약 32㎝로 머리둘레가 가슴둘레보다 큰 편이다. 신생아의 두개골에는 여섯 개의 천문(숫구멍)이 있는데 피부 바로 아래 단단하고 탄력 있는 엷은 막으로 덮여 열려 있다. 아기가 숨을 쉴 때마다 여섯 개의 천문 중에 대천문과 소천문이 오르락내리락하는 것을 볼 수 있다. 앞이마에 있는 대천문은 생후 18개월경이 되면 닫히고 머리 뒤쪽에 있는 소천문은 생후 1년 이내에 닫힌다(그림 4-1).

출생 시 신생아의 피부는 붉은색을 띠며 쭈글쭈글하고 몸 전체가 끈적끈적한 태지와 솜털로 덮여 있다. 태지는 세균감염을 막아주는 피부보호막 구실을 하는데 며칠 지나면 건조해지고 솜털도 자연적으로 빠지게 된다.

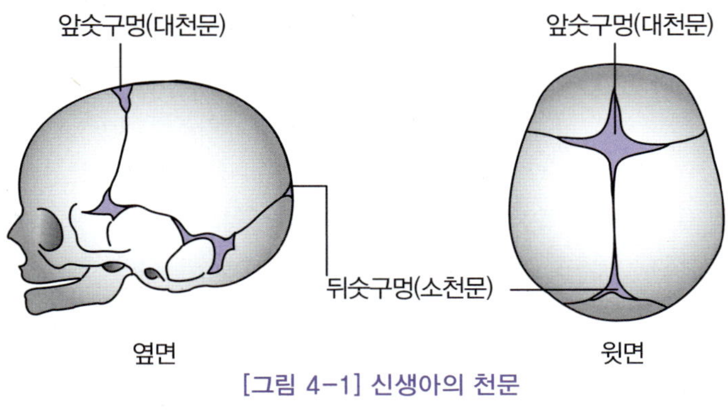

[그림 4-1] 신생아의 천문

2) 생리적 기능

대부분 신생아는 생후 2~3일경부터 체중이 감소하지만 약 5일째부터는 체중이 다시 늘기 시작하여 10~14일이 되면 출생 때의 체중으로 회복한다. 출생 후 3~4일이 지나면 아기의 피부와 안구가 노랗게 변하는 신생아 황달 증상이 나타난다. 이 현상은 간의 미성숙 때문에 일어나는데 대개는 심하지 않고 1주일이 지나면 간 기능이 원활하게 되어 회복된다.

출생 전부터 엄마와 태아는 독립된 순환기관을 가지고 독립된 심장박동을 한다. 신생아의 심장박동은 어른보다 빠르고 불규칙하며 속도는 1분에 120~160회 정도이며 며칠이 지나면 약간 느려진다. 태내기 동안에는 탯줄을 통해 산소를 공급받고 이산화탄소를 배출하였지만, 출생 직후부터는 스스로 호흡을 하게 된다. 출산할 때 아기의 울음은 최초의 호흡으로 신생아는 1분당 135~145회 호흡하며 이는 어른의 2배 정도이다. 신생아의 호흡은 일반적으로 얕고 불규칙하며 딸꾹질과 재채기를 하기도 한다. 신생아의 체온은 성인보다 약간 높은 37~37.5℃이다. 신생아가 스스로 체온을 조절하여 주변 환경의 온도 변화에 적응하기까지는 어느 정도의 시간이 걸리는데 체온조절이 잘되지 않기 때문에 춥다고 많이 덮어주면 몸이 금방 따뜻해지는 반면 많이 입히지 않으면 금방 차가워진다.

출생 후 하루나 이틀 동안은 하루에 4~5회 태변을 배설하는데 그 빛깔은 검은 녹색을 띠며 끈끈하다. 태변은 태중에서 양수를 삼켜 직장에 고여 있던 것이다. 소변은 하루에 18회 정도로 자주 보며 요산염이 많아서 기저귀가 황갈색이 되기 쉽다.

신생아는 출생 당시에도 이미 소화효소를 분비하고 있어 음식물을 충분히 소화할 수 있다. 그러나 위의 모양이 수직이어서 많이 먹으면 토할 수 있으며 일반적으로 두세 시간 간격으로 하루에 7~8회 젖을 먹는다. 신생아의 소화체계는 단백질과 당분을 흡수하고 소화시키기에 충분한 효소를 만들어내지만 포화지방은 잘 흡수할 수 없어서 지방이 많은 조제분유보다 모유가 신생아에게 더 적합하다. 첫 1~2일에 산모에게서 나오는 황갈색의 초유는 태변 배설을 촉진할 뿐 아니라 면역체를 함유하고 있어서 신생아에게 먹이는 것이 좋다.

3) 반사행동

반사(reflex)는 특별한 형태의 자극에 대해 반응하는 타고난 자동반응이다. 어두운 곳에 있다가 밝은 곳으로 나오면 눈을 깜박이거나, 무릎을 살짝 맞으면 발을 앞으로 차는 반응이 반사이다. 신생아는 여러 가지 반사를 가지고 세상에 나온다. 가령, 손가락으로 아기의 볼을 부드럽게 건드리면 머리를 손가락이 건드린 방향으로 돌리거나 아기의 손바닥에 손가락을 얹어 놓으면 손가락을 꽉 쥔다. 그리고 아기를 안고 있다가 갑자기 내려놓으면 팔을 활모양으로 휘는 반응을 보인다. 〈표 4-1〉은 신생아의 주요 반사를 보여준다.

일부 반사는 생존을 위해 필요하다. 모유를 먹는 아기가 엄마의 젖꼭지를 찾는 데 도움을 주는 근원 반사(혹은 찾기 반사)와 빨기 반사는 생존을 위해 필요하다. 만일 신생아가 젖을 빨 수 없다면 인간은 단 한 세대도 생존할 수 없었을 것이다. 모로 반사와 잡기 반사는 아기가 엄마에게 매달려 있는 데 도움을 주며, 수영 반사는 우연히 물에 빠진 아기가 물에 떠 있도록 해준다.

대부분의 신생아 반사는 생후 6개월경에 사라진다. 이것은 대뇌피질이 발달함에 따라 행동을 점차 자발적으로 조절할 수 있기 때문이라고 학자들은 믿고 있다. 만약에 출산과정에서 문제가 있었다면 의사는 신생아의 반사를 세심하게 검사하게 된다. 이는 반사가 신경계의 상태를 나타내므로 대뇌피질에 손상이 있었다면 반사가 약하거나 전혀 나타나지 않을 수도 있으며 반사가 사라져야 할 시기에도 계속될 수도 있기 때문이다. 그러나 반사반응에는 개인차가 있으므로 신경계 기능의 정상 여부를 판단하기 위해서는 다른 방법도 함께 사용할 것을 권고한다.

〈표 4-1〉 신생아의 반사

반사 유형	자극	반응	사라지는 시기	기능
눈 깜박임	아기의 눈에 밝은 빛을 비추거나, 머리 가까이에서 손뼉을 친다.	눈꺼풀을 빨리 닫는다.	영구적	강한 자극으로부터 보호한다.
찾기 반사	입 주변의 뺨을 건드린다.	머리를 자극을 준 쪽으로 돌린다. 입을 벌린다.	3주(이때 자발적인 고개 돌리기가 됨)	젖꼭지를 찾게 한다.
빨기 반사	아기의 입에 손가락을 댄다.	손가락을 규칙적으로 빤다.	4개월 후에 자발적인 빨기로 대체된다.	젖을 빨게 한다.
수영 반사	물속에 아기의 얼굴을 담근다.	수영 동작으로 손을 휘젓고 다리를 버둥거린다.	4~6개월	물속에 빠졌을 때 살아나는 데 도움을 준다.
모로 반사	아기의 등을 수평으로 받친 채 갑자기 머리를 떨어뜨리거나 또는 갑자기 큰 소리를 낸다.	팔과 다리를 벌리고 손가락을 펴며 마치 무엇을 껴안으려고 하는 자세를 한다.	6개월	과거 진화과정에서, 아기가 어머니를 꼭 붙잡는 데 도움을 주었을지도 모른다.
잡기 반사	아기의 손바닥을 손가락으로 누른다.	성인의 손가락을 자동적으로 쥔다.	3~4개월	자발적인 잡기를 준비시킨다.
목 강직 반사	등을 바닥에 대고 눕히고 머리를 한쪽으로 돌린다.	한쪽 팔은 머리가 향하고 있는 방향 앞으로 펴고, 다른 팔은 구부리며 마치 펜싱 자세를 취한다.	4개월	자발적인 뻗기를 준비시킨다.
걷기 반사	아기의 팔 밑을 잡고 평평한 곳에 맨발이 닿게 한다.	걷는 것처럼 발을 교대로 움직인다.	체중이 빨리 늘어난 영아의 경우 2개월, 가벼운 아기들은 지속된다.	자발적인 걷기를 준비시킨다.
바빈스키 반사	발가락에서 발뒤꿈치 쪽으로 발바닥을 건드린다.	발가락을 부챗살처럼 펴고 발을 안으로 비튼다.	8~12개월	알려지지 않음

출처: Berk(2006).

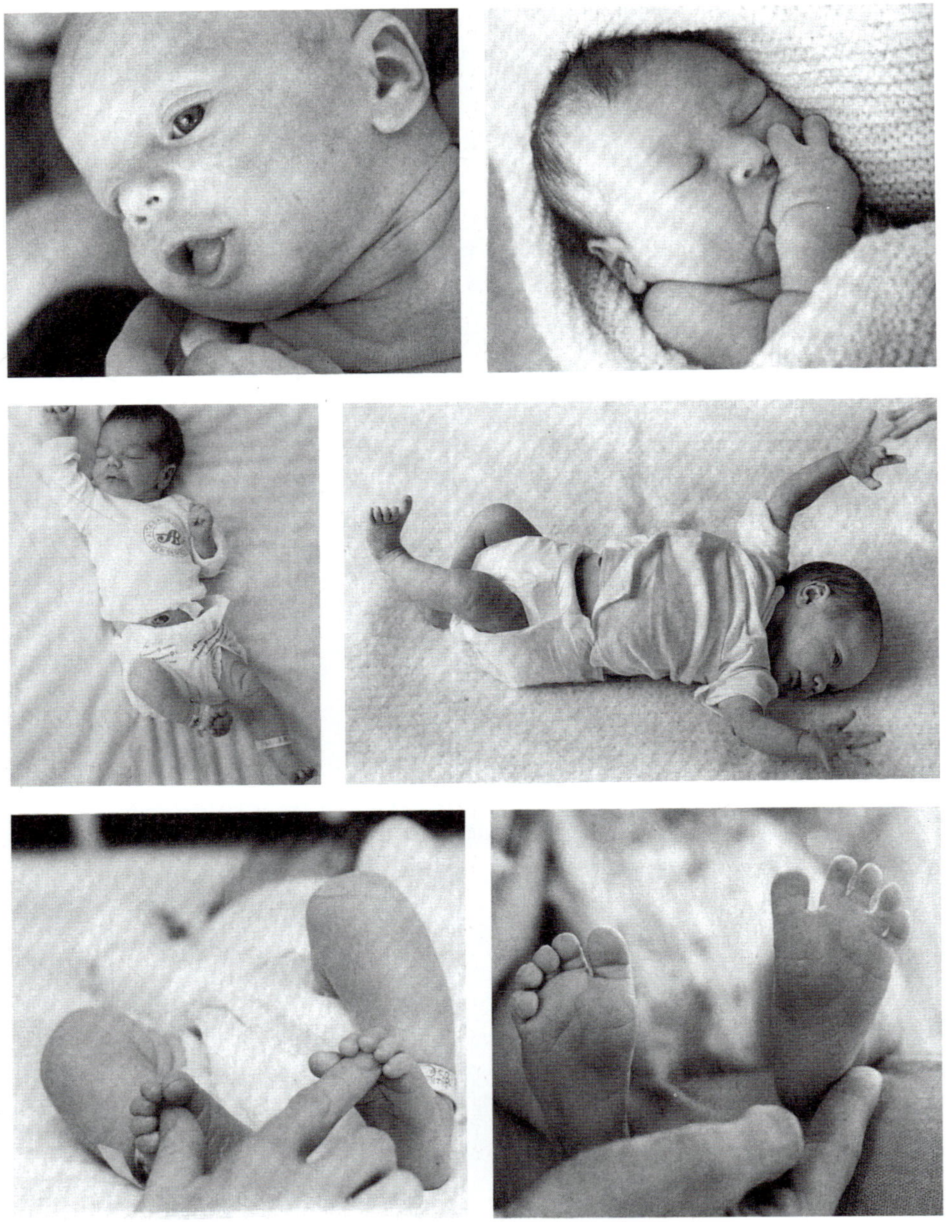

출처: Schickedanz et al.(1993).

① 찾기 반사 ② 빨기 반사 ③ 목 강직 반사 ④ 모로 반사 ⑤ 족부 반사 ⑥ 바빈스키 반사

[그림 4-2] 신생아의 반사

4) 신생아의 상태

낮과 밤 동안 신생아는 잠이 들고 깨고 하는 과정을 반복한다. 일반적으로 신생아는 수면과 각성 정도에 따라 규칙적 수면과 불규칙 수면, 졸린 상태, 활동적인 각성과 울음, 비활동적 각성상태를 번갈아 경험하며 하루를 보낸다. 첫 달에는 이러한 상태가 번갈아 자주 나타난다. 가장 빨리 지나가는 것은 비활동적인 각성상태이며 이 상태는 대개 짜증을 내면서 우는 단계로 간다. 신생아는 하루 중 가장 많은 시간을 잠을 자면서 보낸다. 출생 후 2년 사이에는 수면상태와 깨어 있는 상태의 구성이 크게 변하지만, 전체 수면시간은 많이 감소하지 않는다. 생후 4개월이 되면 밤 수면의 양은 성인과 비슷한 8시간 정도가 되며, 낮 동안에는 더 오랫동안 깨어 있고 낮잠의 횟수도 줄어든다. 1년 반이 되면 한 번 정도 낮잠을 자며 약 4~5세가 되면 낮잠을 자지 않기도 한다(Berk, 2006).

〈표 4-2〉 신생아의 상태

상태	특징	시간
규칙적 혹은 NREM 수면	완전한 수면상태이며 몸은 거의 움직이지 않는다. 눈꺼풀은 닫혀 있고 눈동자가 움직이지 않는다. 얼굴은 이완되어 있으며 호흡은 느리고 규칙적이다.	8~9
불규칙적 혹은 REM 수면	팔다리가 부드럽게 움직이고 때때로 꿈틀거리고 얼굴을 찡그린다. 눈꺼풀은 닫혀 있으나 이따금 눈동자가 움직이는 것이 보이고 호흡이 불규칙적이다.	8~9
졸린 상태	잠에 빠져 있거나 깨어 있다. 신체는 불규칙적 수면보다 덜 활동적이지만 규칙적 수면보다는 활동적이다. 눈은 떠 있거나 감겨 있다. 눈을 뜨고 있을 때는 무엇인가를 응시한다. 호흡은 고르나 규칙적 수면 때보다 다소 빠르다.	다양함
조용히 깨어 있음 (비활동적 각성)	신체는 거의 움직이지 않으며 눈을 뜨고 외부자극을 응시하고 있다. 호흡은 규칙적이다.	2~3
활발한 움직임 (활동적 각성)과 울음	협응되지 않은 운동활동이 자주 갑자기 나타난다. 호흡은 상당히 비규칙적이며 얼굴은 이완되거나 긴장되고 주름이 진다. 울 수도 있다.	1~4

출처: Berk(2006).

5) 수면

신생아는 하루에 평균 16~18시간가량 잠을 잔다. 수면은 두 가지 상태로 구성되는데, 불규칙적 또는 빠른 안구운동 수면(rapid-eye-movement sleep/REM sleep)과 규칙적 또는 빠르지 않은 안구운동 수면(non-rapid-eye-movement sleep/NREM sleep)이다. REM 수면 동안에는 눈이 눈꺼풀 아래로 힐끗 보이고 심장, 혈압, 호흡이 고르지 않을 뿐 아니라 몸도 약간 움직인다. 반대로 NREM 수면 동안에는 몸을 움직이지 않고 심장박동, 호흡, 뇌파활동이 느리고 규칙적이다.

신생아는 아동이나 성인과 마찬가지로 REM과 NREM 수면을 반복한다. 그러나 [그림 4-3]에서 보는 바와 같이 신생아는 REM 수면의 시간이 훨씬 더 길다. 신생아기 동안에는 REM 수면이 전체 수면 시간의 50%를 차지하나 3~5세에는 20%로 줄어들고 성인기까지 비슷한 양상을 보인다.

신생아의 정상적인 수면행동은 체계적이고 패턴화되어 있어서 수면상태의 관찰은 중추신경계의 이상을 확인하는 데 도움이 된다. 뇌 손상이 있거나 심각한 출산 외상을 경험한 신생아의 경우에는 불안정한 REM-NREM 수면 주기가 종종 나타난다고 한다(Theorell, Prechtl, & Vos, 1974).

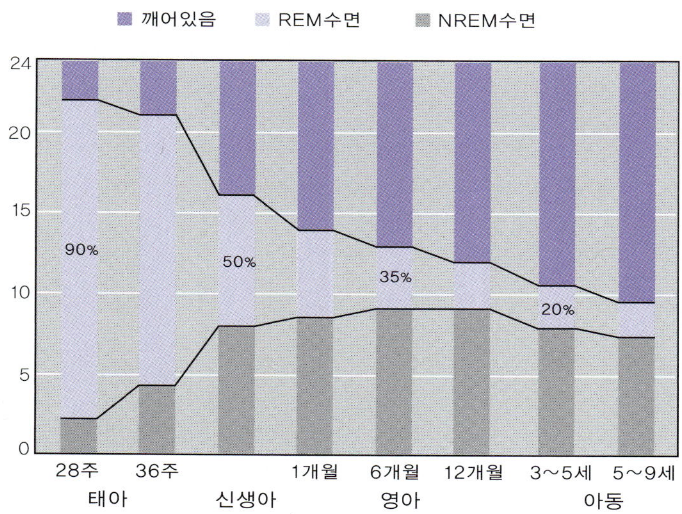

출처: Berk(2006).

[그림 4-3] 신생아의 수면

6) 울음

울음은 영아가 양육자에게 음식, 위안, 자극이 필요하다는 것을 알리는 최초의 의사소통 방법이다. 아기들은 대개 배가 고플 때 울지만 아무것도 입지 않았을 때, 온도 변화, 갑작스러운 큰소리, 고통스러운 자극 등이 있는 경우에도 운다.

아기의 울음은 훌쩍이는 것에서부터 악을 쓰며 우는 것과 같이 강도가 다양하고 복잡하다. 즉, 아기의 울음은 강도, 높낮이, 리듬의 세 요소에 따라 다르다. 가령, 배가 고프거나 놀아달라는 울음은 높낮이가 규칙적이며 숨을 쉴 때 끊어지고, 불만을 나타내는 울음소리는 낮고 작다. 아프거나 괴로워서 우는 울음은 먼저 숨을 급히 들이쉰 후 길고 높은 비명을 지르는 것처럼 울며 3~5초의 일정한 간격을 두고 울어서 다른 울음과 구별된다. 대부분 부모는 처음에는 아기 울음의 의미를 정확하게 해석할 수는 없지만, 점차 배가 고파서 우는소리와 안아달라고 보채는 소리 등을 구별할 수 있게 된다.

반사와 수면 패턴과 같이 영아의 울음은 중추신경계 문제에 대한 실마리를 제공한다. 뇌가 손상되었거나 태아기나 출생 시에 문제가 있었던 아기의 울음은 건강한 아기의 울음보다 날카롭고 찢어지는 듯한 소리이며 지속 기간도 짧다 (Boukydis & Lester, 1998; Green, Irwin, & Gustafson, 2000).

7) 학습능력

학습이란 경험의 결과로 행동이 변화하는 것을 말한다. 신생아가 출생 후 어머니의 목소리와 낯선 여자의 목소리를 구별할 수 있고, 어머니의 냄새를 재빨리 식별할 수 있다는 것은 그들에게 학습능력이 있다는 것을 보여준다. 아기들은 고전적 조건형성과 조작적 조건형성의 두 가지 학습형태와 다른 사람을 관찰함으로써 배운다.

신생아 반사는 어린 아기에게도 고전적 조건형성을 가능하게 해준다. 2~48시간 된 신생아에게 달콤한 액체를 주기 직전에 뺨을 부드럽게 건드렸더니 아기들은 건드리는 자체에 반응하여 빠는 행동을 보여주었다. 달콤한 액체는 무조건 자극이고 빠는 행동은 무조건 반응이다. 뺨을 건드리는 행동은 중립적 자극으로 달콤한 액체와 짝지어지면 중립적 자극인 뺨을 건드리는 행동으로 빠는 행동을 유발할 수 있다.

신생아는 또한 조작적 조건형성을 통해서도 학습할 수 있다. 조작적 조건형성에 의한 학습의 예를 들면, 신생아가 머리를 특정한 방향으로 돌릴 때마다 달콤한 액체를 제공하였을 때 정확한 방향으로 머리를 돌리는 횟수가 증가하였다. 이와 같은 예는 신생아도 보상을 통해 구체적 행동을 학습한다는 것을 시사한다.

신생아는 다른 사람의 행동을 따라 하는 모방을 통하여 학습하는 능력을 갖추고 태어났다. [그림 4-4]는 생후 이틀에서 몇 주된 아기가 성인의 다양한 표정을 모방하는 것을 보여준다. 한 실험에 의하면, 7분에서 71시간 된 신생아도 입술을 앞으로 내밀거나, 입을 벌리고 혀를 내미는 행동을 모방할 수 있었다(Meltzoff & Moore, 1983, 1989). 신생아의 모방행동은 학습을 위한 강력한 수단이 된다. 모방을 통하여 신생아는 주변 환경을 탐색하고 자신의 행태를 주변 사람들에게 맞추면서 사람들을 알게 된다. 이러한 과정에서 아기는 자신의 행동과 다른 사람의 행동 사이에서 유사성을 인지하게 되고 자신에 관해서 발견해 나가기 시작한다. 성인의 표정과 행동을 모방하는 신생아의 이러한 능력은 양육자와의 사회적 상호작용을 촉진하며 양육자는 자신의 표정과 행위를 모방하는 아기에게서 큰 즐거움을 얻는다. 신생아의 모방은 부모와 자녀 관계를 처음부터 긍정적으로 돕는 능력 중의 하나로 보인다(Berk, 2006).

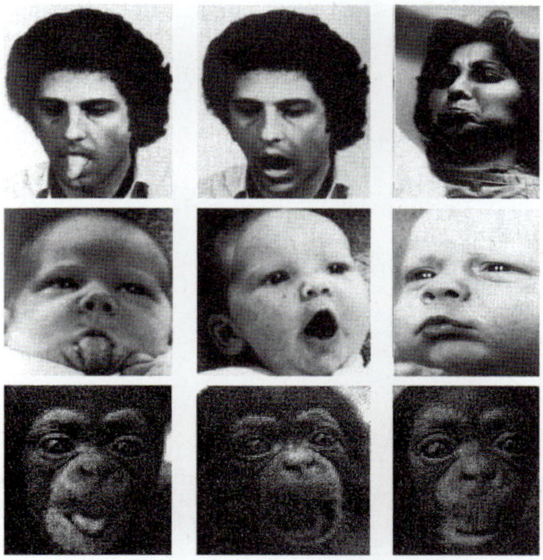

출처: Berk(2006).

[그림 4-4] 신생아와 침팬지 새끼의 모방행동

8) 신생아의 행동평가

신생아의 행동과 개인차를 평가하는 여러 검사 도구가 개발됐다. 이러한 검사도구의 개발로 신생아의 개인차와 문화적인 차이를 이해하게 되었으며 부모가 영아의 필요에 적절하게 반응하는 데 도움을 주었다. 검사도구 중에 가장 많이 사용되고 있는 것은 Brazelton 박사가 1973년에 개발한 신생아 행동평가척도(Neonatal Behavioral Assessment Scale: NBAS)이다. 이 검사는 아기의 반사, 상태 변화, 반응성, 신체 및 사회적 자극에 대한 반응성 등을 평가한다. 이 검사에 포함된 항목은 신생아의 한쪽 귀에 부드럽게 말을 한 다음 신생아가 소리 나는 쪽으로 고개를 돌리는지 관찰하고, 신생아의 눈앞에서 밝은 색깔의 공을 수평으로 그리고 수직으로 움직인 다음 아기의 시선이 공을 따라 움직이는지 살피는 것 등이다.

또 다른 검사도구는 아프가(Apgar) 검사인데, 이것은 Apgar 박사가 1953년에 개발한 것으로 심장박동, 호흡, 근육의 긴장상태, 반사운동의 민감성, 피부색의 다섯 가지 요소를 출생한 다음 1분 후와 5분 후에 한 번씩 총 2회에 걸쳐 검사한다. 각 영역에 대해 0~2점으로 평가하여 합산한 총점이 아프가 점수가 되며 점수가 높을수록 아기의 건강상태가 좋음을 의미한다. 7~10점은 정상으로 간주하며 4~6점은 건강하지 못하고, 0~3점은 위험한 상태로 진단한다. 이 검사는 태어난 후 1분과 5분에 두 번 평가하기 때문에 점수의 변화 또한 매우 의미가 있다. 두 번의 점수가 모두 낮거나 두 번째 검사의 점수가 급격하게 떨어지면 즉각적인 처치가 필요하다(권민균 외, 2005).

〈표 4-3〉 아프가 검사의 기준과 점수

점수	피부색	심장박동	반사행동의 민감성	근육의 긴장상태	호흡
0	푸르고 창백함	없음	무반응	축 늘어짐	없음
1	몸은 분홍색 사지는 푸른색	느림(1분당 100회 이하)	얼굴을 찡그림	사지를 약간 구부림	느리고 불규칙
2	몸 전체가 분홍색	빠름(1분당 100회 이상)	울음	사지를 활발하게 움직임	힘찬 울음

출처: 권민균 외(2005).

2 영아기의 신체 및 운동발달

1) 신체발달

(1) 신체 크기

영아기 동안 신체 성장은 매우 빠르게 진행된다. 체중은 생후 4~6개월이면 출생 시의 2배가 되고 1세에는 출생 시의 거의 세 배가 되고 2세경에는 네 배가 된다. 키는 1세에 출생 시의 1.5배가 되며 2세경에는 출생 시의 3배 이상 증가한다. 신체 성장은 영아기 동안 급격하게 이루어지는데, 유전인자의 영향을 가장 크게 받으며 영양이나 건강 상태 등과 같은 환경적인 요소의 영향을 받는다.

영아의 신체가 성장함에 따라 신체 각 부분의 상대적인 비율도 달라진다. 임신 2개월에 태아의 머리 크기는 신체 크기의 절반 정도이며 신생아의 머리 크기는 신체 크기의 1/4이고, 1세경에는 1/5이다. 그리고 출생 시의 머리둘레는 가슴둘레보다 큰데 생후 6개월경에 비슷하다가 1년이 되면 가슴둘레가 머리둘레보다 커진다.

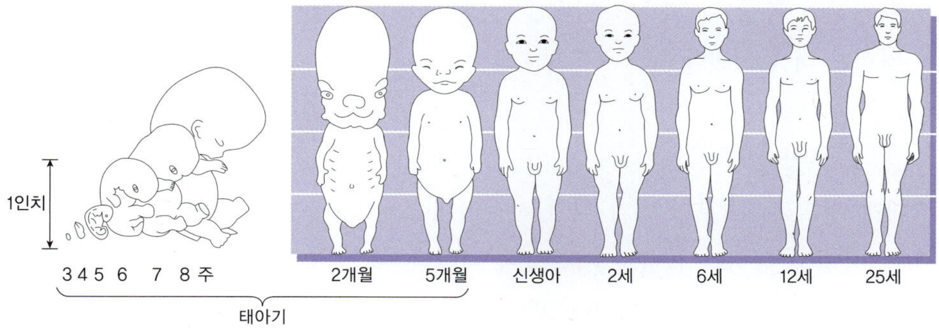

출처: Steinberg & Meyer(1995).

[그림 4-5] 신체비율의 변화

(2) 근육, 지방, 뼈

신체 성장의 또 다른 중요한 특징으로 근육, 지방, 뼈의 발달을 들 수 있다. 인간은 모든 근육섬유를 가지고 태어나기 때문에 출생 후에는 새로운 근육세포가 형성되지는 않는다. 출생 시의 근육조직은 35%가 물이며 그것은 아기 체중의 18~24%에 이른다(Marshall, 1977). 영아기에는 이미 존재하는 근육섬유 속에 변화가 생기는데, 섬유조직 속에 있는 수분의 비율이 감소하고 염분과 단백질이 증가하게 되어 힘이 세진다.

뼈에도 변화가 일어난다. 출생 시 신생아의 뼈는 부드러운 연골조직으로 되어 있으며 뼈와 뼈 사이의 공간이 매우 넓다. 신생아가 앉을 수 없고 붙잡고 서게 해 주어도 균형을 잡기 어려운 이유는 뼈가 너무 작고 유연하기 때문이다. 그러나 여러 달이 지나면서 무기질이 체내에 축적됨에 따라 뼈가 단단해지고 뼈 사이의 공간도 좁아진다. 손과 손목의 뼈가 가장 먼저 단단해지며 1세경이 되면 사물을 잡고 집어 올릴 수 있고 걸음마를 배울 수 있을 정도로 뼈가 단단해진다.

신체 지방은 태내기 말에 증가하고 출생 후에도 지속해서 증가하여 생후 9개월에는 절정에 이르게 된다. 아기 지방(baby fat)은 영아의 신체 온도를 일정하게 유지하는 데 도움이 된다. 두 살이 되면서 대부분 영아는 살이 빠지는데 이런 경향은 아동 중기까지 지속된다(Fomon & Nelson, 2002). 출생 시 여아는 남아보다 신체 지방이 약간 더 있으며 이러한 차이는 초기 학령기까지 지속되다가 이후에는 차이가 더 벌어진다.

(3) 치아발달

대개 생후 6개월부터 이가 나기 시작하여 2세 반이면 젖니 20개가 모두 나게 된다. 아래쪽 앞니부터 나기 시작하여 어금니, 송곳니의 순서로 나온다. 치아가 나는 시기는 개인차가 커서 어떤 아기는 출생 시부터 이가 나 있는 예도 있고 돌 무렵에 첫 이가 나는 경우도 있다.

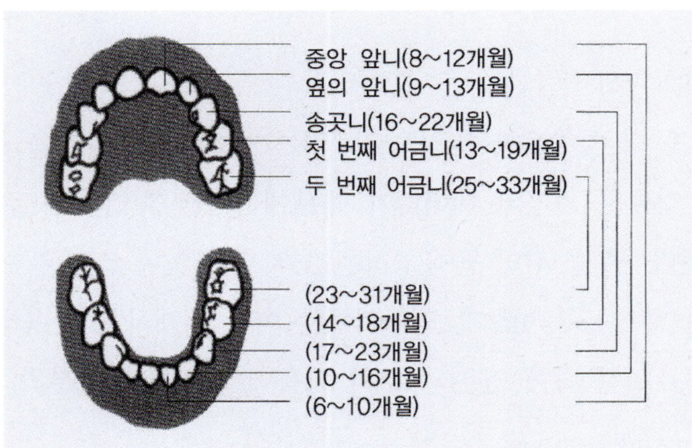

출처: 조성연(2001).

[그림 4-6] 유치가 나는 순서

(4) 뇌 발달

뇌는 생애 초기에 놀라운 속도로 성장하는데 출생 시에는 아기의 두뇌가 500g에도 못 미치지만 2세가 되면 성인 뇌 무게의 75%까지 발달한다. 신생아는 태어날 때 약 1천억 개의 신경세포와 신경세포의 결합으로 형성되는 50조 개 이상의 시냅스를 가지고 있다. 출생 초기 몇 달 동안 시냅스의 수는 20배로 늘어나 1천조 개 이상이 된다.

인간의 뇌는 정보를 저장하거나 전달하는 1, 2천억 개의 뉴런과 신경세포가 있고 이들 대부분은 수천 개의 다른 뉴런과 직접 연결되어 있다. 뉴런은 서로 단단하게 밀집되어 있지 않은 점에서 다른 체세포와는 다르다. 뉴런 사이에는 시냅스라고 하는 아주 작은 공간이 있으며 다른 뉴런 섬유와는 가깝게 연결되어 있으나 서로 붙어 있지는 않다. 뉴런은 시냅스를 통과하는 신경전달물질이라 불리는 화학물질을 배출함으로써 다른 곳으로 메시지를 전달한다. 뉴런은 일단 자리를 잡으면 이웃 세포와 시냅스를 연결하기 위해 그들의 섬유질을 확장하여 그들만의 독특한 기능을 수행하려고 분화를 시작한다. 영아기와 유아기에는 신경섬유의 성장이 폭발적으로 일어난다.

[그림 4-7]은 뇌의 언어영역의 시냅스 발달이 이루어지는 모습을 보여준다. 어휘가 폭발적으로 증가하는 생후 16개월에서 24개월 사이에 시냅스 연결도 폭발적으로 증가하는 것을 확인할 수 있다. 시냅스의 밀도가 증가하면 저장 용량과 정보처리 능력도 향상된다. 뉴런이 연결망을 형성할 때 그들의 생존에 매우 중요한 것은 자극이다. 주변 환경으로부터 자극받은 뉴런은 시냅스를 지속해서 생산하고 이렇게 만들어진 연결은 더 복잡한 능력을 발휘할 수 있도록 연결체계를 점점 정교하게 만든다. 그러나 자극을 거의 받지 못하는 뉴런은 시냅스가 소멸하는데 이를 시냅스의 가지치기(synaptic pruning)라고 한다. 시냅스의 40%는 영유아기와 청소년기 동안 제거된다. 따라서 시냅스의 형성이 절정에 이르는 시기에 적절한 자극이 제공되는 것은 중요하다(이종숙 외, 2014).

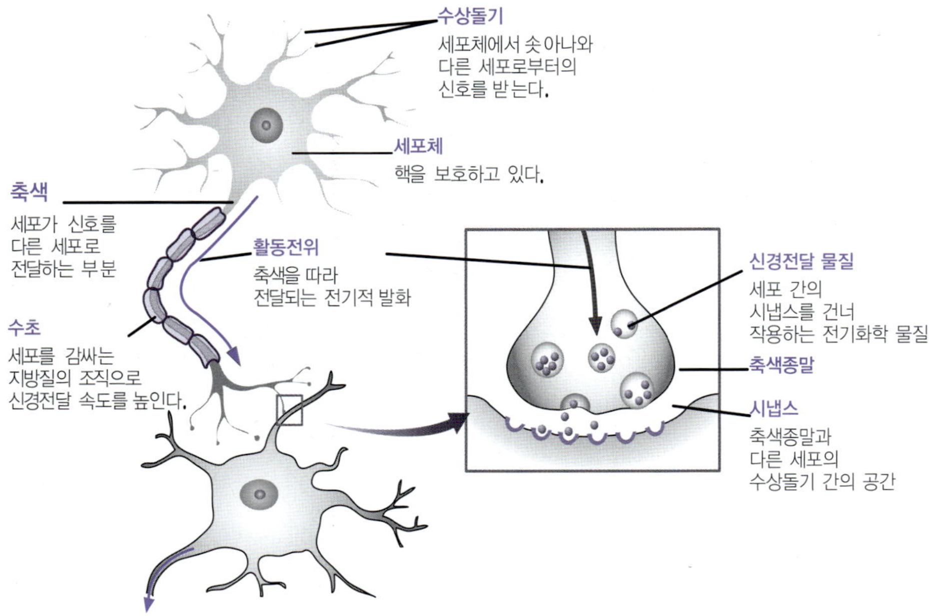

[그림 4-7] 뉴런의 구조

뇌의 기본 전달체계인 뉴런과 시냅스 대부분은 대뇌피질에 있다. 대뇌피질은 인간 뇌의 최대구조로서 뇌 무게의 85%를 차지하며 뇌 구조 가운데 가장 늦게 성장이 멈추기 때문에 뇌의 다른 부분보다 더 오랫동안 환경의 영향에 민감하다(Berk, 2006). 대뇌피질은 특수한 기능을 수행하는 몇 개의 다른 영역들로 구분된다. 대표적인 영역들로는 사고 및 기억, 운동 기능을 관장하는 전두엽, 언어, 신체적 감각, 공간, 추상 능력을 관장하는 두정엽, 시각적 정보를 관장하는 후두엽, 감정, 행동 및 청각적 기능을 관장하는 측두엽 등이 있다. 대뇌피질 각 영역의 발달 시기도 모두 달라서 시각과 청각을 관장하는 후두엽과 측두엽은 출생 후 3~4개월부터 발달하며, 두정엽은 영아기 후기에서 학령 전기까지 급속도로 발달한다. 전두엽은 가장 늦게 발달하는데, 영아기 후반부터 발달하기 시작하여 청년기, 성인기까지 계속 발달한다(조성연 외, 2005).

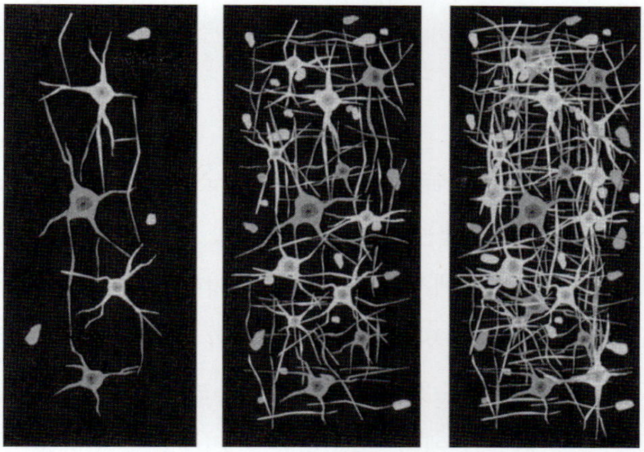

출처: Berk(2002).

[그림 4-8] 출생~2세 사이의 시냅스 연결망의 발달

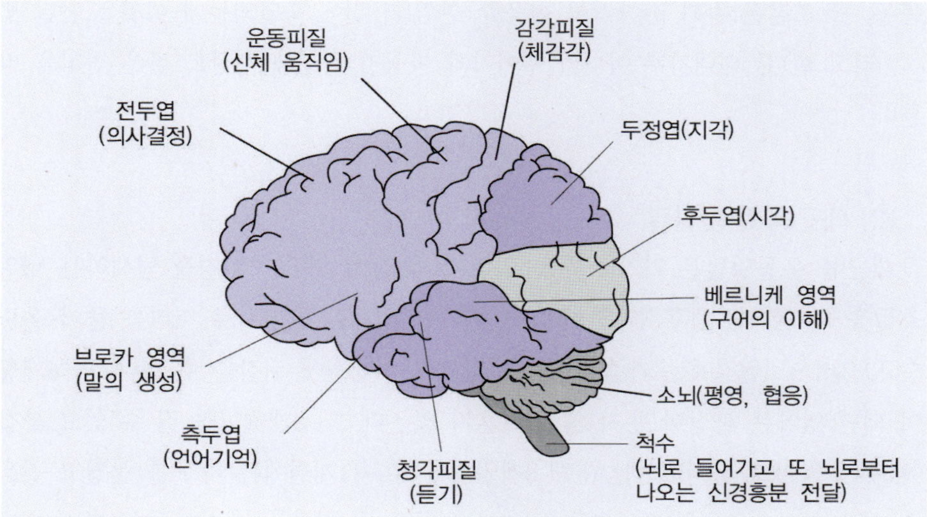

출처: 송길연(2005).

[그림 4-9] 뇌의 구조

2) 운동발달

(1) 운동발달 순서

운동발달은 한 단계에서 다음 단계로 일정한 순서에 따라 이행된다. 운동발달에 일정한 순서와 방향이 있다는 것은 발달의 앞 단계는 다음 단계의 기초가 됨을 의미한다. 그리고 한 단계에서 다음 단계로 이행한다는 것은 더 높은 단계로 발달하였다는 것을 의미한다. 먼저 머리를 조절할 수 있게 된 다음에 팔과 몸통을 조절할 수 있게 된다. 팔과 몸통의 조절은 다리를 조절할 수 있기 전에 하게 된다. 이처럼 운동발달이 머리에서 신체 하부로 진행되는 것을 두미법칙이라고 한다. 그리고 운동발달은 몸의 중심에서 바깥방향으로 진행하는 근말법칙에 의해 이루어진다. 즉 머리, 몸통, 팔 조절은 손과 손가락이 협응할 수 있기 전에 숙달된다. 태내기뿐 아니라 영아기와 아동기의 신체성장도 같은 법칙을 따른다. 즉 머리, 몸통, 팔 조절은 손과 손가락이 협응할 수 있기 전에 숙달되는데 이것을 근말 법칙이라고 한다. 태내기뿐 아니라 영아기와 아동기의 신체 성장도 같은 법칙을 따른다.

(2) 대근육 운동발달

대근육 운동발달은 기거나 서고 걷는 것과 같이 영아가 환경을 탐색하는 행위 조절을 의미한다. 생후 한 달이 되면 아기는 엎드린 방향으로 머리를 들어 올릴 수 있으며 3개월경에는 가슴을 들 수 있고 3~4개월에 뒤집을 수 있다. 약 6개월이 되면 영아는 붙잡아 주지 않아도 혼자 앉는다. 7~8개월이면 길 수 있고 붙잡아 주지 않아도 혼자 선다. 대략 8개월에서 10~11개월에는 가구를 붙잡고 걸을 수 있으며 12~13개월에는 도움이 없이도 걸을 수 있다. 13~18개월이 되면 계단을 오를 수 있으며 18~24개월에는 짧은 거리는 달릴 수 있고 뒤로도 걸을 수 있으며 점프도 할 수 있다. [그림 4-10]은 대근육 운동발달이 진행되는 순서를 보여준다. 운동발달의 순서는 일정하지만 각 기술을 성취하는 속도에는 개인차가 있다. 따라서 손을 늦게 뻗는 아기가 반드시 늦게 기거나 늦게 걷는 것은 아니다.

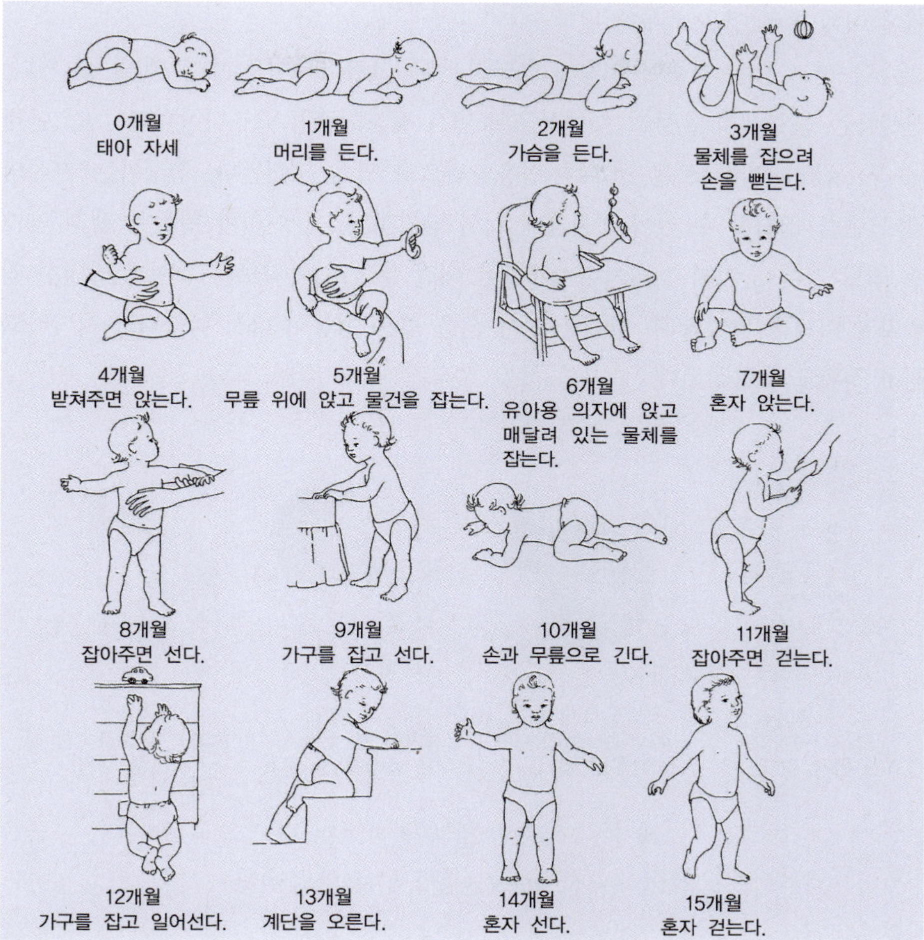

출처: Schickedanz et al.(1993).

[그림 4-10] 월령별 운동능력 발달과정

(3) 소근육 운동발달

소근육 운동발달은 손을 뻗고 잡는 것과 같은 보다 작은 움직임을 말한다. 모든 운동기술 중에 손을 뻗는 것은 완전히 새로운 방식으로 환경을 탐색할 수 있도록 하므로 영아의 인지발달에 매우 중요한 역할을 한다. 사물을 잡고 뒤집으며 그것을 놓았을 때 무슨 일이 일어나는지 봄으로써 영아는 사물의 모양, 소리, 느낌에 대해 많은 것을 배우게 된다.

손을 뻗고 잡는 기술이 어떻게 발달하는지 [그림 4-11]을 보면 잘 알 수 있다. 신생아는 눈앞에서 흔들리는 대상을 보면서 잘 조준된, 그러나 손 뻗기 전 단계(pre-reaching)라 부르는 서투른 협응방법으로 팔을 내젓는다. 신생아는 자신의 팔과 손을 조절할 수 없어서 물체에 거의 닿지 못한다. 이러한 행동은 생후 약 7주 정도 후에 갑자기 사라지며 3개월이 되면 눈으로 바라보는 능력이 발달한다. 머리와 어깨를 조절할 수 있게 되면서 손을 뻗는 행동이 다시 나타나기 시작하고 점차 정확도가 향상된다.

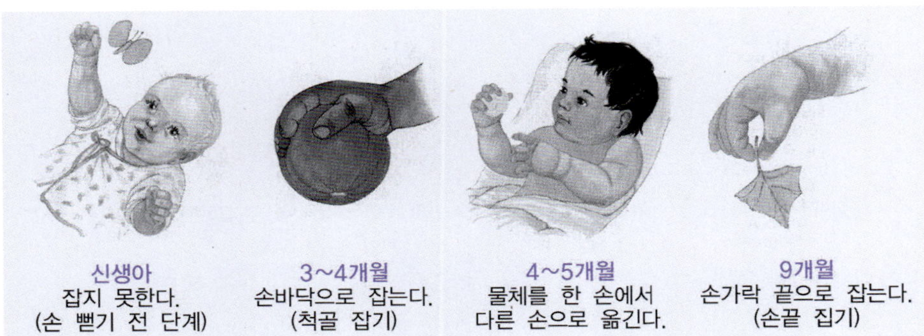

출처: 송길연(2005).[그림 4-9] 뇌의 구조

[그림 4-11] 영아의 손 뻗기와 잡기 발달과정

영아가 손을 뻗을 수 있게 되면 잡는 방법을 수정하게 된다. 신생아 시기의 잡기 반사행동이 3~4개월 후에 약화하면서 손가락을 손바닥을 향해 오므리는 서투른 동작인 척골 잡기(ulnar grasp)로 대체된다. 그러나 3개월이 된 아기라도 대상의 크기와 모양에 따라 잡는 방법을 조정하게 되며 이것은 첫 1년에 걸쳐 계속 발전된다(Newman, Atkinson, & Braddick, 2001). 생후 1년이 되면 영아는 엄지와 집게손가락을 마주 보게 하여 잘 협응된 손끝 집기(pincer grasp)를 사용한다. 그래서 1세 아기는 건포도나 풀잎을 집거나 손잡이를 돌릴 수 있으며 작은 상자를 열거나 닫을 수 있다(권민균 외, 2005).

3 영아기의 지각발달

1) 촉각

신생아는 특히 입 주위, 손바닥, 발바닥 주변의 촉각에 민감하다. 아기의 뺨, 입, 손 혹은 발을 만지면 반사적인 움직임을 보이는데 이는 영아가 접촉을 지각한다는 것을 보여준다. 온도 변화에 대한 반응도 출생 때부터 존재하여 아기가 아무것도 입지 않았을 때 불편함을 울음으로 표현한다.

출생 시부터 아기는 고통에 매우 민감하다. 신생아는 고통을 느낄 수 있으며 나이가 많아짐에 따라 신경조직이 발달하여 통증에 대해 더욱 민감해진다. 마취제로 인한 부작용의 발생과 신생아가 고통을 느끼지 않는다는 사실에 근거하여 한동안 신생아에게 마취하지 않고 포경수술을 해왔으나 이러한 시술을 하는 동안 아기는 고성과 긴장된 울음, 심장박동과 혈압상승, 동공확장, 근육긴장, 손에서 땀의 증가와 같은 고통에 대한 반응을 나타냈다(Warnock & Sandrin, 2004).

촉각은 초기 신체 성장을 촉진하고 정서발달에도 매우 중요하다. 아기를 안아주거나 부드럽게 마사지해주면 부모와의 의사소통이 원활해질 뿐 아니라 면역체계도 강화되는 등 긍정적인 효과가 있다.

2) 청각

신생아는 다양한 소리를 들을 수 있는데 소리에 대한 민감성은 생후 몇 개월에 걸쳐 크게 향상된다. 출생 시 영아들은 단순한 음조보다는 소음이나 목소리 같은 복잡한 소리를 더 좋아한다. 생후 며칠이 된 아기들도 여러 높낮이의 소리 차이를 구별할 수 있으며 어머니의 목소리와 낯선 여자의 목소리를 구별할 수 있다. 어머니가 아닌 다른 여자의 목소리를 녹음하여 들려주었을 때보다 어머니의 목소리를 들려주었을 때 젖꼭지를 더 열심히 빤다. 그리고 아기들은 태내기부터 들어왔던

소리에 더 민감한 반응을 보인다. DeCasper과 Spence(1986, 1991)는 어머니들에게 출산 전 6주 동안 특정한 책 내용의 일부를 소리 내어 여러 번 암송하도록 하였을 때 신생아가 다른 책 내용보다 태내에서 반복해서 들었던 내용을 더 선호하는 것을 발견하였다. 이와 같은 사실은 신생아들이 낯선 사람보다 어머니의 목소리를 왜 더 선호하는지를 설명해 준다(최경숙, 2006).

신생아의 청각능력에서 가장 놀라운 특징은 모든 언어의 음소를 들을 수 있다는 것이다. 아기들은 프랑스어의 eu 에서부터 일본 성인들도 잘 구분하지 못하는 r, l에 이르기까지 모든 언어의 음소를 들을 수 있다. 그러나 매일 접하는 언어에 없는 음소는 더는 감지할 수 없게 된다고 한다. 이는 청각 신경세포가 계속 접하지 않는 음소는 포기하고 계속 접하는 음소만 탐지하기 때문이다(권민균 외, 2005).

3) 시각

시각은 신생아의 감각 중 가장 늦게 발달한다. 빛을 감지하고 뇌로 메시지를 전달하는 역할을 하는 망막세포는 생후 몇 개월이 지나야 성숙한다. 시각구조가 성숙하지 않았기 때문에 신생아들은 초점을 잘 맞출 수 없으며 시력이 좋지 않고 세밀한 구별을 잘하지 못한다.

신생아들은 비록 잘 볼 수는 없지만 흥미로운 사물을 자세히 쳐다보거나 움직이는 물체를 추적하여 적극적으로 환경을 탐색하지만, 안구운동은 느리고 부정확하다. 생후 2개월이 되면 영아들은 성인만큼 사물에 초점을 맞출 수 있게 된다. 신생아가 일단 한 대상에 초점을 두면 한 특징만 쳐다보는 경향이 있는데, 예를 들어 삼각형의 전체 모양을 보는 것이 아니라 한구석만 본다. 사람 얼굴의 그림을 보여주면 1개월 된 영아는 눈을 주로 얼굴의 윤곽에 고정하고 3개월이 되면 윤곽 안의 상세한 부분에 초점을 맞추게 된다(그림 4-12). 그리고 시력은 점차 좋아져 6개월이 되면 거의 성인 수준에 다다르게 된다.

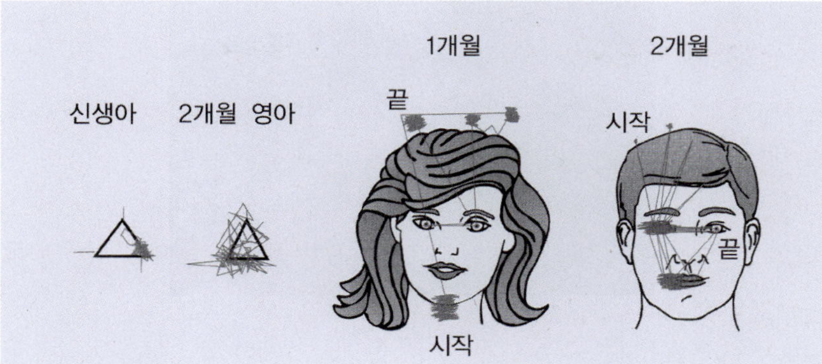

출처: Berk(1994).

[그림 4-12] 영아의 눈 움직임

(1) 깊이 지각

깊이 지각은 대상의 거리를 판단하는 능력이다. 깊이 지각은 주변 환경의 배치를 이해하고 운동활동을 이끄는 데 중요하다. 영아들이 기게 되었을 때 깊이 지각은 가구에 부딪히거나 의자에서 떨어지지 않게 해준다.

Gibson과 Walk(1960)는 영아가 깊이를 지각할 수 있는지를 알아보기 위해 시각 절벽(visual cliff)이라고 불리는 장치를 고안하였다. 시각 절벽은 유리로 덮인 탁자로 구성되었으며 중앙에 단이 있고 유리 아래 체크무늬로 된 얕은 면과 유리에서 조금 떨어진 곳에 체크무늬의 깊은 면이 있다(그림 4-13). 6~14개월 된 영아를 시각 절벽 가운데에 두고 반대편에서 엄마가 부르도록 하였는데 얕은 쪽 면은 쉽게 기어 오지만, 깊은 쪽 면에 다다르자 기기를 멈추고 두려워하였다. 연구자들은 영아가 기어 다닐 무렵 깊고 얕음을 구별하고 위험해 보이는 곳은 떨어질까 봐 겁을 낸다는 결론을 내렸다.

출처: Berk(1994).

[그림 4-13] 시각절벽 실험

(2) 패턴 지각

영아는 전체보다는 부분을, 정지된 것보다는 움직이는 것을, 직선보다는 곡선을 더 선호하는 경향이 있다. 처음에는 단순한 패턴을 좋아하다가 점차 복잡한 패턴을 좋아한다. 그리고 흑백대비가 뚜렷하고 일정한 패턴이 있는 것을 좋아한다. 한 실험에 의하면 3주 된 영아들은 커다란 사각형을 가진 검정과 흰색의 바둑판을 가장 오랫동안 주시했지만 9~14주 된 영아들은 사각형이 더 많이 있는 바둑판을 선호하였다(Bernnan, Ames, & Moore, 1966).

영아들은 물체보다는 사람의 얼굴을, 친숙하지 않은 얼굴보다는 친숙한 얼굴을, 눈, 코, 입이 잘 조화를 이룬 매력적인 얼굴을 더 선호한다. Fanz(1961, 1963)의 연구에서 영아에게 사람 얼굴, 이목구비가 없는 얼굴, 뒤죽박죽 섞여 있는 얼굴을 보여주었을 때, 사람의 얼굴을 가장 오래 응시하였고, 눈, 코, 입이 없는 얼굴을 가장 짧게 응시하였다(그림 4-14). 생후 2개월이 되면 엄마의 얼굴을 인지하고 선호하게 되고 생후 3개월이 되면 영아들은 서로 다른 얼굴의 미세한 특징도 구별할 수 있어서 낯선 두 사람이 적당히 비슷하게 생겼더라도 그 차이를 알 수 있다(Morton, 1993).

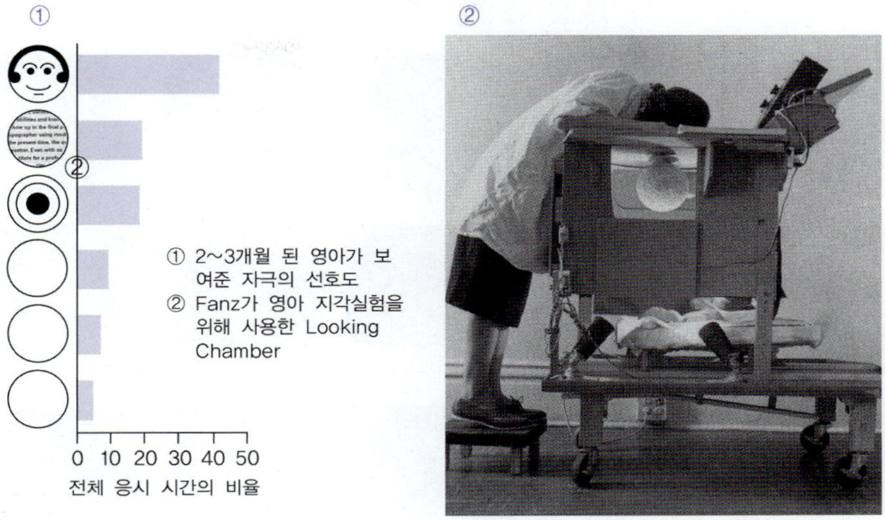

출처: Santrock(1994).

[그림 4-14] 형태 선호실험

4) 미각

임신 7개월경이면 태아의 미각이 발달하기 때문에 아기들의 미각은 매우 예민한 편이다. 신생아들의 표정 변화를 통해 이들이 짠맛, 신맛, 쓴맛, 단맛의 기본적인 맛을 이미 구별할 수 있다는 것을 알 수 있다(그림 4-15). 아기들은 달콤한 맛에는 미소를 지으며 빨거나 입술을 핥는 반응을 보이지만, 신맛을 느꼈을 때는 입을 오므린다. 쓴맛일 때는 입을 벌려 아치와 같은 모양을 보인다. 특히 영아는 단맛을 좋아하며 생후 4개월이 되면 맹물보다 짠맛을 선호하게 되는데 이는 고체 음식을 받아들일 준비가 되어 있음을 의미한다(Mennella & Beauchamp, 1996).

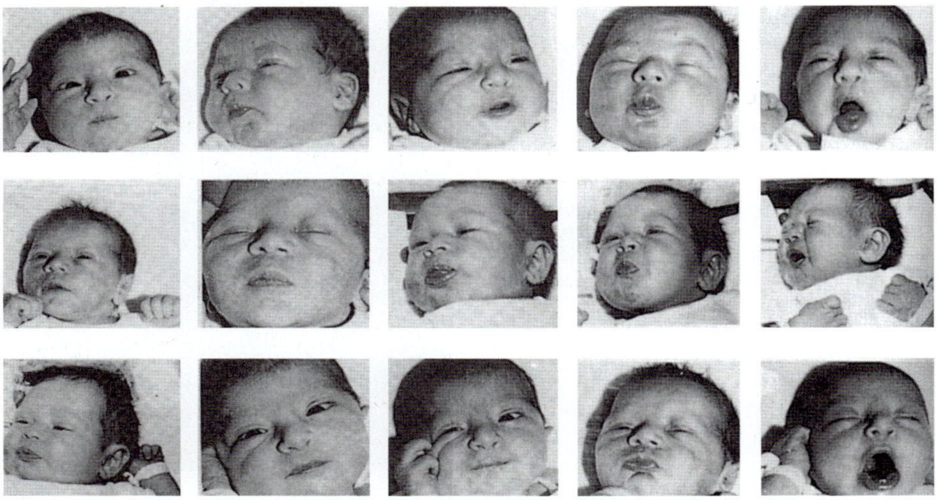

출처: Bukatko & Daehler(1998).

[그림 4-15] 신생아의 미각 반응

5) 후각

미각과 함께 어떤 냄새의 선호는 출생 시부터 존재한다. 좋은 냄새에는 편안한 표정을 짓지만 불쾌한 냄새에는 얼굴을 찡그리는 듯 부정적인 반응을 보인다. 가령, 바나나나 초콜릿과 같이 달콤한 향을 맡으면 즐거운 표정을 짓고 썩은 달걀이나 암모니아 냄새를 맡으면 얼굴을 찌푸리고 고개를 돌린다. 신생아는 아무 냄새가 나지 않은 것보다 강하고 자극적인 냄새를 맡았을 때 더 빨리 숨을 쉬고 더 많이 움직였다. 신생아는 후각이 발달하여 있어서 엄마의 젖 냄새를 빨리 학습한다. 엄마와 다른 여성의 양수를 맡게 하면 신생아들은 오랫동안 친숙한 엄마의 양수 쪽으로 고개를 돌린다(Marlier, Schaal, & Soussignan, 1998). 그리고 모유를 먹은 생후 4일 된 신생아는 다른 여성의 모유 냄새보다 자신의 엄마의 모유 냄새를 더 선호하였다(Cernoch & Porter, 1985). 신생아가 엄마의 냄새와 모유의 냄새 모두에 끌리는 것은 적절한 음식을 찾도록 해주고 다른 사람과 양육자를 구별하는 것을 도와준다.

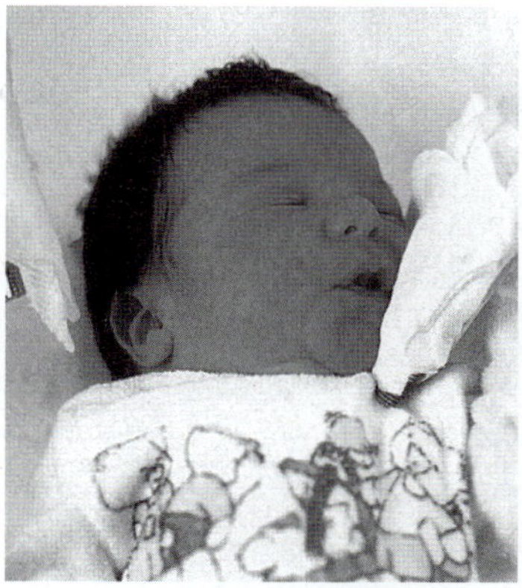

출처: Santrock(1994).

[그림 4-16] 신생아가 엄마의 젖 냄새가 나는 쪽으로 고개를 돌리는 모습

4 감각 간 지각능력

사람은 한 감각기관, 즉 시각을 통해 얻은 정보를 다른 감각기관으로 예측하거나 알아맞힐 수 있는데, 이는 감각 간 지각 혹은 통합감각이 가능하기 때문이다. 감각 간 지각능력(intermodal perception)이란 시각과 청각 같은 2개 이상의 감각 양식에 대한 정보를 결합해 통합할 수 있는 능력이다. 영아는 이러한 감각 간의 관계를 지각한다. 예를 들어 영아는 이전에 만져보기만 했던 물체를 시각적으로 인식할 수 있다. 이와 유사하게 영아는 시각으로 제시된 정보와 청각으로 제시된 정보 사이의 관계를 찾아낼 수 있다. 즉, 영아는 물체가 멀어지면 더 작게 보이고 소리도 잘 들리지 않는다는 것을 안다(Bahrick & Lickliter, 2002).

영아들이 감각 간 지각들이 가능하다는 것을 입증해 주는 연구들이 있다. Melsoff와 Borton(1979)은 생후 6개월 된 영아들에게 부드러운 젖꼭지와 울퉁불퉁한 젖꼭지를 보여주지 않고 둘 중 하나만을 빨게 한 뒤 두 개의 젖꼭지를 보여주었다(그림 4-17). 그 결과, 영아들은 자기들이 빨았던 젖꼭지를 더 오래 쳐다보았다. 이러한 결과는 입으로만 경험한 것을 시각적인 모양과 연결함으로써 감각

간 지각능력이 있음을 보여주는 예이다(조성연 외, 2005).

[그림 4-17] 젖꼭지 실험

CHAPTER 5

신체발달

인간은 신체적으로 발달하는 데 약 20년이라는 기간이 걸린다. 유아는 신체적으로 성장함에 따라 점차 독립적으로 되고 자신을 점차 성숙한 존재로 보게 된다. 유아의 뇌발달을 포함한 신체발달은 인지발달과 사회 · 정서발달을 포함한 발달 전반에 중요한 영향을 미친다. 신체적 특성에 따라 주위 사람들은 유아들을 다르게 대하고, 유아 스스로도 자신의 신체를 또래나 가족들과 비교한다. 이러한 과정들이 유아의 다른 심리적 발달에 영향을 준다. 본 장에서는 유아기의 전반적인 신체발달의 특징을 살펴본다.

1 유아기의 신체적인 성장

유아기의 신체발달은 신체적인 성장과 운동발달, 신체발달에 영향을 미치는 요인, 신체발달 지도로 구분하여 설명할 수 있다. 여기에서는 유아의 신장과 체중의 성장과 신체비율의 변화, 골격 및 치아의 발달에 대하여 살펴본다.

유아는 완만하나 꾸준한 신체적 성장을 보이는데, 발달이 원만히 이루어지기 위해서는 음식물을 통한 충분한 영양공급이 이루어져야 하며, 규칙적인 생활습관이 형성되어야 한다. 또한 안전한 발달을 위하여 사고나 질병에 노출되지 않도록 세심한 주의와 각별한 보호가 필요하다. 특히 유아기에는 신체발달로 인해 움직임이 많아지고 활발해지면서 사고의 위험이 높다. 이러한 경우 유아의 활동을 제한하기보다는 부모나 주위 사람들이 유아의 안전에 계속적인 관심과 신경을 써서 유아들이 마음대로 뛰어놀 수 있는 기회를 충분히 마련해 주어야 한다.

1) 신장과 체중의 증가

유아는 매년 평균 키가 7cm씩 증가하며 몸무게는 2~3kg씩 증가한다. 6세가 되면 키는 112cm 정도가 되며 몸무게는 20kg 정도가 된다. 유아의 나이에 따라 키와 몸무게의 성장률이 매년 감소한다. 〈표 5-1〉을 보면 2세부터 6세까지 유아의 평균키와 몸무게를 알 수 있다. 이 기간 동안 여아들은 남아에 비해 약간 작고 가벼우며 이러한 차이는 사춘기까지 계속된다.

유아기 동안에 남아와 여아는 몸통이 길어짐에 따라 살이 빠져 보인다. 여전히 머리가 몸에 비해 상당히 크지만, 유아가 말이 되면 대부분의 유아는 머리가 더 이상 커 보이지 않게 된다. 몸의 지방도 이 기간 동안에 천천히 지속적으로 줄어들게 된다. 여아는 남아보다 지방층이 많으며 남아는 근육층이 많다.

성장 패턴은 개인마다 매우 다르다. 어떤 유아는 크고 어떤 유아는 작고, 어떤 유아는 뚱뚱하고, 또 어떤 유아는 마른 모습을 보인다. 어떤 유아는 힘이 세고, 어떤 유아는 훨씬 약하다. 이러한 차이는 유전적 요인 때문이기도 하고, 환경과 경험에 의해 결정되기도 한다. 세계 모든 영유아의 키와 몸무게를 연구한 결과를 보면 키 차이에 가장 많은 영향을 주는 두 요인은 인종과 영양이다(Meredith, 1978). 도시에서 자란 유아가 지방에서 자란 유아보다, 중산층의 유아가 저소득층의 유아보다, 그리고 맏이로 태어난 아이가 그 이후로 태어난 유아보다 더 큰 경향이 있다. 또한 임신 중에 흡연을 한 어머니에게서 태어난 아이는 그렇지 않은 아이보다 반 인치 정도 작다. 문화적으로 미국에서는 흑인이 백인 유아들보다 크다. 결국 유전적 요인과 환경 및 경험에 의해 유아의 키가 결정된다는 것을 알 수 있다(권민균 외, 2005).

어떤 유아는 정상적인 범위에서 벗어나서 아주 작은 경우도 있다. 이는 선천적 요인이나 신체적 문제, 또는 정서적인 어려움 때문이다. 많은 경우에 선천적으로 성장에 문제가 있는 경우는 호르몬으로 치료할 수 있다. 유아에게 생기는 신체적인 문제와 함께 영양 결핍이나 전염병 감염도 성장을 멈추게 할 수 있다. 그러나 이 경우는 문제들이 적절히 치료되면 정상적인 성장을 할 수 있게 된다(Gardner, 1972).

〈표 5-1〉 한국소아발육 표준치

남자			연령	여자		
체중(kg)	신장(cm)	머리둘레(cm)		체중(kg)	신장(cm)	머리둘레(cm)
13.14	89.38	49.06	2~2.5세	12.50	88.21	48.08
14.04	93.13	49.66	2.5~3세	13.42	91.93	48.71
14.92	96.70	50.10	3~3.5세	14.32	95.56	49.18
15.91	100.30	50.43	3.5~4세	15.28	99.20	49.54
16.97	103.80	50.68	4~4.5세	16.30	102.73	49.82
18.07	107.20	50.86	4.5~5세	17.35	106.14	50.04
19.22	110.47	51.10	5~5.5세	18.44	109.40	50.21
20.39	113.62	51.17	5.5~6세	19.57	112.51	50.34

출처: 질병관리본부·대한소아과학회(2007). 소아·청소년 표준 성장도표.

2) 신체비율의 변화

유아기가 되면 신체의 성장과 함께 신체의 비율과 체지방의 구성비율이 변화되어 점차 아기의 모습에서 벗어나는데, 키에 대한 머리 크기의 비율이 급격히 감소하여, 영아기 때처럼 머리가 무거워 보이는 모습은 사라진다. 영아기 말에 머리 크기는 전체 키의 1/5이지만 점차 머리의 비율이 작아져 6세 정도가 되면 1/6 정도가 된다. 유아기에는 체지방이 꾸준히 감소하고 팔다리가 길어지면서 머리의 비율이 점차 작아지고 통통하던 모습이 홀쭉한 모습으로 변하면서 팔과 다리가 길어짐에 따라 이동성이 증가한다.

3) 골격 및 치아의 발달

초기 골격은 연골이지만 점차 경골로 변화하는데, 이러한 과정은 신체부분에 따라 각기 다르며, 개인에 있어서 조금씩 차이를 나타낸다. 유아기의 뼈는 연골이기 때문에 외부의 어떤 압력에 의해 쉽게 손상되는 위험이 있다. 따라서 각별히 자세나 행동에 신경을 쓰는 것이 필요하다.

유치는 2~3세경에 거의 다 나와서 대부분의 음식물을 먹을 수 있게 된다. 유아기에는 활동이 왕성해짐에 따라 영양이 충분히 공급되어야 하나, 위와 장의 크기와 기능이 완전하지 못하므로 하루 세 번 식사 이외에 간식이 필요하다. 그리고 5~6세경이 되면 유치가 영구치로 대치된다.

2 유아기의 운동발달

근육의 발달은 출생 후부터 3~4세 동안 계속적으로 증가한다. 5~6세가 되면 근육을 구성하는 근섬유의 굵기가 증가하고 근력도 강해짐에 따라 체중의 약

75%를 차지한다. 근육도 골격과 마찬가지로 신체의 부위나 개인에 따라 차이를 나타내는데, 여기서는 운동발달을 대근육과 소근육 운동 측면, 그리고 자조기술 측면에서 살펴본다.

1) 대근육 운동발달

영아기에는 체중의 중심이 높아서 균형을 잡기가 어려웠으나 유아기에는 영아기에 비해 몸이 더 날씬해지고 체중의 중심이 배꼽 아래로 내려가면서 신체의 균형이 크게 좋아지고 대근육 운동측면이 발전한다.

(1) 걷기와 달리기

영아는 첫돌을 전후해서 걷기 시작하고, 2~3세 사이에 달리기 시작한다. 유아기에는 활동범위가 넓어지면서 걸어 다니기보다는 달리거나 뛰어다는데, 유아가 달리기나 도약 자체에 흥미를 느끼기 때문이다. 유아는 달리기 모습이 균형 잡혀 있지 못하고 불안정하여 달릴 때 순간적으로 몸을 띄울 만큼 충분한 에너지와 재빠르게 움직여서 균형 잡는 기술이 미숙하다. 자세가 균형 잡혀 있지 않아서 어깨가 높이 올라가 있고 팔을 넓게 흔들며, 발을 충분히 들어 올리지 못하여 자주 넘어진다. 2~3세는 몸을 세우고 달리며 방향을 바꾸거나 갑자기 멈추는 것이 어렵다. 4~5세는 빨리 잘 달리고, 방향도 바꿀 수 있다. 5~6세경에는 성인처럼 발을 적당히 들어 올리면서 팔도 잘 흔들며, 속도를 내서 달릴 수 있다.

(2) 도약

2세 전에는 한쪽 발로 뛸 수 있고, 2세에는 두 발로 잠깐 뛸 수 있고, 3세에는 멀리뛰기를 할 때 팔을 뒤로 흔들기 때문에 착지(着地)할 때 뒤로 넘어지나 5세경에는 팔을 앞으로 흔들어 앞으로 떨어진다. 5~6세 정도가 되면 한 발로도 도약할 수 있는데, 이 도약운동은 전신의 협응성과 치밀성을 길러주고 모험심을 갖게 도와준다.

(3) 계단 오르내리기

영아기 때 걸을 수 있게 되면 바로 계단을 오를 수 있다. 계단을 오를 때 한쪽 발을 먼저 올려놓고 그 다음 다른 쪽 발을 그 옆에 놓는다. 그리고 그 다음 계단으로 올라간다. 그러나 유아기에는 발을 번갈아가면서 계단을 오른다. 계단을 내려오는 것은 올라가는 것보다 균형을 잡기가 더 어렵기 때문에 4세 전에는 발을 번갈아가면서 계단을 내려오지 못한다. 운동장에서 하는 놀이 중 사다리 오르기나 정글짐놀이에서도 계단 오르내리기 기술이 적용된다.

(4) 공 던지기와 잡기

유아의 공을 다루는 운동기술의 변화는 대근육 발달을 분명하게 보여준다(Berk, 2000). 3세는 공을 던질 때 팔목을 사용할 줄 모르고 주로 어깨와 팔꿈치를 움직여서 공을 던지나, 4세가 되면 팔목을 사용하여 앞으로 공을 던지게 된다. 5~6세에는 발을 앞으로 내밀고 팔을 쭉 뻗어 균형 잡힌 자세로 던지기가 가능하며 동작이 유연하고 정확해진다. 공을 잡을 때에도 2세 유아는 팔과 손을 뻣뻣하게 펼쳐서 잡는다. 공을 가슴에 잡을 수 있도록 충분히 팔꿈치를 구부리게 되는 것은 3세 정도이다. 3세가 지나면 서서히 어깨와 몸통, 다리를 사용하여 공을 받을 수 있게 된다. 5세 때는 공을 잡을 때 공이 떨어지는 지점을 예측하여 신체를 이리저리 움직이며 손과 손가락만으로도 공을 잡을 수 있게 된다.

(5) 균형 잡기

평균대 위에서 걷는 것은 균형 잡기를 필요로 한다. 체중을 양쪽 다리에 적절히 실으면서 한 발을 다른 발 앞에 놓아야 한다. 2세에는 평균대 위에 겨우 올라설 수 있고, 3세에는 평균대 위에서 발을 바꾸면서 걸을 수 있게 된다. 5세경에는 몸의 균형을 잡고 주저하지 않고 안전하게 걸을 수 있게 된다. 〈표 5-2〉는 유아가 할 수 있는 대근육 운동의 예이다.

〈표 5-2〉 유아기 대근육 운동발달

3~4세	4~5세	5~6세
• 아래쪽으로 공을 던짐 • 깡충 뛰기 • 큰 공 잡기 • 한 발로 서기 • 마루에서 뛰기 • 양발로 3번 뛰기 • 발을 맞대어 걷기 • 구르는 공 잡기	• 공을 튕기고 잡기 • 뛰다가 멈추기 • 장난감 유모차 밀고 당기기 • 원하는 방향으로 공차기 • 5kg 정도의 물건 옮기기 • 공 잡기 • 방향대로 공 튀기기 • 한 발로 4번 구르기	• 공 던지기 • 7kg 정도의 물건 옮기기 • 구르는 공차기 • 발 바꾸어 뛰기 • 롤러스케이트 타기 • 줄넘기하기 • 목적지에 공굴리기 • 보조바퀴 달린 두발자전거 타기

출처: 권민균 외(2005).

2) 소근육 운동발달

3세의 유아는 아직 물건을 움직이고 다룰 때 영아기의 능력이 남아 있다. 때때로 엄지와 검지를 사용하여 작은 물건을 잡을 수 있는 능력이 있어도 아직은 미숙하며 블록으로 높은 탑을 쌓을 수 있지만 똑바로 세우지는 못하고 엉성하게 쌓는다. 퍼즐을 가지고 놀 때도 조각을 움직이는 데 서툴다. 어떤 경우는 조각이 들어가야 할 정확한 위치를 알아도 잘 끼워넣지 못해 끼워넣기 위해 안간힘을 쓰거나 우격다짐으로 넣으려고 한다.

4세 유아의 소근육 협응은 놀라울 정도로 향상되고 보다 정확해진다. 때때로 마음대로 되지 않는 블록 쌓기에 속상해하기도 한다. 5세에 소근육 협응은 보다 향상된다. 손, 팔, 그리고 몸 모두가 눈의 명령에 의하여 함께 움직인다.

그림 그리기도 중요한 소근육 운동능력으로 아동기를 통해 계속 발달해 나가는데, Kellog(1979)는 〈표 5-3〉과 같이 유아의 그리기 과정을 4개의 발달단계로 구분하여 제시하였다.

〈표 5-3〉 유아의 그리기 과정

단계	특성
제1단계 기본형태 단계	2세경에 나타나며 뚜렷한 형태가 없는 점이나 선을 그린다. 초기에는 긁적거리며 직선을 반복하여 그리나 곧 이것은 곡선과 나선형으로 변하여 원 모양으로 발달한다.
제2단계 도형 단계	2~3세경에 나타나며 원, 삼각형, 사각형 등의 단순한 형태를 그리기 시작한다.
제3단계 디자인 단계	3~4세경으로 기본적인 형태를 조합한 무늬를 그린다. 원 속에 X를 그려 넣거나 큰 원 안에 작은 원을 그려 넣는다.
제4단계	5~6세경에 나타나며 실제 사물을 그리기 시작하는 단계이다. 이 시기에는 간단한 원이나 네모에서 실제의 사물, 얼굴이나 집으로 변형시키기 시작한다. 또한 동물, 자동차, 나무 등을 그리려고 시도하는데 이러한 그림은 유아의 근육운동 능력이 성숙하면서 더 원숙해진다.

〈표 5-4〉는 유아기의 소근육 운동과 관련한 활동의 예이다. 이 시기에 어떤 유아는 오른손을 사용하여 글씨를 쓰거나 그림을 그리고 어떤 유아는 왼손을 사용하는데, 오랫동안 왼손잡이는 차별을 받아왔고, 교사들은 유아들이 오른손을 사용하도록 가르쳐 왔다. 그러나 오늘날은 유아들이 편하게 생각하는 손을 쓸 수 있도록 허용하는 분위기가 지배적이다.

〈표 5-4〉 유아기 소근육 운동발달

3~4세	4~5세	5~6세
• 비슷하게 원 그리기 • 종이 자르기 • 풀칠하기 • 블록 쌓기 • 탑 만들기 • 단순한 모양 그리기 • 인형 옷 입히기 • 흘리지 않고 컵에 물 따르기	• 신발끈 묶기 • 선 따라 자르기 • 구슬 엮기 • 옷핀 잠그기 • 높은 탑 만들기 • 여러 모양의 그릇에서 물 따르기 • 이름 쓰기	• 종이 접기 • 다양한 도형 그리기 • 종이 안의 모양 도려내기 • 점토 만들기 • 글자 보고 따라 적기

출처: 권민균 외(2005).

3) 자조기술

자조기술(self-help skills)은 대소변 가리기, 밥 먹기, 옷 입기 등 스스로 신변처리를 할 수 있는 기술을 말하며, 중추신경 및 근육운동의 협응이 성숙되어야 가능하다. 유아기에는 다양한 자조기술이 발달한다.

2세경에는 대소변 가리기를 할 수 있으며 대소변을 가리는 시기는 괄약근의 성숙, 부모의 배변훈련 태도, 유아의 성에 따라 차이가 있다. 일반적으로 여아가 남아보다 대소변을 더 빨리 가린다. 식습관의 경우에도 2세경이면 혼자 음식을 먹을 수 있다. 3세경에는 숟가락과 젓가락을 효율적으로 사용할 수 있고, 6~7세경이 되면 흘리지 않고 왼손이나 오른손으로 제대로 식사를 할 수 있다. 옷 입고 벗기는 3세경에 혼자서 옷을 벗을 수 있고, 4세경에는 혼자서 옷을 입을 수 있으며, 5~6세가 되면 단추나 지퍼를 열고 잠글 수 있다. 또한 신발도 신고 벗어서 가지런히 놓을 수 있다.

3 유아기 신체발달에 영향을 미치는 요인

유아기의 신체발달은 개인에 따라 차이를 나타내고 있다. 그 주요 요인은 유전적 요인, 환경적 요인, 질병과 사고로 나누어 볼 수 있다.

1) 유전적 요인

유아의 신체발달은 유전적 요인에 기인한다. 체격이나 용모, 모발 등의 외형적인 것과 기능적인 것에 이르기까지 신체발달이 유전인자에 의해 영향을 받는다. 유전은 신체성장의 최대치뿐만 아니라 성숙의 속도에도 영향을 미친다. 그 예로 키가 큰 부모의 자녀는 키가 크며, 비만인 부모의 자녀는 비만이 될 확률이 정상부모의 경우보다 높게 나타나고 있다. 발달왜소증은 2세에서 15세 사이의 유아들에게 나타나는 성장 이상이며 키가 매우 작고 몸무게 또한 키에 비해 적으며 골격 연령이 미성숙한데, 이를 회복하지 않으면 영구적인 결함을 가질 수도 있다.

2) 환경적 요인

유아의 신체발달은 유아의 주변 환경으로부터 많은 영향을 받는다. 즉, 유아를 둘러싼 환경조건과 시설이 신체발달과 건강을 촉진시키는 데 중요하다. 따라서 유아의 올바른 성장을 위해서는 신체발달을 저해하는 요인들을 제거하여 보다 나은 생활환경을 마련해 주어야 한다. 또한 유아의 신체발달은 계절과 기후요인에도 영향을 받는 것으로 나타났다. 일반적으로 따뜻한 계절에는 신장, 앉은키, 다리와 같은 부분의 성장이 왕성하고 신선한 계절에는 체중, 가슴의 성장이 왕성하다.

(1) 영양

신체발달에 영향을 미치는 유아의 환경적 요인 중 하나가 유아에게 제공되는 영양섭취의 문제이다. 유아기는 신체성장뿐만 아니라 두뇌발육이 왕성한 시기이므로 유아의 신체발육과 두뇌의 세포성장을 위한 충분한 영양을 공급해 주는 것이 요구된다. 유아기에 식품을 통한 충분한 영양소의 섭취는 신체발달 및 질병의 예방, 면역력 강화에 영향을 주고, 지적·정서적 발달에도 영향을 준다. 유아기는 전체적인 근육의 양이 증가하고, 체중에 대한 근육의 비율도 높아지며, 뼈는 길이가 길어지면서 단단해지는 화골현상이 일어난다(문혁준 외, 2009). 뼈의 성숙은 영양 상태와 호르몬의 작용과 관계가 깊다.

골격이 지속적으로 성장하는 유아기에는 양적, 질적으로 충분한 영양섭취로 인한 건강한 신체발달이 이루어질 수 있다. 특히, 유아기의 1일 영양권장량을 중심으로 식단이 제공되어야 하며 유아기 성장에 필요한 영양소를 제공하고 즐거운 식사시간이 될 수 있도록 한다. 유아기에 영양을 충분히 섭취하지 못할 때 신체발달의 저하를 가져오게 되는데, 특히 영유아에게 제공되는 영양의 문제는 그 시기가 빠를수록, 그 정도가 크면 클수록 유아의 신체발달에 미치는 영향은 매우 크다고 볼 수 있다. 이러한 영양의 불균형으로 올 수 있는 문제로는 영양실조, 비만

등을 들 수 있다. 〈표 5-5〉는 유아의 하루 영양권장량에 대한 예시이다.

〈표 5-5〉 유아의 하루 영양권장량

연령	에너지	단백질		식이섬유	수분	비타민 A	
	필요 추정량	평균 필요량	권장 섭취량	충분 섭취량	충분 섭취량	권장 섭취량	상한 섭취량
만 1~2세	900	15	20	15	1,000	250	600
만 3~5세	1,400	20	25	20	1,500	300	750

연령	비타민 C			비타민 D		비타민 E		칼슘		
	평균 섭취량	권장 필요량	상한 섭취량	충분 섭취량	상한 섭취량	충분 섭취량	상한 섭취량	평균 섭취량	충분 섭취량	상한 섭취량
만 1~2세	30	40	340	5	30	5	100	400	500	2,500
만 3~5세	35	45	510	5	35	6	150	500	600	2,500

출처: 한국영양학회(2020).

유아기의 영양과 관련된 문제를 영양실조, 비만, 편식 등으로 나누어 살펴보면 다음과 같다.

가. 영양실조

영양실조란 영양소의 섭취부족 또는 영양소의 흡수나 소화의 부진으로 인해 나타나는 이상상태이다. 유아기의 영양실조는 발달에 미치는 영향이 매우 크다고 할 수 있는데, 특히 5세 이하의 영양실조는 뇌발달과 그에 따른 학습과 행동에 치명적인 영향을 미친다(정희영 외, 2014). 뿐만 아니라 면역성도 저하되어 각종 질병에 걸릴 확률이 높아지며 신체발달 및 지적 발달지체를 가져온다. 유아기에 심한 영양실조를 경험한 아동은 이후 충분한 영양을 공급받아 신체적 성장에는 평균치에 다다를 수 있으나, 인지적·행동적 기능에 있어서는 여전히 심각한 문제를 갖고 있다(문혁준 외, 2009).

나. 비만

유아의 비만은 경제적 성장으로 인하여 식생활이 서구화되면서 섭취에너지가 소비에너지보다 많아져 이것이 지방조직에 과잉축적된 결과이며, 지방세포만 커지는 성인비만과는 달리 지방세포 수도 증가하여 신체구조상 비만이 고착화되어 진행될 가능성이 매우 큰 상태를 말한다(질병관리본부, 2007). 유아기의 비만은 신체적·정신적·사회적으로 심각한 건강문제를 초래하며, 합병증을 유발한다. 유아 비만에서 발생되는 합병증에는 비염, 폭식증, 천식, 소화기장애, 성기 미발육, 생리불순, 소아관절염 등이 있으며 중증비만으로 이어질수록 합병증이 올 가능성이 높다(김현진, 2009). 또한 운동능력이 저하되며 행동이 불편해지고, 자신의 신체에 대한 심리적 열등감을 갖게 될 수 있고, 학업성적 부진의 원인이 될 수도 있다(문혁준 외, 2012). 정상아에 비해 비만아들은 정서적으로 열등감, 불만, 슬픔 등 각종 스트레스 요소를 먹는 것을 통하여 욕구불만을 해소시키려 하며 식욕절제에 어려움을 보인다. 유아기에 바람직한 식습관과 규칙적인 운동으로 비만을 조기에 예방하며 개선할 수 있는 방안을 찾아야 한다.

다. 편식

편식은 특정한 종류의 식품을 좋아하고 특정한 식품을 거부하는 감정이 강한 것을 의미하며 개별식품을 싫어하기보다는 식품을 종류별로 먹지 않는 경우이다. 즉, 식품 선호가 특정 종류에만 치우쳐 발육과 성장에 지장을 초래하는 경우를 의미한다(김연진·송주미, 2009). 유아기는 기본적인 식습관이 형성되는 시기로 식사도 점차 자립할 수 있게 되고, 식품에 대한 기호가 확실해지며, 소화기능의 증가로 성인식에 가까운 식품과 조리법을 받아들이는 방향으로 진전된다(Mahan & Escoott-Stump, 2000).

유아기는 식품과 식사경험, 교육에 의해 식습관이 형성되므로(장유경·정영진·문현경·윤진숙·박혜련, 2001) 유아의 식습관에 주의를 기울이지 않으면 편식, 영양불량 등의 문제가 생기기 쉽다. 우리나라 유아 식습관 중 편식의 원인(이난희·정효지·조성희·최영선, 2001)으로는 첫째, 단맛을 선호하는 미각상의 이유와 식품 자체가 지닌 질감으로 인해 싫어하는 촉각상의 이유이다. 둘째, 맛과 냄새, 향에 예민한 반응을 나타내는 유아기에 익숙하지 않은 음식에 대한 거부와 불쾌한 경험 등 생리 및 심리적 이유이다. 셋째, 유아가 사는 지역 환경에 따라 식품의 사용 범위가 제한된 환경에서 성장하게 되면 새롭게 주어진 음식에 순응할 수 없는 사회 및 경제적 이유이다. 넷째, 유아는 부모 또는 가족의 식생활에 영향을 받으며 동화·모방 등을 통해 식사의 기호 등이 형성된다. 부모의 편식, 잘못된 이유 방법, 음식을 억지로 강요하는 경우, 간섭과 과잉보호 등 부모, 특히 어머니의 적절하지 못한 양육태도가 유아의 편식에 영향을 미칠 수 있다(문혁준 외, 2016). 편식은 3세 전후부터 7세까지의 유아기에 많이 보이는데, 학령기를 거쳐 사춘기에 고정화될 수 있기에 교정이 가능한 유아기에 가족들의 도움이 절실히 필요하다.

(2) 수면과 휴식

유아기의 규칙적인 수면과 휴식은 건강한 신체발달과 관계가 있다. 영아에 비해 수면시간은 줄어들지만 활동량이 증가하는 유아기에 규칙적인 수면은 건강한 신체발달과 관련이 있다. 성장하면 줄어드는 수면시간은 주로 낮잠시간이 줄어드는 것을 의미하며 밤에 자는 시간은 크게 차이가 없다. 유아가 낮잠을 자는 동안 뇌세포는 쉬게 되고, 기억을 재정비하며, 이 과정에서 기억력이 강화되어 신체적인 피로회복 이외에도 뇌 건강에 지대한 영향을 미친다(정희영 외, 2014). 또한 활동량이 많은 유아는 활발한 동적인 활동 후 충분한 휴식을 취하도록 하여야 하는데, 유아의 성장에 수면과 휴식은 활동으로 인한 심신의 피로를 회복시켜 주고 몸과 마음을 이완시켜 줌으로써 새로운 활동을 할 수 있는 재충전이 된다. 하지만 수면과 휴식이 제대로 제공되지 않으면 유아의 신체발달에 영향을 미칠 수 있다. 즉, 수면과 휴식을 취하지 못하면 면역력이 떨어져 쉽게 전염성 질환에 감염될 수 있으며, 주의력과 집중력 등의 부족, 조절능력과 판단력 부족으로 안전사고의 위험에 노출될 가능성이 높다(이슬기, 2008). 또한 만성적인 수면부족은 유아의 성장을 방해하는데, 잠드는 시간이 늦어질수록 수면 중에 분비되는 성장호르몬, 성호르몬의 분비가 줄어들어 성장발육에 방해를 받는다. 따라서 유아의 건강한 신체발달을 위해서는 규칙적인 수면과 휴식을 취해야 하며 부모나 교사는 유아가 수면과 휴식을 취하기에 바람직한 환경을 조성해 주어야 하는데, 책을 읽어주거나 조용한 음악을 들려줄 수 있으며 규칙적인 습관이 형성될 수 있도록 하여야 한다.

(3) 질병과 사고

질병은 영양상태가 좋을 때는 신체성장에 별 영향이 없으나 영양상태가 좋지 못할 때에는 영양불량과 질병이 상호작용하여 신체성장에 심각한 영향을 준다. 일반적으로 질병에 걸리면 식욕이 감퇴되고 신체의 영양 흡수 능력이 감소된다. 유아가 질병이나 영양결핍에 의해 성장에 손상을 입을 수 있지만, 건강상태가 회복되고 적절한 영양공급이 이루어지게 되면 또래와 유사한 수준으로 성장하는 따라잡기 성장이 가능하다.

사고는 유아사망의 주요한 원인이므로 어른들의 보호와 감독이 필요하다. 유아는 가정 내에서 많은 시간을 보내기 때문에 집안에서의 사고가 압도적이나 집 밖에서나 어디서든지 사고의 위험은 따른다. 유아기 사고방지법은 유아의 발달 정도에 따라 물품보관이나 가구배치에 신경을 써야 한다. 또한 자동차를 탈 때는 안전벨트를 사용하는 습관을 길러주어야 하고, 의약품의 뚜껑은 유아가 쉽게 열 수 없도록 주의해야 한다. 아동의 안전사고 사망자 유형별 현황은 〈표 5-6〉과 같다(통계청, 2020). 2016년부터 2018년까지 가장 높은 사망사고 원인은 교통사고였으며, 다음으로 추락, 익사, 화재, 중독 순이었다.

〈표 5-6〉 아동 안전사고 사망원인 분석

(단위: 명)

	2016	2017	2018
교통사고	87	75	54
추락	28	26	28
익사	19	24	18
화재	5	7	8
중독	1	2	4
기타	56	62	51
계	196	196	163

출처: 통계청(2020). 아동 안전사고 현황.

4 유아기 신체발달 지도

유아기의 건강한 신체발달을 위한 지도방안은 다음과 같다.

1) 영양공급 및 올바른 식생활

24개월 이후 유아의 신체성장률은 완만해지나 운동능력의 발달은 현저하게 증가한다. 따라서 유아의 계속적인 성장발육과 급증하는 운동량 및 활동에 필요한 음식물을 섭취해야 한다. 유아는 성인과 달리 열량이나 영양소를 저장해 둘 여유가 없으므로 성장에 필요한 영양부족이 생기면 성장이 저하되거나 특정 기능의 마비가 발생할 수 있다. 음식물을 많이 섭취하기보다는 음식물의 적절한 양과 질이 중요하다. 성장에 필요한 필수영양소가 포함된 균형 있는 영양섭취를 해야 한다.

유아가 2~3세가 되면 좋고 싫은 음식을 구별하는데, 음식에 대한 선호가 너무 뚜렷하여 편식하지 않도록 주의해야 한다. 또한 음식물을 한꺼번에 먹기에는 신체적 한계가 있으므로 하루에 2~3회의 간식을 하여 필요한 열량과 영양소를 섭취하는 것이 좋은데, 식사하는 것을 방해할 정도가 되어서는 안 된다.

3~4세가 되면 컵으로 마시는 것과 숟가락질이 익숙해진다. 식사량도 증가하고 식사예절도 알아간다. 4~5세가 되면 식사 속도도 빨라진다. 유아교육기관에서 식사나 간식 지도를 할 경우 유아가 균형 잡힌 음식물의 섭취와 바른 식사태도를 습관화하도록 해야 한다. 또한 남아의 기초 대사량이 여아보다 높으므로 섭취한 음식이 에너지로 바뀌는 것도 남아가 훨씬 빠르며, 같은 신체를 유지하는 데도 더 많은 에너지를 필요로 한다.

2) 바른 생활습관 형성

유아의 생활습관은 수면, 청결, 배변 등 생리적 활동이 원활하게 이루어지도록 해야 한다. 영아 때부터 시작되는 대소변 가리기는 기분 좋은 경험으로 훈련되어야 하며 5세가 되면 대부분의 유아는 대소변을 가릴 수 있다. 5세 이후에도 대소변 통제가 안 되는 경우 근육이나 신경 발달의 이상 또는 정서적인 문제가 있는지 알아볼 필요가 있다.

수면은 유아의 나이, 건강상태, 활동의 정도에 따라 다르다. 보통 3~5세 유아는 1~2시간 정도 낮잠을 자고 밤에 10~12시간 자나, 4세 정도 유아는 더 이상 낮잠을 필요로 하지 않아 지속적으로 잠이 모자라지 않다면 강제로 낮잠을 재울 필요가 없다. 5세가 되면 점차 밤에 늦게 자려고 하는데 이는 환경에 대한 유아의 지배력이 더욱 커졌음을 의미한다. 밤에 지나치게 강제로 잠자리에 들게 하지 말고 안정된 수면 분위기를 조성하여 자연스럽게 잠들도록 해야 한다. 유아들 중에는 땀을 흘리며 자는 경우도 있는데 이것은 성인의 식은땀과 다르므로 걱정하지 않아도 되며 어두운 것을 두려워하는 유아는 불을 켜주는 것이 잠드는 데 도움이 된다. 또한 부드러운 헝겊으로 만든 인형을 안고 자는 것을 말릴 필요는 없다. 치아 건강을 위해 자기 전에 반드시 이를 닦고 소변을 보게 하며 잠옷 입는 것을 습관화하도록 한다. 서구의 유아들은 잠자는 시간에 화장실 갔다 오기, 이야기 듣기, 물 마시기, 위로가 되는 인형 안고 침대로 가기, 불 끄기 전에 껴안고 키스하기 등을 일상적으로 한다. 이 과정은 30분 정도 걸리는데 유아가 어두운 방에 남겨질 때 불편한 감정을 해소하는 데 도움이 된다. 격리불안이 있는 유아는 잠들기 어려워할 수 있으므로 불안한 마음을 완화시켜 주기 위해 유아가 좋아하는 이불, 인형을 껴안고 자게 하는 것도 좋다. 충분한 수면은 피로를 풀고 활동의 에너지는 얻을 수 있어 유아의 신체성장과 긍정적 정서상태를 유지해 줄 수 있다(정정옥 외, 2007).

목욕이나 깨끗하고 기후에 적절한 옷 입는 습관은 유아의 청결과 관련된다. 청결한 생활은 유아의 건강을 유지시키며 대인관계를 원활하게 해 준다.

3) 운동능력 증진

유아기에 운동능력을 연습할 충분한 기회가 없다든지, 부모의 과잉보호로 운동을 못하게 하거나, 유아 자신이 외상적 경험 때문에 운동하는 것을 두려워하면 운동발달이 지체될 수 있다. 달리기, 뛰기, 자전거 타기, 공차기와 같은 대근육 운동기술을 연습하고 시도해 볼 수 있도록 실내·외의 충분한 시설과 공간을 제공하여 놀이할 기회를 준다.

소근육 운동발달을 돕기 위해 블록 쌓기, 종이 접기, 종이 자르기, 퍼즐, 조작 놀잇감, 그림 그리기 등의 사물을 조작해 보는 활동을 격려한다.

4) 정서적 안정

유아가 정서적으로 안정된 생활을 하도록 해준다. 정서적 불안정은 유아를 예민하게 하고 불안하게 하여 수면과 음식물의 섭취를 방해한다. 수면부족과 음식물 소화가 되지 않거나 식욕이 떨어져 영양분의 섭취가 제대로 이루어지지 않으면 결국 성장발육을 제대로 할 수 없게 된다. 정서상태는 식욕과 밀접한 관계가 있는데 식사 시 너무 많은 양을 먹도록 강요하면 정서상태가 불안정해져 오히려 나쁘다. 유아의 자율적인 욕구를 제재하기보다 유아가 스스로 할 수 있는 기회를 만들어 주는 것이 바람직하며 부모는 유아가 가족과의 식사시간 자체를 즐거운 일로 인식하도록 도와주어야 한다.

5 연령별 유아의 신체발달

만 3세, 4세, 5세별 신체발달에 대한 일반적인 과업을 살펴보면 다음과 같다(전남련 외, 2009).

1) 3세 유아의 발달과업

발달영역	내용(발달과업)	예	아니오
소근육 발달	크레파스를 잡을 수 있다.		
	연필을 잡을 수 있다.		
	둥근 선과 직선을 그릴 수 있다.		
	책장을 한 장씩 넘길 수 있다.		
	구슬을 3~4개 정도 끼울 수 있다.		
	숟가락이나 포크를 사용할 수 있다.		
	겉옷을 입고 벗을 수 있다.		
	물컵을 들고 흘리지 않고 마실 수 있다.		
대근육 발달	공을 발로 찰 수 있다.		
	방향이나 목표를 정하지 않고 아무 데나 공을 던질 수 있다.		
	세발자전거를 탈 수 있다.		
	발뒤꿈치를 들고 걸을 수 있다.		
	두 발을 모아서 제자리에서 높이뛰기를 할 수 있다.		
	두 발을 바꾸어 가면서 계단을 오르내릴 수 있다.		
	옆이나 뒤로 걸을 수 있다.		
	달리기를 할 수 있다.		
	달리는 속도를 나름대로 조절할 수 있다.		
	매트에서 구를 수 있다.		
	교사를 따라 손유희나 율동을 할 수 있다.		
	뜀뛰기를 할 수 있다.		
	손으로 귀를 잡고 뛸 수 있다.		

2) 4세 유아의 발달과업

해당연령	발달영역	내용(발달과업)	예	아니오
4세	소근육 발달	단추를 채울 수 있다.		
		지퍼를 잠글 수 있다.		
		똑딱단추를 잠그고 열 수 있다.		
		주전자에 물을 흘리지 않고 따를 수 있다.		
		구슬 꿰기를 할 수 있다.		
		사람의 얼굴형태를 그릴 수 있다.		
		퍼즐 맞추기를 할 수 있다.		
		자기가 원하는 방향으로 공을 던질 수 있다.		
	대근육 발달	세발자전거를 이용해서 친구와 시합을 할 수 있다.		
		20cm 정도의 높이에서 뛰어내릴 수 있다.		
		높은 곳에 올라가기를 좋아한다.		
		한 발로 깡충 뛰기를 할 수 있다.		
		선 위를 걸을 수 있다.		
		모양을 따라 발로 걸을 수 있다.		
		한 발을 잠시 들고 서 있을 수 있다.		
		한 발로 잠시 깡충 뛰기를 할 수 있다.		
		두 손으로 공을 받을 수 있다.		
		친구의 도움 없이 그네를 탈 수 있다.		

3) 5세 유아의 발달과업

해당연령	발달영역	내용(발달과업)	예	아니오
5세	소근육 발달	교사나 윗사람의 도움 없이 양치질을 할 수 있다.		
		신발끈을 묶을 수 있다.		
		도형을 그릴 수 있다.		
		글자를 쓸 수 있다.		
	대근육 발달	양발을 바꾸어 가면서 계단을 쉽게 오르내릴 수 있다.		
		줄넘기를 하려고 시도해 본다.		
		두발자전거를 타려고 시도해 본다.		
		깡충 뛰기, 스키핑을 할 수 있다.		
		말처럼 달리기(gallop)를 할 수 있다.		
		달리기를 잘할 수 있다.		
		점프, 높은 곳에 오르기 등에 매우 숙달되어 있다.		
		목표물을 향해 공을 발로 찰 수 있다.		

CHAPTER 6

인지발달

인지란 생각, 기억, 지각, 문제해결력 등의 모든 정신적인 사고활동을 의미한다. 인지발달 이론은 생각하고 이해하는 능력이 어떻게 발달하는지를 설명하는 이론이며, 인지이론가 중에서 가장 널리 알려진 사람이 Piaget이다. 본 장에서는 Piaget와 Vygotsky의 이론과 정보처리 접근을 살펴본다.

1 Piaget의 인지발달 이론

1) 생애

Jean Piaget(1896~1980)는 어려서부터 과학자의 자질을 보여, 10세 때 공원에서 본 Albino 참새에 관한 논문을 발표했다. 고등학교 시절 연체동물에 관한 연구는 자연을 연구하는 과학자들 사이에서 호평을 받았다. 21세인 1918년에 스위스 Neuchatel 대학에서 연체동물에 관한 논문으로 박사학위를 취득한 후 Piaget의 관심은 생명체의 신체구조 발생으로부터 정신구조 발생으로 옮겨갔다.

Piaget는 파리에 있는 비네 연구소에서 아동용 지능검사 제작에 관여하면서 아동들의 오답과 실수는 일정한 유형을 지니고 있음을 발견하고 아동들의 사고체계는 전적으로 어른들과 다르다는 사실을 확인하였다. 지능검사란 흔히 아동이 맞는 답을 찾아낼 수 있는가에 초점을 둔 것이지만 Piaget에게는 그 반대로 아동은 왜 틀리게 답을 하는지가 매우 흥밋거리였다. 아동들에게 질문할 때 같은 나이의 아동들은 같은 실수를 되풀이하고 나이가 다르면 틀린 답의 종류도 다르다는 사실을 알게 되었으며 나이가 적은 아동들의 사고가 나이가 더 든 아동들의 사고에 비해 질적인 차이가 있다는 결론에 도달하였다. 그는 나이가 다른 아동들이 쓰고 있는 사고방식의 차이를 알아내려 하였는데, 이러한 발견은 아동의 정신세계의 독특성과 사고의 질적 변화를 전제로 하는 인지발달 이론을 형성하는 계기가 되었다. 1925년 Piaget의 첫 번째 아이 재클린의 출생은 지능의 기원과 영유아의 인지발달에 관한 중요한 연구를 시작하는 계기가 되었다.

2) 주요 개념

(1) 도식

외부의 자극을 지각하며 이해하고 반응하는 틀을 도식(schema)이라고 한다.

가령, 3세 유아는 해는 아침에 떠서 밤에 지기 때문에 살아 있다고 주장한다. 따라서 이 나이의 유아는 움직이는 것은 살아 있다는 간단한 인지 도식이 있으며 도식은 일반인들이 책략 또는 개념이라고 부르는 것과 어떤 면에서 유사한 사고 또는 행동양식이다. 최초의 도식은 빨기, 잡기와 같은 타고난 반사로 구성되어 있다. 유아는 많은 도식을 가지고 태어나며 적응의 과정을 통하여 새로운 도식을 만들고 기존의 것들을 변화시킨다.

(2) 적응

Piaget는 유기체의 생물학적 특성인 적응의 개념을 인간에게도 동일하게 적용하여 모든 유기체가 그러하듯 인간도 주어진 환경에 적응하려고 하며, 환경에 적응하기 위해서는 동화와 조절의 보완적인 과정에 계속 의존한다고 믿었다.

동화(assimilation)는 우리가 가지고 있는 기존의 인지 도식을 사용해 새로운 경험과 정보를 이해하고 문제를 해결하는 과정을 말하며 대상이나 정보가 기존의 인지구조에 맞지 않을 때 인지구조 자체를 변화시키는 과정은 조절(accomodation)이다. 예를 들어, 유아가 움직이는 어떤 대상도 살아 있는 것으로 간주하는 것은 동화이다. 그러나 기존의 도식이 부적절하다는 것을 알게 되는데, 가령 바람이 불 때만 움직이는 장난감처럼 움직이기는 하지만 살아 있을 수 없는 사물을 만나게 된다. 여기에 유아의 이해와 사실 사이의 모순이 있고 움직이는 사물은 살아 있다는 도식이 바뀌어야 할 필요가 있다. 즉, 생물과 무생물 간의 차이를 더 잘 이해하기 위하여 아마도 자신의 힘으로 움직이는 것들만이 살아 있다는 결론을 내림으로써 기존의 도식을 바꾼다.

(3) 평형

평형(equilibrium)은 동화와 조절을 통해서 유기체가 환경과 균형 상태를 이루는 것을 의미한다. Piaget는 동화와 조절 사이의 균형은 시간에 따라 달라진다고 하였다. 유아는 새로운 정보가 현재의 도식에 일치하지 않으면 인지적 갈등을 경험하게 되고 동화에서 조절로 이동한다. 그 결과 유아는 적응상태, 즉 인지적 구조와 주변 환경 간의 평형상태에 이르게 된다.

평형이 일어날 때마다 더 유능한 도식이 만들어진다. 동화, 조절, 평형이 어떻게 일어나는지 예를 들어 보자. 새 이외에는 날아다니는 대상을 본 적이 없는 영아는 모든 날아다니는 대상을 '새'라고 생각한다. 하늘을 나는 비행기를 본 영아는 이것을 새라고 부르는데 영아는 이 새로운 대상이 깃털도 없고 날개를 펄럭이지도 않는다는 것을 발견하고는 불균형을 경험한다. 이것이 새가 아니라고 생각한 영아는 "저게 뭐냐?"라고 질문을 하고 조절이 성공적으로 이루어지면 평형상태가 되돌아온다.

3) 인지발달 단계

Piaget는 영유아는 감각운동기, 전조작기, 구체적 조작기, 형식적 조작기의 4단계를 거쳐 발달한다고 하였다. 그리고 모든 영유아가 같은 순서대로 단계들을 거치며 어떠한 단계도 건너뛰지 않는다고 한다. Piaget는 비록 인지발달 단계가 불변이라고 믿었지만, 영유아가 각 단계에 들어서거나 다음 단계로 이동하는 나이에는 개인차가 존재한다고 강조하였다. 유전적이고 환경적 요소가 단계가 지나는 속도에 영향을 줄 수 있으므로 인지발달의 각 단계가 나타나는 나이는 추정치에 불과하다고 한다.

(1) 감각운동기

감각운동기는 신생아의 단순한 반사들을 나타내는 출생부터 시작해서 상징적 사고가 시작되는 2세경에 끝난다. 감각운동기의 명칭은 영아와 걸음마기 아동이 자신의 눈, 귀, 손 등을 통해 사고한다는 Piaget의 신념을 반영한다. 출생 시 영아들은 자신의 주변 세계에 대해 아는 것이 없어서 의도적인 탐색을 할 수 없다. Piaget는 감각운동기를 다음과 같이 하위 6단계로 구분하였다(이숙 외, 2008).

가. 1단계: 반사 도식기(출생~1개월)

Piaget는 생후 첫 1개월을 반사 도식 단계라고 하였다. 신생아는 외부 자극에 대한 자동적인 반응인 일련의 반사들을 갖추고 세상으로 나온다. 주로 잡기, 빨기 그리고 큰소리에 반응하기와 같은 반사적 행동을 통해 주변 세계를 이해하게 된다. 이 시기의 가장 우세한 반사는 빨기 반사이며 영아는 모든 것을 입으로 가져가 빨아보며 그 대상을 이해한다.

나. 2단계: 일차 순환반응기(1~4개월)

1차 순환반응이란 영아가 우연히 일어났던 흥미를 끄는 행위를 반복한다는 의미에서 순환반응이라고 하고, 영아의 관심이 외부의 대상보다는 자신의 신체에 있어서 일차적이라고 하였다. 예를 들어, 영아가 누워서 엄지손가락을 즐겁게 빠는 것은 일차적인 순환반응을 하는 것으로, 이 행위는 우연한 행동을 통해 성취되었던 어떤 것을 재현하고자 하는 능동적 노력이다. 이 시기에는 영아들이 기본적인 욕구로 인해 우연한 행동을 반복함으로써 행동을 자발적으로 통제하기 시작한다. 또한 환경적 요구에 대한 반응으로 자신의 행동을 변화시킨다. 예를 들어, 아기들은 젖꼭지일 경우와 숟가락일 경우 입을 다르게 벌린다.

다. 3단계: 이차 순환반응기(4~8개월)

4~8개월 된 영아들은 일어나 앉고 손발을 뻗어 잡는 행동에 숙달되며, 이러한 운동능력의 발달은 관심을 외부 환경 쪽으로 돌리는 데 중요한 역할을 한다. 가령, 매달려 있는 모빌을 치거나 장난감 오리를 눌러 소리가 나는 것을 우연히 발견한 후에 영아는 그와 같은 행동을 반복한다. 즉 이 시기의 영아들은 자신의 행동으로 인해 일어나는 흥미 있는 사건을 반복적으로 시도하는데, 이 단계의 주요한 특징은 주변 환경의 대상과 사건에 열중한다는 점이다. 이때 영아가 반복적 행동을 즐긴다고 해서 계획적이거나 의도적 행동을 하는 것은 아니다.

라. 4단계: 이차 순환반응의 협응기(8~12개월)

8~12개월에는 의도적이거나 목표지향적인 행동에 몰두할 수 있고 단순한 문제를 해결하기 위하여 도식을 조심성 있게 협응을 한다. 예를 들어, 쿠션 아래 장난

감을 넣어두면 9개월 영아는 한 손으로 쿠션을 들어 올려 다른 한 손으로 장난감을 집어 든다. 쿠션을 들어 올리는 행동은 우연히 이루어지는 행위가 아니라 의도적인 도식의 일부로 처음에는 연계되지 않은 두 반응(들어 올리기와 잡기)들이 목적을 위한 수단으로 통합된 것이다.

이 단계에 영아들은 숨긴 물건을 찾을 수 있는데, 숨긴 물체를 찾는 것은 물체가 시야에서 없어졌을 때도 계속해서 존재한다는 것을 이해하는 대상영속성(object permanence)을 획득하기 시작했다는 증거이다. 그러나 영아들이 실수하므로 대상영속성의 획득이 아직 완전하지는 않다.

마. 5단계: 삼차 순환반응기(12~18개월)

12~18개월까지 지속되는 하위 5단계에서 삼차 순환반응이 나타난다. 영아들은 새로운 결과를 만들어내는 다양한 행동을 반복한다. 심사숙고 끝에 실험적인 방법으로 주변 세계에 다가감으로써 영아들은 문제를 더 잘 해결하게 된다. 예를 들어, 영아들은 모양을 돌리고 비틀어서 용기 안에 있는 구멍 모양에 맞추는 방법을 파악할 수 있고 손이 닿지 않는 장난감을 얻기 위해 막대기를 사용할 수 있다.

바. 6단계: 정신적 표상기(18개월~24개월)

이 단계는 감각운동기의 마지막 단계로서 영아의 지적 능력이 놀랄 정도로 크게 성장하는 시기이다. 18~24개월 사이에 시행착오를 거치지 않고 한 번에 문제를 해결할 수 있게 되는데 이것은 정신적 표상능력이 생겼다는 표시이다. 이제 영아는 행동하기 전에 머릿속에서 미리 생각을 한 후에 행동한다.

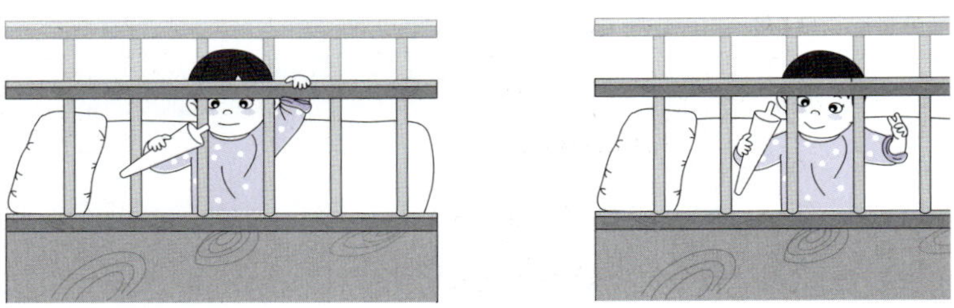

[그림 6-1] 정신적 표상

〈표 6-1〉 영아와 걸음마기 아동의 인지능력

연령	인지능력
출생~1개월	• 흥미 있는 장면과 소리에 접근하기 위해 젖꼭지를 빠는 것과 같이 제한된 운동기술을 사용하여 탐색한다.
1~4개월	• 대상영속성, 대상고체성과 중력을 포함한 많은 물리적 속성을 인지한다. • 짧은 지연(1일) 후에도 성인의 표정에 대한 지연모방을 한다. 개념적으로 유사한 자극을 분류한다.
4~8개월	• 물리적 지식과 기본적인 수학 지식이 향상된다. • 유사한 기능과 행동에 의해 개념적으로 유사한 많은 대상과 사건을 분류한다.
8~12개월	• 천으로 가린 뒤에 숨겨진 대상을 찾을 수 있다. • 이전의 문제를 유추하여 간단한 문제를 해결하는 능력이 생긴다.
12~18개월	• 여러 장소에서 숨겨진 대상을 찾는 능력이 있다. • 대상을 숨겨 둔 장소를 떠난 후에도 대상은 그 장소에 계속 존재한다는 것을 인지한다. • 오랜 시간(적어도 여러 달)이 지나고 상황이 변해도 성인의 새로운 행동에 대해 지연모방을 한다. • 대상을 한 개의 유목으로 분류한다.
18개월~2세	• 보이지 않는 동안 옮겨진 대상을 찾는 능력이 있다. • 성인이 만들어 내는 행동에 대해 지연모방을 하며, 이것은 다른 사람의 의도나 관점을 추론하는 능력을 가리킨다. • 가장놀이에서 일상의 행동을 지연모방한다. • 대상을 두 개의 유목으로 분류한다.

출처: Berk(2006).

정신적 표상(그림 6-1)이 가능해지면서 이전 단계까지는 불가능하던 지연모방이 가능해진다. 지연모방은 어떤 행동을 목격한 후 그 행동을 그 자리에서 곧장 모방하지 않고 일정한 시간이 지난 후에 그 행동을 재연하는 것을 말한다. Piaget는 영아가 지연모방을 할 수 있는 것은 기억 속에 저장된 모델의 행동에 대해 정신적 상징이나 심상을 구성하여 이후에 다시 인출할 수 있기 때문이라고 했다.

(2) 전조작기

'전조작적'이라는 용어는 이 시기의 유아가 아직 조작적인 방식으로 사고하지 못한다는 점을 강조하고 있다. 조작이란 유아가 실제로 어떤 행동을 하기 전에 그 행동을 정신적으로 그려보는 내면화된 행동을 말한다. 감각운동기에서 전조작기로 넘어가는 유아에게 가장 현저한 변화는 정신적 표상능력의 증가이다. 영아들도 주변 세계를 표상할 수 있는 능력을 갖추고 있긴 하지만 이것은 유아기에 가장 발달한다. Piaget는 전조작기를 전개념적 시기와 직관적 사고 시기의 두 하위단계로 구분하였다.

가. 전개념적 시기

전개념적 시기는 전조작기의 초기 단계로서 2~4세경을 말하며, 영아기에 발달한 도식이 내적으로 표상되는 전환기이다. 전개념적 사고의 특징으로써 상징적 기능의 출현, 자기중심적 사고, 물활론적 사고를 들 수 있다.

① 상징적 기능

전조작기의 가장 중요한 인지적 성취는 상징적 사고의 출현이라고 한다. 상징적 기능은 유아가 눈에 보이지 않는 사물이나 행동을 표상하기 위해 다른 무언가(상징)를 사용하는 능력을 말하며, 상징적 기능을 통해 유아의 정신세계가 크게 확장된다. 상징적 기능은 유아의 그림, 상징놀이, 언어를 통해서 가장 잘 표현된다. 예를 들어, 유아가 해를 그릴 때 눈, 코, 입을 그려 넣거나 버스에 타고 있는 사람들의 다리까지 그려 넣는 것은 그들이 눈에 보이는 것을 그리는 것이 아니라 자신의 머릿속에 있는 심상을 그리고 있음을 보여주는 것이다.

상징적 기능의 또 다른 예로는 가장놀이와 언어이다. 가장놀이(make-believe play)란 가상적인 사물이나 상황을 실제 사물이나 상황으로 상징화하는 놀이이다. 즉, 유아가 베개를 아기라고 하면서 업고 다니고 블록을 자동차나 전화 수화기인 양 하는 놀이를 말한다. 또한 언어는 유아의 내적 표상을 표현하는 상징적 수단이다.

② 자기중심성

전조작적 사고의 가장 큰 결점은 자신의 관점과 타인의 관점을 분리하여 생각하지 못하는 자기중심성(egocentrism)이라고 하였다. Piaget는 유아가 세상에 대해 처음으로 정신적 표상을 하게 되었을 때 자신의 관점으로만 집중하는 경향이 있다고 믿었다. 그래서 다른 사람도 자신과 같은 방식으로 생각하고 느낀다고 가정한다. 이 시기의 유아는 자기가 갖고 싶은 물건은 다른 사람도 갖고 싶을 것으로 생각하여 엄마 생일선물로 인형이나 로봇을 고르기도 한다. Piaget는 세 개의 산 과제를 개발하여 유아의 자기중심성에 관해 연구하였다(그림 6-2).

출처: Berk(1994).

[그림 6-2] Piaget의 '세 개의 산' 실험

② 물활론

자기중심성은 전조작기 유아는 무생물을 살아 있는 생명체처럼 믿는 물활론적 사고(animistic thinking)의 원인이 된다. 유아가 "구름이 와서 해님을 가리자 화가 난 해님이 구름을 쫓아 버리려고 한다."라든가 "저 나무가 나뭇잎을 밀어내서 나뭇잎이 떨어졌다."라고 말할 때 물활론적 사고를 보여주는 것이다.

물활론적 사고는 유아기 초기의 가장 현저한 특성인데 4~5세가 되면 감소하기 시작한다. 물활론적 사고는 몇 개의 단계를 거쳐 발달하는데, 처음에는 사람에게 영향을 주는 모든 사물은 살아 있다고 생각하다가, 움직이는 것은 살아 있고 움직이지 않는 것은 죽었다고 생각한다. 그다음 단계에는 움직이는 것 가운데서도 스스로 움직이는 것은 살아 있다고 생각하다가 생물학적 생명관에 근거하여 생물과 무생물의 개념을 파악하게 된다(정옥분, 2003).

나. 직관적 시기

Piaget는 4~7세 사이의 단계를 직관적 시기라고 부른다. 이 시기 유아의 사고가 직관적이라고 불리는 이유는 사물의 가장 두드러진 지각적 특성인 외양에 의존하고 있거나 중심화되어 있기 때문이다. 직관적 시기에서는 유아가 덜 자기중심적이고 크기, 모양, 색깔 등과 같은 지각적 특성을 기초로 하여 물체를 구분하는 데 훨씬 능숙해진다. 그러나 과제에 대한 이해나 처리방식이 직관으로 좌우되기 쉽다.

① 보존개념의 결여

보존개념(conservation)이란 대상의 외양이 변했다 하더라도 어떤 물리적 특성은 그대로 남아 있다는 것을 말한다. Piaget에 의하면 전조작기의 유아는 보존개념이 없다고 한다. 예를 들어, 유아에게 똑같은 양의 물이 담긴 두 개의 긴 컵을 보여준 후 높이가 낮고 밑이 넓은 컵으로 붓고 난 뒤, 어느 컵의 물이 많은지를 물어보면 물의 양이 달라졌다고 말한다. 그들은 물의 높이가 처음보다 낮아졌기 때문에 줄어들었거나 물이 모두 퍼져 버렸기 때문에 많아졌다고 설명한다.

전조작기 유아가 보존개념이 없는 것은 한 상황의 한 가지 측면만 보고 다른 중요한 특성은 무시해 버리는 중심화 특성 때문이다. 액체보존 실험에서 유아는 물의 높이에만 관심을 두고 높이의 변화가 너비의 변화 때문에 보상된다는 점을 생각하지 못한다. 그리고 어떤 문제에 일련의 단계를 따라가고 그다음에 머릿속에서 원래 시작점을 향해 역방향으로 되돌아가는 가역성(reversibility)의 능력이 없기 때문이다. 액체보존 실험의 경우, 전조작기 유아는 물을 본래 담겨 있던 컵으로 다시 붓는 것을 생각하지 못하기 때문에 물의 양이 똑같다는 것을 알지 못한다.

보존과제	초기 제시	변형
수	두 줄의 동전을 동일한 간격으로 배열한 후 동전 수가 같은지 물어본다. 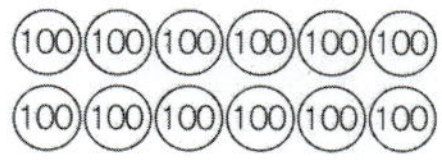	동전 한 줄의 간격을 다르게 하고 동전 수가 같은지 물어본다. 
길이	두 막대기를 나란히 하고 길이가 같은지 물어본다. 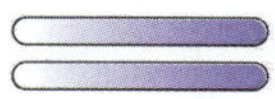	막대기 한 개를 옆으로 옮겨 놓고 두 막대기의 길이가 같은지 물어본다. 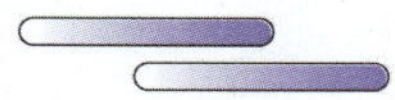
질량	두 공에서 찰흙의 양이 같은지 물어본다. 	공 한 개의 모양을 바꾸고 각각의 찰흙의 양이 같은지 물어본다. 
액체	동일한 컵에 동일한 양의 물을 부어 두 컵의 물의 양이 같은지 물어본다. 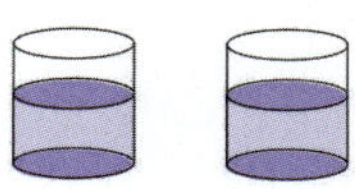	한 개의 컵을 넓적한 컵으로 바꾸고 물을 옮겨 부은 후 두 컵의 물의 양이 같은지 물어본다. 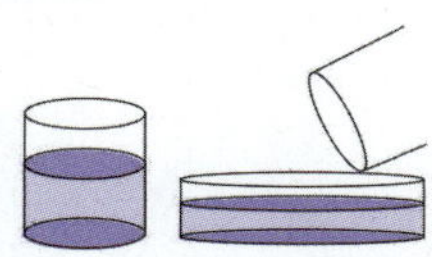
무게	동일한 모양의 공을 저울에 올려놓은 후 찰흙의 무게가 같은지 물어본다. 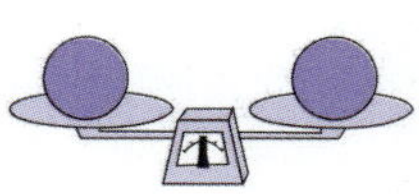	공 한 개의 모양을 변형시킨 후 두 공의 무게가 같은지 물어본다(저울에 올려놓기 전에 물어본다). 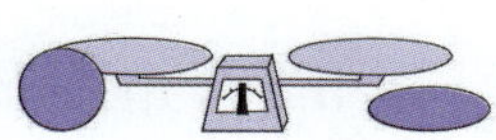

출처: Berk(2006).

[그림 6-3] 보존과제 실험

② **분류능력의 부족**

전조작기 유아는 논리적인 조작능력이 부족하여서 대상을 유사성과 차이점에 근거하여 유목과 하위유목으로 분류하는 위계적 분류(hierarchial classification)를 어려워한다. Piaget의 유명한 분류 유목화 과제에서, 유아에게 파란 꽃 4송이와 노란 꽃 12송이를 보여 준 후에 노란 꽃과 꽃 중에서 어느 것이 더 많은지 물어보면 전조작기 유아는 노란 꽃이 더 많다고 한다. 이들은 노란 꽃과 파란 꽃 모두가 '꽃'의 유목에 포함되는 것을 깨닫지 못한다. 즉 전체(꽃)에서 부분(노랑과 파랑)으로, 다시 이를 부분에서 전체로 전환하는 가역적인 사고를 할 수 없다.

출처: Berk(2006).

[그림 6-4] 분류능력

〈표 6-2〉 유아기의 인지능력

연령	인지능력
2~4세	• 언어발달, 가장놀이, 그리기, 이중표상의 이해에서 표상활동의 극적인 증거를 보여준다. • 단순하고 친숙한 상황과 일상에서 얼굴을 마주하며 하는 의사소통에서 다른 사람의 관점을 이해한다. • 생물과 무생물을 구별한다. • 보존개념을 습득하며, 변형에 주목하고 사고를 전환하고, 그리고 친숙한 상황에서 많은 인과관계를 이해한다. • 본래의 종류, 기능, 행동에 기초하여 대상을 분류하고, 유목을 구성하고 있는 부분이 공유하는 중요한 특징에 대한 생각을 고안한다. • 친숙한 대상을 위계적으로 조직화된 유목으로 분류한다. 외양과 실재를 구별한다.
4~7세	• 가장(그리고 다른 생각과정)이 표상활동이라는 것을 점차 인식한다. • 요정, 도깨비에 관한 마법의 생각과 기대를 위반하는 사건을 그럴듯한 설명으로 대체한다. • 언어적인 외양-실재 문제를 해결한다.

출처: Berk(2006).

(3) 구체적 조작기

7~11세에 이르는 구체적 조작기는 인지발달에서 주요 전환점이 된다. 사고는 이전보다 훨씬 더 논리적이며 융통성이 있고 체계화되어 성인의 추론능력과 유사하다. 그러나 구체적 조작기라는 단계의 명칭에서 알 수 있듯이 아동은 구체적인 정보를 다룰 때는 체계적이고 논리적인 방식으로 사고를 하지만 추상적인 정보를 다룰 때는 정신적인 조작을 잘하지 못하는 한계가 있다(이숙 외, 2008).

가. 보존

전조작기에 불가능했던 보존개념이 형성된다. 보존과제를 성공하는 능력은 조작을 할 수 있다는 명확한 증거이다. 액체보존 과제에서 아동은 액체의 양이 변하지 않았다고 말하고 다음과 같은 설명을 하기도 한다. "물의 높이가 더 낮지만, 너비는 더 넓어요. 다시 부어 보면 같은 양이라는 것을 알게 될 거예요." 이 시기의 아동은 한 면(너비)의 변화가 다른 측면(높이)의 변화를 보상한다는 것을 인식하는 탈중심화를 시작한다. 보존개념은 수, 길이, 액체, 질량, 무게순으로 획득한다.

나. 분류

7~10세 아동은 상위 유목과 하위유목 간의 관계, 즉 전체와 부분의 관계를 이해하는 능력이 있어야 하는 유목포함 과제를 풀 수 있다. 이것은 아동이 분류 위계화의 개념이 있으며 하나의 일반적인 것과 두 개의 특정한 유목–즉, 한 번에 셋 사이의 관계–사이의 관계에 동시에 집중할 수 있음을 의미한다.

다. 서열화

길이나 무게와 같은 양적인 측면을 중심으로 항목을 순서대로 나누는 능력을 서열화라고 하는데 이러한 능력이 가능해진다. 즉, 아동에게 길이가 다른 막대를 가장 짧은 것에서 가장 긴 것으로 배열하도록 하면 학령전기 아동은 서열화를 할 수 있으나 많은 시행착오를 거친다. 그러나 만 6~7세 아동은 순서에 따라 계획적으로 서열화를 한다.

구체적 조작기 아동은 길이가 다른 세 막대 가운데 막대 A가 막대 B보다 길고,

막대 B는 C보다 길 때, 구체적 조작기 아동은 막대 A가 막대 C보다 길다는 것을 추론할 수 있다.

(4) 형식적 조작기

청소년기에 이르면 사고능력이 더 추상적이며 논리적이고 이상적이다. 이제 청소년은 실제적이고 구체적인 사물이나 사실에만 의존하여 사고하지 않으며 가설적인 상황이나 추상적인 계획을 바탕으로 사건을 지어낼 수 있으며 이에 대한 논리적 추론이 가능하다(Berk, 2006).

가. 추상적 사고

청소년의 형식적 조작기 사고는 아동의 사고보다 추상적이다. 청소년은 더는 실제적이고 구체적인 경험만을 바탕으로 생각하지 않는다. 형식적 조작기에 이른 청소년의 사고가 얼마나 추상적인가는 청소년이 언어로 문제를 해결하는 능력에서 잘 드러난다. 구체적 조작기 아동이 "A=B이고 B=C이면 A=C이다."라는 논리적 추론을 하기 위해서는 구체적인 사물을 눈으로 직접 봐야 하지만 형식적 조작기 청소년은 말로만 들어도 이 문제를 해결할 수 있다.

나. 가설적·연역적 추론

청소년들은 더 논리적으로 사고한다. 청소년들은 문제에 직면했을 때 결과에 영향을 미칠 수 있는 모든 가능한 요인들의 일반적 이론으로 시작하여 앞으로 일어날 일에 대한 특정한 가설을 추론한다. 그러고 난 후에 실제 상황에서 그중에 어떤 것이 성공하는지를 알아보기 위하여 순차적으로 가설을 검증한다.

청소년의 가설적-연역적 추론능력은 Piaget의 유명한 진자 과제에서 잘 나타나는데, 학령기 아동과 청소년에게 길이가 다른 실, 그 실에 묶여 있는 무게가 다른 물체, 실이 걸려 있는 판을 제시한다. 그리고 호(arc)를 따라서 진자가 흔들리는 속도에 영향을 주는 것이 무엇인지를 알아내도록 한다. 형식적 조작기 청소년은 네 개의 가설을 생각해 낸다. ① 줄의 길이, ② 줄에 걸려 있는 물체의 무게, ③ 진자 운동하기 이전의 물체 높이, ④ 물체를 미는 힘. 청소년들은 모든 다른 상황을 같게 하면서 한 번에 한 요소만 다르게 함으로써 각각의 가능성을 시험해 본 다음에 줄의 길이만이 차이를 만든다는 것을 발견해 낸다. 그러나 구체적 조작기 아동은 비체계적으로 실험을 하며 두 가지 또는 세 가지 요인을 동시에 변화시키기 때문에 관계된 요인을 찾아내지 못한다.

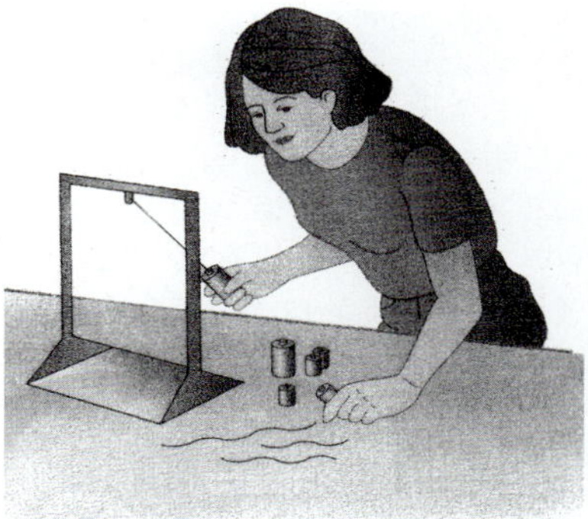

출처: Berk(2006).

[그림 6-5] 진자과제

다. 명제적 사고

형식적 조작기 사고의 또 다른 특징은 명제적 사고(propositional thought)이다. 청소년은 현실 세계의 상황을 고려하지 않고도 명제의 논리(언어적 진술)를 평가할 수 있지만, 아동은 현실 세계에서 찾을 수 있는 구체적인 증거에 근거해서만 명제의 논리를 평가할 수 있다. 가령, 아동과 청소년에게 포커칩을 보여주고 이 칩에 관한 진술이 진실이지, 거짓인지, 혹은 불확실한지를 물어볼 때 연구자는 칩을 손에 숨기고 다음과 같은 명제를 제시하였다. "내 손의 칩 중 하나는 초록색이거나 초록색이 아니다.", "내 손에 있는 칩은 초록색이면서 초록색이 아니다." 또 다른 상황에서 연구자는 붉거나 푸른색의 칩을 손에 잡고 같은 명제를 언급하였다. 이와 같은 실험에 학령기 아동은 포커칩의 구체적인 속성에 집중하여 시야에서 없어지면 두 진술에 대해 불확실하다고 응답하였다. 포커칩이 보이면 초록색일 경우 아동들은 두 진술문 모두 진실이고, 빨간색일 때 틀렸다고 판단하였다. 그러나 청소년은 진술문의 논리성을 분석하였고, 그들은 포커칩의 색에 상관없이 '그들 중의 하나(either-or)'라는 진술문은 항상 진실이고 '그리고(and)' 진술문은 항상 거짓임을 이해하였다(Berk, 2006).

〈표 6-3〉 아동중기와 청소년기의 인지능력

연령	인지능력
아동중기 7~11세	• 전환적 추론을 포함한 Piaget의 보존개념, 유목 포함, 서열화가 점진적으로 숙달되는 것에서 알 수 있듯이, 구체적인 정보에 대해 더 조직되고 논리적인 방식으로 사고한다. • 명확한 방향을 제시하고 잘 조직화된 인지적 지도(map)를 구성하는 능력에서 볼 수 있듯이 더 효율적인 공간 추론을 한다.
청소년기 11~18세	• 가설-연역적 추론과 명제적 사고에 대한 많은 기회가 제공되는 상황에서 추상적으로 판단한다. • 실재를 반박하는 명제에 대해 추론이 가능해지면서 명제적 사고의 논리적 필요성을 파악한다. • 상상적 청중과 개인적 신화를 보여주나 점차 감소한다. • 의사결정 전략이 향상된다.

출처: Berk(2006).

(5) 교육적 시사점

Piaget는 특별히 유아기와 아동 중기 동안의 교육에 큰 영향을 미쳤다. Piaget 이론에서부터 파생된 원리들이 교사훈련과 교육실제에 계속해서 상당한 영향을 미쳐왔다(Berk, 2006).

Piaget는 영유아를 능동적인 학습자로 보았기 때문에 스스로 지적 갈등을 일으키면서 스스로 실험하고 발견하는 과정에서 지식을 구성해 나간다고 하였다. 그러므로 Piaget 이론을 적용하는 교실에서 영유아들은 환경과의 자발적인 상호작용을 통해 스스로 무엇인가를 발견하도록 고무하며, 교사는 단순히 기존지식을 말로 전달하는 대신에 탐색을 끌어내도록 계획된 풍부하고 다양한 활동을 제공해야 한다.

Piaget 이론을 적용하는 교실은 영유아의 발달을 가속하려고 노력하지 않고 적절한 학습경험이 영유아의 현재 사고에 기초하여 이루어져야 한다고 믿었다. 교사는 영유아들이 새롭게 발견한 도식을 연습하도록 하고 세상을 보는 부정확한 그들의 방식에 도전이 될 만한 경험을 소개하면서 영유아들을 지켜보고 귀를 기울인다.

Piaget 이론은 모든 영유아가 속도의 차이는 있지만 똑같은 순서로 발달이 진행된다고 가정한다. 그러므로 교사들은 전체 학급을 위해서보다는 개인과 소그룹을 위한 활동을 계획해야 하며, 영유아 각각에 대하여 이전의 발달 수준과 비교하여 교육적인 진전 여부를 평가해야 한다.

(6) 평가

Piaget가 영유아발달 분야에 이바지한 공헌은 다른 어떤 이론가보다 크다. 그는 영유아를 자신에 발달에 적극적으로 기여하는 호기심 많은 지식 추구자로 보는 관점을 심리학자와 교육학자들에게 인식시켰다. 더욱이 Piaget는 발달과정을 단순히 묘사하지 않고 설명한 이론가 중의 하나이며 그의 선구자적인 노력으로 인하여 인지적 변화의 기제에 중점을 둔 개념이 널리 알려지게 된 것이다. Piaget의 이론은 어떤 측면에서 오류가 있긴 하나 인지발달의 많은 측면에서 유용한 길잡이가 되었다. 그의 전조작기, 구체적 조작기, 형식적 조작기 사고의 이정표들은 정서, 사회, 도덕성 발달을 이해하는 데 상당한 도움을 준다(Berk, 2006).

그러나 Piaget의 이론이 갖는 여러 문제점이 지적됐는데, 먼저, 인지발달이 단계적으로 일어나는가에 대한 것이다. 오늘날 많은 연구자는 인지발달의 단계가 Piaget가 주장한 것처럼 그렇게 명확하게 구분되는 것이 아님을 밝히고 있다. 즉, 많은 인지적 변화가 서서히 진척되고 일부의 능력이 어떤 시기에는 없다가 다른 시기에 갑자기 나타난다. 또한 인지적 평형화의 기간은 거의 존재하지 않는 대신 영유아는 끊임없이 구조를 변경하고 새로운 기술을 습득한다.

Piaget는 영아와 유아의 인지능력을 과소평가하였고 청소년들의 지적 능력을 과대평가하였다. 연구결과는 영아와 유아가 Piaget가 생각한 것보다는 더 많은 능력이 있다는 것을 보여준다. 즉, 영아와 유아에게 친숙하고 더 적절한 경험을 기초로 한 단순화된 과제를 주었을 때 훨씬 많은 능력이 관찰되고 있다. 그리고 청소년들도 Piaget가 믿었던 만큼 형식적 조작을 잘하지 못하고 문제를 해결하는 방식도 덜 섬세하였다(곽금주 외, 2006).

또한 Piaget의 이론은 인지발달에 대한 사회문화적 영향력을 과소평가하였다. 영유아는 주변 세계에 대한 지식을 구성하는 방식에 영향을 주는 다양한 사회문화적 맥락에서 살고, 영유아가 세상을 탐색하는 과정은 혼자서가 아닌 사회적 상호작용의 과정이다. 즉, 영유아가 구성해 가는 환경에 대한 지식은 가족 구성원, 또래 그리고 교사에 의하여 상당히 영향을 받는다. 물론 Piaget가 이러한 사회문화적 요인을 전혀 고려하지 않은 것은 아니나 그의 이론에서 주요한 부분이 아닌 것은 분명하다(권민균 외, 2008).

2 Vygotsky 이론

1) 생애

Vygotsky(1896~1934)는 Piaget와 같은 해에 태어났다. 어린 시절 학교에 가지 않고 몇 년 동안 가정교사에게서 받은 소크라테스의 문답법에 기초한 교육방법은 그의 직관적 사고를 일깨우는 데 큰 영향을 미쳤다고 한다. 유대인 학교에서 중등교육을 받은 Vygotsky는 친구들 사이에서 철학, 문학, 역사, 예술 과목의 주요 주제들에 관한 토론을 자주 이끌어 꼬마 교수로 불리었다.

Vygotsky는 부모가 원했던 의학 공부를 하다가 법학으로 전공을 바꿔 모스크바 대학에서 법학사 학위를 받았다. 모스크바 대학에 다니는 동안 비공식 교육기관인 Shanyavskii 대학에도 다니면서 그의 지대한 관심 분야였던 역사와 철학을 전공했고 문학, 심리학, 예술을 공부하였다. 졸업 후 1917년, 자신의 아동기와 청년기를 보냈던 Gomel로 돌아와 학교에서 문학과 예술, 미학 등을 강의하였으며 Gomel 사범대학에서 심리학 실험실을 조직하면서 본격적으로 심리학자로서의 경력을 쌓기 시작하였다. Vygotsky는 러시아어, 독일어, 히브리어, 불어, 라틴어, 그리스어, 에스페란토어에 이르기까지 8개 국어를 할 수 있어 미국을 비롯한 유럽 국가들에서 나온 철학, 심리학, 교육학, 희곡, 문학 등에 대해 폭넓은 독서를 할 수 있었다.

Vygotsky는 『고등정신 기능의 발달사』, 『심리학 강의』, 『학령기의 인지발달과 교수문제』 등 180여 편의 논문과 책을 저술하였다. 생을 마감한 마지막 달에조차 속기사에게 마지막 장을 받아 적게 한 『사고와 언어』는 그가 사망한 후에 출판되었다(한순미, 2000).

2) Vygotsky의 인지발달 이론

Vygotsky 역시 영유아가 적극적으로 자신의 지식을 구성한다고 믿었으나 Piaget보다 사회적인 상호작용과 문화를 더 강조하였다. Vygotsky는 영유아발달을 사회적이고 문화적인 활동들로부터 분리할 수 없다고 하였다.

(1) 언어와 사고 발달

한 문화 속에서 사고기능을 이해하기 위해서는 도구의 중요성을 강조하였다. 언어는 모든 인간문화에서 볼 수 있으며 각 구성원이 사고하기 위해 사용하는 정신적 도구로, 일차적인 기능을 의사소통하는 것으로 보았다. 영유아의 초기 언어는 근본적으로 사회적이라고 주장한다. 즉, 영유아는 사회와 상호작용한 상황에서 언어를 발달시킨다(권민균 외, 2005).

사고와 언어와의 관계에서 Vygotsky는 여러 나라의 심리학자와 문화인류학자의 사고와 언어에 관한 연구를 분석하고 러시아의 영유아와 청소년, 성인들을 대상으로 사고와 언어에 관한 연구를 하였는데 생애 초기에는 사고와 언어가 각각 발달한다고 하여 독립적이라고 하였다. 즉 사고와 언어는 마치 서로 접하지 않은 두 개의 원과 같은데, [그림 6-6]에서 보듯이 하나의 원은 비언어적 사고를 다른 원은 비개념적 언어를 나타낸다. 영유아가 성장함에 따라 이 두 개의 원은 서로 만나 중복된다. 두 원의 중복된 부분이 언어적 사고를 나타내는데, 이것은 영유아가 언어 개념을 획득하게 되었다는 것을 의미한다. 개념이란 어떤 구체적인 사물을 표현하는 것이 아니라 여러 가지 다양한 사물이 갖는 보편적인 특성을 나타내는 추상적 개념을 말한다. 영유아가 발달함에 따라 두 개의 원은 겹치는 부분이 점점 넓어지지만, 결코 완전히 겹쳐지지 않으며 비언어적 사고와 비개념적 언어가 차지하는 부분이 여전히 남아 있다. 그리고 Vygotsky는 개념적 사고 수준은 단순히 내적 성숙의 결과로 영유아가 습득하는 것이 아니라 언어를 통한 공식적, 비공식적 교육이 영유아의 개념적 사고 수준에 매우 큰 영향을 미친다고 믿었다(정옥분, 2003).

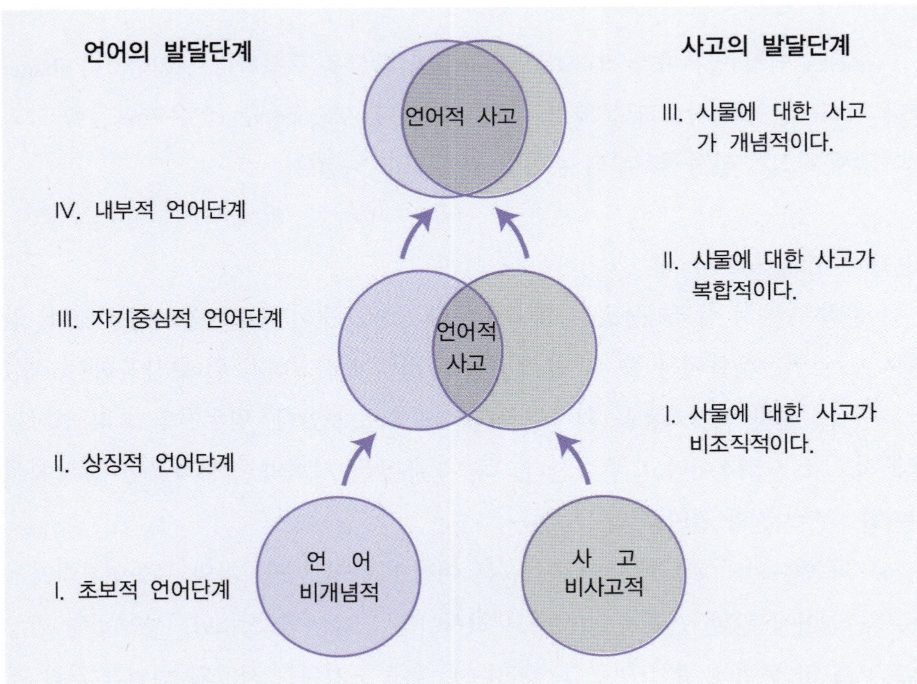

출처: Thomas(2001).

[그림 6-6] 사고와 언어발달에 대한 Vygotsky의 견해

(2) 혼잣말

Vygotsky는 어린 영유아가 사회적 의사소통을 목적으로뿐만 아니라 자기 행동을 계획, 조정, 감시하기 위해서도 언어를 사용한다고 하였으며 이런 방식의 언어를 내적 언어 혹은 혼잣말이라고 한다. 유아는 일상생활을 하면서 마치 생중계를 하는 아나운서인 양 자기 자신에게 혼잣말하는 것을 볼 수 있다. 예를 들어, 4세 유아가 혼자 퍼즐을 하고 있는데, 빨간 조각은 어디에 있지? 빨간 조각이 필요해. 이건 파랑이야, 이건 맞지 않아, 여기에 끼워볼까? 라고 말하는 것 등이다.

Vygotsky에 따르면 학령 전 유아의 혼잣말은 특정 맥락에서 더 자주 발생한다. 즉, 유아가 문제를 해결하려 하거나 중요한 목표를 달성하려고 할 때 혼잣말을 많이 하며 유아는 과제가 어렵거나 실수를 한 후에 그리고 어떻게 진행해야 하는지 혼란스러울 때 혼잣말을 더 많이 사용한다. 그래서 Vygotsky는 유아의 비사회적인 언어가 자기중심인 것이 아니라 의사소통적이라는 결론을 내렸다. 즉, 유아가 책략을 계획하고 자신의 행동을 조정함으로써 목표를 달성할 가능성을 높여주는 것이 바로 이 혼잣말 혹은 사적 언어이다.

Piaget는 혼잣말을 자기중심적이고 미성숙한 것이라고 믿었으나 Vygotsky는 혼잣말이 아동기 초기 사고에서 중요한 역할을 하는 것으로 보았기 때문에 Piaget의 생각을 강하게 반대하였다. 혼잣말은 나이가 증가함에 따라 없어지는데 이것은 속삭임과 조용한 입술 움직임으로 변한다. 연구에 의하면, 어려운 과제를 하는 동안 혼잣말을 자유롭게 사용하는 유아는 주의집중과 몰두를 더 잘하고 수행에서 높은 진전을 보여준다(Berk & Spuhl, 1995).

(3) 근접발달영역

Vygotsky는 유아의 학습이 근접발달영역에서 일어난다고 믿었다. 근접발달영역(zone of proximal development)은 유아 혼자서 하기에는 어렵지만, 성인이나 유능한 또래들의 도움으로는 가능한 과제의 범위를 말한다. 근접발달영역은 실제적 발달 수준과 잠재적 발달 수준의 중간 영역으로 근접발달영역의 개념은 비록 두 유아가 도움 없이 혼자 힘으로 해결할 수 있는 수준이 비슷하다고 하지만 도움을 받고 문제를 해결할 능력이 향상하면 할수록 근접발달영역이 더 넓어진다는 것이다(권민균 외, 2005).

아래에 제시된 예를 살펴보자. 한 3세 유아가 어려운 퍼즐을 맞추도록 엄마가 도움을 주고 있는데, 엄마는 유아가 다룰 수 있을 만큼의 난이도 수준에서 질문을 하며 격려하고 전략을 제시한다. 즉 그 유아의 근접발달영역에서 퍼즐을 계속하도록 도움을 제공한다(Berk, 2006).

세미 : 나는 이 퍼즐을 안에다 넣을 수 없어. [퍼즐을 틀린 곳에 끼우려고 한다.]
엄마 : 어느 조각이 여기에 맞을까? [퍼즐의 밑 부분을 가리킨다.]
세미 : 신발! [피에로의 신발과 유사한 퍼즐조각을 쳐다보지만 틀린 것을 시도한다.]
엄마 : 글쎄, 이 모양과 비슷한 것은 어느 조각일까? [퍼즐의 밑부분을 다시 가리킨다.]
세미 : 갈색이요. [그것을 맞추어 본다. 그 조각이 꼭 맞는다. 그다음에 다른 조각을 시도하고 엄마를 바라본다.]
엄마 : 그것을 약간 돌려 볼까? [세미에게 손짓으로 보여준다.]
세미 : 맞았다! [엄마가 보는 동안 퍼즐 몇 조각을 끼워 넣는다.]

(4) 비계

근접발달영역과 밀접하게 관련된 개념이 비계(scaffolding)이다. 비계란 유아가 자신의 힘으로 문제를 해결할 수 있도록 성인이나 유능한 또래가 도움을 제공한 것을 의미한다. 비계는 건축학에서 빌려온 용어로서 건물을 지을 때 발판을 사용하다가 건물이 완성되면 제거해 버리는 구조물을 말한다.

유아가 과제를 어떻게 해야 할지 잘 알지 못할 때 성인은 그 유아가 과제를 해결할 수 있는 단위로 쪼개거나 전략을 제시해 주며, 유아의 능력이 향상되면 비계를 주는 성인은 점차적으로 도와주는 일을 그만두고 유아에게 책임을 맡긴다. 이처럼 아동이 과제를 수행하는 데 도움을 주다가 유아가 혼자서 문제를 해결할 수 있게 되면 비계는 더는 필요가 없게 된다.

비계는 즉각적인 문제해결뿐만 아니라 장기적인 안목에서 유아가 스스로 문제를 해결하는 데 필요한 기술을 가르치는 데에도 효율적인 것으로 보인다. 즉, 비계는 구체적인 문제해결뿐만 아니라 유아의 전반적 인지발달에 도움이 된다(정옥분, 2003).

3) 교육적 시사점

Vygotsky는 사회적 맥락과 협력의 중요성을 강조한 새로운 교수와 학습을 제시한다. 유아기 동안 Vygotsky의 교육적 메시지는 유아의 근접발달영역 내에서 사회적으로 의미 있는 활동과 가장놀이의 기회를 풍부하게 제공하는 것이다. 이것은 후에 학업을 위해 요구되는 자기훈련(self-discipline)을 촉진하는 궁극적인 수단이 된다.

Vygotsky는 유아의 현재 발달 수준에 근거하여 유아를 평가하지 않고 근접발달영역을 제공하여 유능한 또래나 교사와의 상호작용을 통하여 유아의 잠재능력을 발휘하도록 도와주었다. 자신의 현재 능력으로 해결할 수 있는 과제를 부여하지만 동시에 성인이나 교사의 도움을 받아 과제를 해결할 수 있도록 도와준다(권민균 외, 2005).

Vygotsky는 유아의 학습성취도를 평가하기 위해 형식적이고 표준화된 시험을 치는 것을 최상의 방법이라고 생각하지 않고 그보다는 유아의 근접발달영역을 측정하는 데 중점을 두어야 한다고 주장하였다. 유능한 조력자는 유아에게 어느 수준에서부터 가르쳐야 할지를 결정하기 위해 다양한 난이도를 가진 여러 과제를 제시한다. 근접발달영역은 학습잠재력을 나타내는데 IQ 역시 학습잠재력을 나타내는 수치이기는 하지만 지능은 유아가 '가진' 특성이라는 점을 강조하는 반면, 근접발달영역은 학습이 인간관계에서 이루어지는 것이라는 점을 강조한다(곽금주 외, 2006).

4) 평가

Vygotsky는 다른 학자들이 간과하였던 사회적 과정의 중요성을 강조함으로써 인지발달에 새로운 견해를 제공하였다(Berk, 2006). Vygotsky는 보편적인 인지 변화를 강조하였던 Piaget와 달리, 인지발달 과정에서 사회문화적 경험을 중요하게 생각함으로써 인지 기술이 문화적으로 상당한 차이가 있음을 알려준다. 유아가 속한 문화가 어떤 문화인가에 따라서 유아의 경험이 달라지므로 문화별로 인지발달 과정이 다양해진다고 주장하였다. 동시에 Vygotsky의 이론은 인지발달에서 교수의 역할을 강조하였다. 부모와 교사, 유능한 또래가 유아에게 관여하면 유아의 사고를 더 크게 진전시킬 수 있다고 하였다.

Vygotsky 이론에 대한 비판도 제기되었다. Vygotsky가 고등인지 과정의 발달에 다양한 상징체계의 역할을 인정하였더라도 그는 언어를 가장 중요한 것으로 보았으나 어떤 문화권에서는 유아가 배우는 과정에서 언어가 유일한 수단이나 혹은 가장 중요한 수단은 아니다. 학업과 문해를 덜 강조하는 문화권에서의 부모는 유아들이 예리한 관찰과 지역사회의 활동에 참여하여 새로운 기술을 습득하기를 기대한다(Rogoff, 2003).

또한 인지발달에 사회문화적인 영향력에 중점을 두면서 유아의 인지에 미치는 생물학적인 영향을 거의 언급하지 않았다. 가령, Vygotsky의 이론은 기초적인 운동, 감각, 기억, 문제해결 능력이 유아의 사회적 경험의 변화를 어떻게 야기하는지를 다루지 않았으며 유아가 자신의 정신적인 기능을 진전시키기 위하여 사회적 경험을 어떻게 내면화하는지도 알려주지 않았다.

3 정보처리 이론

앞에서 보았듯이 Piaget 이론에 대한 비판 중의 하나는 동화, 조절, 평형화와 같은 인지 변화의 메커니즘이 모호하고 이를 과학적으로 연구하기에 어려움이 있다는 것이었다. 그래서 인지변화의 메커니즘을 규명하는 것이 영유아발달 학자들의 최우선 과제였고 이러한 노력은 컴퓨터의 작동방식을 인간의 사고과정을 이해하는 데 비유하는 형태로 1960년대부터 시작되었다. 컴퓨터의 체계가 하드웨어와

소프트웨어로 구성되어 있듯이 정보처리 이론은 인간의 인지 작용을 정신 하드웨어와 정신 소프트웨어의 작동으로 이루어진다고 보는 견해이다. 인간의 뇌와 신경계는 하드웨어 역할을 하고 문제해결을 위한 계획이나 책략 등은 소프트웨어 역할을 하는 것으로 간주하였다.

정보처리 이론은 일상적인 생활 속에서 사람들이 어떠한 자극에 주의를 집중하고 기억하고 이해하고 문제를 해결하는가에 관해 연구하여 인간의 정신을 분석한다. 정보처리 접근에 의하면 영유아는 정보를 처리하는 용량이 점차 증가하는데 이것은 영유아가 더 복잡한 지식과 기술을 획득하도록 해준다.

1) 정보처리의 일반모형

정보처리 이론가들은 정신을 컴퓨터처럼 처리하는 복잡한 상징-조작 체계로 보는 관점을 가지고 있다. 환경에 대한 정보는 부호화(encoding), 저장(storage), 인출(retrieval)의 세 가지 기본적인 과정을 거쳐 처리한다.

부호화는 정보를 나중에 필요할 때 잘 기억해 낼 수 있는 형태로 기록하는 과정이다. 부호화 과정에서는 여러 가지 자극을 우리가 기억할 수 있도록 시각, 청각, 촉각 등의 방법으로 부호화하게 된다.

정보를 부호화한 뒤에는 그 정보를 보유하고 저장해야 한다. 저장은 정보를 기억 속에 쌓아두는 과정으로 감각기억, 단기기억, 그리고 장기기억으로 구분된다. 감각기억(sensory memory)이란 2초 정도의 짧은 순간에만 저장되는 것으로, 분석되지 않은 원래 상태의 정보가 저장되는 곳이다. 감각기억에 담긴 정보는 단기기억이나 장기기억으로 바뀌지 않으면 곧 사라지고 마는데, 영유아는 메아리와 같은 짧은 시간 동안 소리에 대한 감각기억을 가지고 있다. 그러나 시각적 이미지에 대한 영유아의 감각기억은 약 1/4~1초 동안 유지된다.

단기기억(short-term memory)이란 제한된 용량의 기억체계로, 정보가 책략을 이용하지 않는 한 30초 정도만 정보를 보유한다. 감각기억과 비교해 볼 때 단기기억은 용량이 제한되어 있지만 비교적 더 길게 정보를 저장할 수 있다. 일반적으로 학교에서 단기기억 폭이 큰 아동들은 같은 나이의 기억폭이 작은 아동들보다 학업수행이 뛰어나다(Siegler, 1998). 장기기억(long-term memory)은 컴퓨터의 프로그램과 데이터를 반영구적으로 저장하는 하드디스크 드라이브와 같다. 즉, 장기기억은 영구적으로 오랜 시간 많은 양의 정보를 가지고 있는 기억형태이다. 장기기억에 저장된 정보는 접근이 어려울 수는 있어도 완전히 손실될 수가 없다는 것이 정보처리 이론가들의 견해이다.

인출은 저장된 정보를 필요한 때에 꺼내는 과정을 말한다. 기억된 정보를 얼마나 쉽게 인출할 수 있는가는 기억재료들이 얼마나 체계적으로 잘 저장되어 있는가에 달렸다(곽금주 외, 2006; 정옥분, 2003).

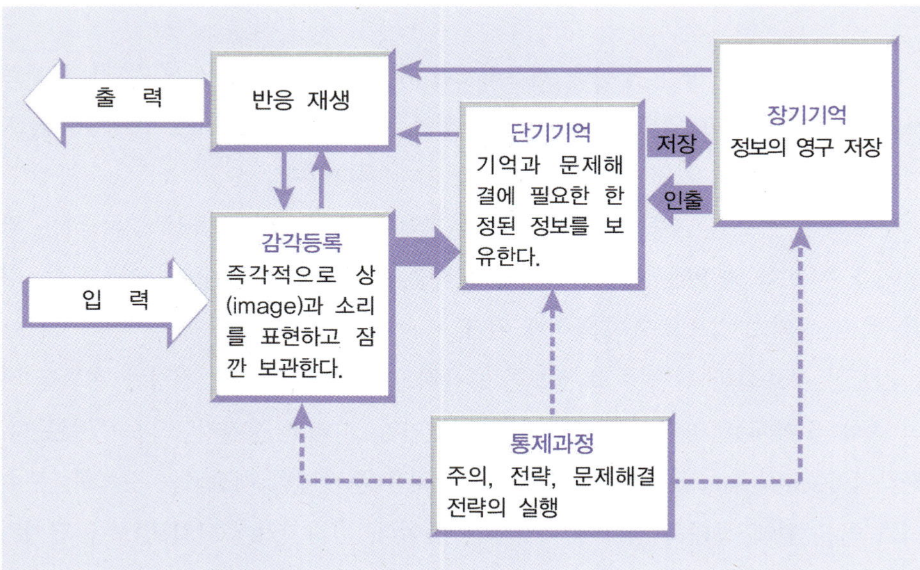

출처: Atkinson & Shiffrin(1968).

[그림 6-7] 정보처리 모델

2) 기억발달

기억은 오랜 시간 동안 정보를 보유하는 것이고 부호화, 저장, 인출을 포함한다. 부호화는 정보를 기억 속에 집어넣는 기제이고 저장은 오랜 시간 동안 정보를 보유하는 것이다. 인출은 정보를 저장고에서 꺼낼 때 일어난다.

영유아는 정보처리 기술의 발달로 인해 더 효율적으로 학습할 수 있으며 복잡한 개념을 이해하고 경험을 더 많이 기억할 수 있게 된다. 또 기억된 정보를 적절히 인출하여 사용할 수 있음으로써 문제해결 등 고등정신 활동을 할 수 있게 된다.

(1) 기억용량의 증가

기억용량이 증가한다는 것은 정보를 저장할 수 있는 공간이 증가하는 것을 의미한다. 기억공간에는 감각기억, 단기기억, 장기기억이 있으며 일시적인 기억 저장소인 감각기억과 무제한적이며 장기간 정보를 보유할 수 있는 장기기억은 나이에 따른 변화가 거의 없는 것으로 보이기 때문에 기억용량의 증가는 단기기억 용량의 증가를 의미한다(Bjorklund, 1995).

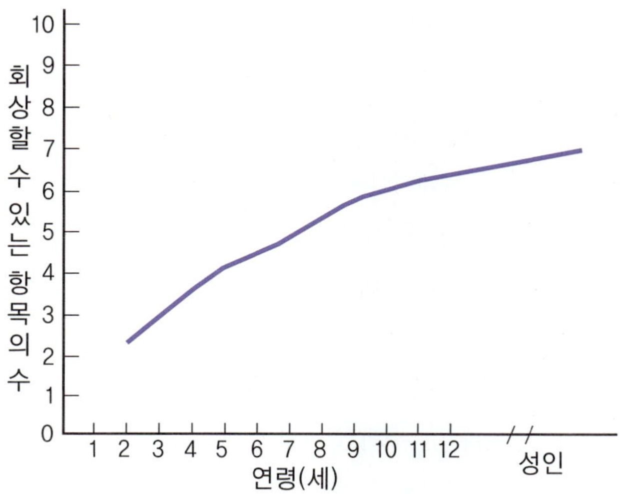

출처: 정옥분(2005).

[그림 6-8] 기억폭의 발달적 변화

단기기억의 용량은 나이에 따라 증가한다. 단기기억의 용량은 기억폭 과제로 측정한다. 기억폭은 서로 관련이 없는 항목들을 빨리 제시하여 몇 개까지 정확한 순서대로 기억할 수 있는지를 말한다. [그림 6-8]에서 보듯이 기억폭은 아동기 동안 증가하는데, 5세 유아의 기억폭이 4~5개라면, 9세 아동은 6개, 성인은 7~8개로 증가한다. 나이에 따른 기억폭의 증가에 대해 Case(1985)는 조작효율성 가설로 설명한다. 즉, 기존에 알았던 지식이 연결되면서 정보를 처리하는 속도가 빨라지고 점점 효율적으로 되기 때문에 조작공간을 덜 필요로 하고 저장공간이 점점 증가한다고 한다(Case, 1985). 어렸을 때는 많은 시간과 노력을 필요했던 정보처리 기술이 나이가 들면서 자동화되어 시간과 노력을 적게 들이고도 쉽게 답을 얻을 수 있게 된다(정옥분, 2003).

(2) 기억전략의 발달

기억전략은 기억을 보다 효율적으로 하려고 위해 의도적으로 하는 활동을 의미한다. 기억을 저장하는 책략은 주의집중, 암송, 조직화, 정교화가 있고 기억을 인출할 때는 회상과 재인의 전략이 필요하다.

가. 주의집중

어떤 정보를 기억하기 위해서는 먼저 그 정보에 주의를 기울여야 한다. 주의는 인간 사고의 기저라고 부르는데 이는 주의가 특정 과제에서 고려할 정보를 결정하기 때문이다. 걸음마기 아동들은 집중을 잘하지 못하며 한 행동에서 다른 행동으로 주의가 쉽게 전환되고 어떤 한 대상이나 사건에 초점을 맞추고 긴 시간을 보내기가 어렵지만, 취학 전 유아는 30분 동안 텔레비전을 보는 것이 가능하다. 주의집중 능력은 중추신경계의 성숙으로 아동기에 많이 증가한다. 아동기에 주의집중 능력이 향상하는 다른 이유는 주의집중에 필요한 효율적인 전략을 사용하기 때문이다. 과제수행과 무관한 자극은 무시하고 관련된 자극에만 주의를 집중하는 선택적 주의를 하게 되고 상황에 따라 융통성 있게 주의집중을 하며 행동에 앞서 먼저 계획을 세우는 등의 주의전략을 사용한다(정옥분, 2003).

나. 시연

새로운 정보를 유지하기 위해 간단하지만 가장 효과적으로 사용하는 책략이 시연(rehearsal)이다. 즉, 시연은 기억 속에 정보를 오래 머무르게 하려면 정보를 계속해서 의식적으로 반복하는 것이다. 시연으로 기억 속에 많은 정보를 저장할 수는 없지만 좀 더 오랫동안 정보를 유지할 수 있다. 시연으로 오랫동안 정보를 보유하지 못하는 이유는 시연이 어떤 의미 있는 것을 전달하기보다는 기계적인 반복적 암기에 그치기 때문이다. 기억을 의미 있는 방식으로 구성할 때 더 잘 기억할 수 있다. 한 연구(Guttemtag, Omstein, & Siemans, 1987)에 의하면, 나이가 많은 아동이 나이가 적은 아동에 비해 더 효과적으로 시연을 한다고 한다. 만약 한 번에 하나씩 제시되는 단어의 목록을 회상하라고 요구하면 5~8세 아동들은 각 단어를 한 번씩 시연한다. 그러나 12세 아동들은 처음에 제시된 항목들을 계속 반복하면서 새로운 단어를 추가하여 단어의 군집을 시연한다(송길연 외, 2005).

다. 조직화

조직화란 기억하는 정보를 서로 관련이 있는 것끼리 묶어 범주나 집단으로 분류함으로써 기억의 효율성을 높이려는 전략이다. 예를 들어, 자동차, 기차, 포도, 말, 오렌지 등을 기억하라고 할 때, 자동차와 기차는 탈것의 범주, 포도와 오렌지는 음식 범주로 분류한 다음 암송한다.

조직화는 상위 개념과 하위 개념에 대한 이해를 전제로 해서 시연보다 늦게 나타난다. 5, 6세 유아들은 9, 10세 아동들보다 조직화를 적게 사용한다. 한 연구(Moely et al., 1969)에서 아동들에게 옷, 가구, 동물, 탈것 등 네 범주의 사진을 보여준 후에 이 그림을 공부하고 나중에 무엇이 있었는지 이름을 이야기해달라고 하면서 그림들을 잘 기억하기 위해 그림의 위치를 움직일 수 있다고 말해 주었다. 10, 11살 아동들은 그림들을 관련이 있는 것끼리 조직화하였으나 어린 아동들은 그렇게 하지 못했다. 그러나 어린 아동들도 간단한 훈련을 통해 조직화하는 책략을 사용할 수 있었고 그에 따라 기억이 향상되었다(곽금주 외, 2006).

라. 정교화

아동 중기 말이 되면 기억전략인 정교화를 사용한다. 정교화는 서로 관계가 없는 정보 간에, 즉 범주화가 쉽지 않은 두 정보에 관계를 설정해 주는 것이다. 가령, 학습할 두 단어가 물고기와 파이프라면 "물고기는 파이프를 핀다."와 같은 언어적 진술이나 심상(정신적 상)을 만드는 것이다. 정교화는 고도의 효과적 기억기술로써 가장 늦게 발달한다. 정교화 전략을 사용하기 위해서는 그 항목들을 이미지로 번역하고 그들 사이의 관계를 생각할 수 있어야만 한다. 따라서 11세 이전의 아동들에게 정교화 방법을 가르치는 것은 거의 불가능하다(Schneider & Pressley, 1997). 그리고 유아기 아동들은 여러 종류의 지식을 풍부하게 가지고 있지 않기 때문에 정교화 전략을 사용하여 새로운 정보를 기존지식과 연결하는 것이 어렵다(권민균 외, 2005).

마. 인출전략

인출전략은 저장된 정보 중에서 필요한 정보를 찾으려 할 때 사용하는 방법을 말한다. 저장된 정보를 인출하는 데에도 적절한 전략이 필요한데 회상(recall)과 재인(recognition)을 통해 기억으로부터 정보를 인출할 수 있다.

재인은 어떤 자극이 이전에 경험하였던 자극과 동일하거나 유사한 것임을 알게 되는 기억을 말하며 특정한 사물, 그 자체가 인출 단서로 존재하기 때문에 가장 단순한 인출방식이다. 반면 회상은 특별한 단서 없이 이전에 본 물건이나 사건을 기억해 내는 것을 의미한다. 재인은 몇 개의 사물을 보여준 다음 감추고, 처음에 보여주지 않았던 사물들을 포함해서 보여주면서 이전에 보았던 물건들과 처음 보는 물건들이 어떤 것들인지 물어봄으로써 측정한다. 반면, 회상은 사물들을 보여주고 감춘 후, 이전에 보았던 사물들이 어떤 것이었는지를 말하도록 함으로써 측정한다(최경숙, 2006). 회상은 재인보다 더 늦게 발달하는데, 이는 회상하기 위해서는 부재한 자극의 정신적 이미지를 생성할 수 있어야 하므로 재인보다 더 이후에 발달한다.

4 평가

정보처리 이론은 인간의 인지과정을 컴퓨터와 비교함으로써 인간의 복잡한 사고과정을 가시화하였다. 정보처리 이론은 영유아의 인지과정 중 Piaget가 강조하지 않았던 주의집중, 기억, 상위 인지가 왜 나이의 증가와 함께 변화하는지 그리고 이 과정들이 어떻게 영유아의 사고에 영향을 주는지를 상세히 설명하고 있다. 또한 문제해결이나 사고과정에 있어서 개인차를 설명할 수 있고 각 개인에게 알맞은 교수방법을 제공해 줄 수 있게 되었지만 이러한 분명한 장점에도 불구하고 정보처리 이론은 몇 가지 단점을 가진다.

상상력과 창의성과 같은 논리적이지 못한 인지 측면을 간과하였다. 인간과 컴퓨터는 복잡한 조작을 하고 수행하는 유사한 측면은 있지만, 인간은 컴퓨터가 아니다. 또한 정보처리 이론은 과제의 처리 기제나 과정에 초점을 맞추었을 뿐 그 과정이 일어나는 맥락을 소홀히 하였다. 게다가 컴퓨터는 감정, 욕구, 흥미, 의도를 가지지 않고 유아가 부모, 교사, 또래들과 학습할 때처럼 타인과의 상호작용하지 않는다는 것이다.

CHAPTER 7

지능과 창의성

지능은 주로 IQ라는 척도로 아동기 이후에 측정되어 왔으나, 최근에는 지능측정의 방법과 대상이 다양해졌으며 영유아기의 인지적 발달특성을 반영한 측정이 이루어지고 있다. 지적 발달의 영역도 넓은 범위를 수용하여, 확장된 지적 능력의 개념에는 창의성이 포함되며, 현대에는 유아의 지적 능력 중 중요한 부분으로 창의성이 꼽히고 있다. 본 장에서는 영유아의 지능과 창의성이 어떠한 개념이며, 어떻게 측정될 수 있는지, 또한 어떠한 요인의 영향을 받는지 살펴본다.

1 지능의 측정

영유아기 지능을 측정하는 방법에 대해서는 탐색과 논의가 지속되어 왔다. 영유아기의 지능은 이후 발달적 결과를 예측하는 지표로서 의미를 지니므로, 영아기 지능측정은 영역별 발달특성을 파악해 양육과정에서 제공해야 할 적절한 환경을 준비할 수 있도록 도움을 주며, 또한 지적 발달과정에서 장애를 갖는 영유아를 알아내어 조기중재를 준비할 수 있도록 도움을 주기도 한다. 영아기와 유아기에는 아동기와 질적으로 다른 인지적 발달특성이 있으므로 측정해야 할 영역이 다르다는 문제가 있으며, 또한 문자 해독능력의 제한으로 인해 아동기의 지능측정과 다르게 이루어지며, 대표적인 측정은 다음과 같다.

1) 아동기 지능(IQ)의 초기측정

IQ는 아동기 이후의 발달단계에 주로 사용되는 지능 측정도구이지만, 지능측정의 초보적인 이해를 돕기 위해 소개할 필요가 있는 도구이다. 지능측정의 대명사로 알려진 IQ 검사는 1905년 프랑스 정부가 학교에서 주어진 과업을 소화하기 힘든 아동을 구별하기 위한 실용적인 목적으로 Binet와 Simon에게 의뢰하여 만들어졌다. 처음의 목적이 학교에서 뒤처진 아동을 구별하기 위한 것이었으므로 초기 IQ 검사는 학교과제와 유사하게 어휘력이나 수학적 추론능력을 측정하였다. 이후 미국의 스탠포드 대학의 Terman과 동료학자들이 다소 수정한 검사를 만들었고 이를 Stanford-Binet 검사라고 한다. IQ 검사는 다음의 공식을 통해 IQ 점수를 산출하였다.

$$\frac{\text{정신연령}}{\text{생활연령}} \times 100$$

이 공식에 의해 IQ 점수가 산출되면, 아동의 지능이 상대적으로 어떠한지를 파악할 수 있다. IQ 점수의 분포는 100을 기준으로 판단된다. 즉, 평균 100을 기준으로 아동의 정신연령이 실제 연령보다 높으면 IQ가 100 이상이 되고, 아동의 정신연령이 실제연령보다 낮으면 IQ는 100 이하가 된다. 현재는 사용하지 않는 기준이나, IQ 검사의 의미를 이해할 수 있는 기준이다.

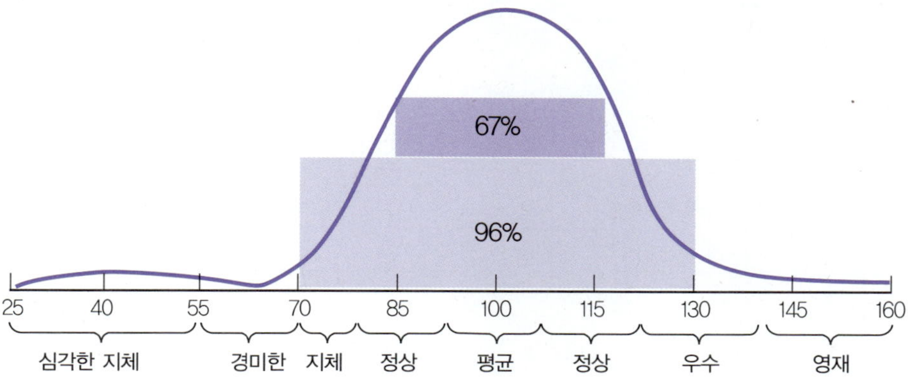

출처: Bee & Boyd(2004).

[그림 7-1] IQ 검사 점수

(1) Bayley 영아발달 척도(Bayley Scales of Infant Development)

Stanford-Binet 검사와 WISC-III 검사 등의 대표적인 지능검사는 3세 이하의 어린 유아에게는 사용하지 않는다. 영유아는 말로 의사표현을 잘하지 못하는데, 이 검사들이 언어로 측정되기 때문이다.

Nancy Bayley가 제작한 Bayley 검사는 영아기를 대상으로 사용할 수 있는 척도이다. 발달이 지연된 영유아를 확인하기에도 유용한 척도이다. 학령기 아동이 가진 기술을 지니지 못한 영유아를 대상으로 주로 사용하며 감각과 자동 기술을 주로 측정한다. 매달려 있는 고리에 손 뻗기(3개월), 요구대로 컵에 주사위 넣기(9개월), 세 개의 주사위로 탑 쌓기(17개월) 등으로 이루어져 있다.

현재 발달 진단 종합검사로서 가장 유용하게 사용되고 있는 BSID-II(Bayley Scales of Infant Development Second Edtion)는 1개월에서 42개월의 영유아를 대상으로 하며, 영유아의 흥미를 끌고 행동반응을 관찰할 수 있도록 제작되어 있다. 한국 베일리 영유아발달 검사는 우리나라 영유아 1,700명을 대상으로 표준화하는 과정을 거쳐 사용되고 있다.

〈표 7-1〉 Bayley 영아발달 검사 문항

지능 척도		운동 척도	
연령(개월)	문항	연령(개월)	문항
0.1	딸랑이 소리에 반응한다.	0.1	어깨에 받치고 안으면 고개를 든다.
1.5	사회적 미소를 짓는다.	1.8	옆으로 뉘어 놓으면 바로 눕는다.
2.0	눈으로 어머니를 알아본다.	2.3	받쳐주면 앉는다.
3.8	주사위 소리가 나는 쪽으로 머리를 돌린다.	3.2	누운 자세에서 옆으로 몸을 돌린다.
4.1	주사위를 잡으려고 손을 뻗는다.	5.3	앉으려고 몸을 일으킨다.
4.8	낯선 사람을 식별한다.	6.4	누운 자세에서 뒤집기를 한다.
6.0	떨어진 숟가락을 찾는다.	6.6	혼자서 제법 오래 앉아 있다.
7.0	네 가지 다른 음절을 소리 낸다.	8.1	일어서려고 몸을 일으킨다.
9.1	말로 요구하면 반응을 보인다.	9.6	잡아주면 걷는다.
13.4	병에서 작은 공을 꺼낸다.	11.7	혼자 걷는다.
14.2	두 단어를 말한다.	14.6	뒤로 걷는다.
18.8	말로 의사를 표현한다.	16.1	도와주면 계단을 오른다.
19.3.	그림을 보고 이름을 알아맞힌다(예: 개).	23.4	두 발로 껑충 뛴다.

출처: Bayley(1969).

〈표 7-2〉 한국 베일리 영유아발달 검사의 표본 항목

연령(개월)	지적 척도 항목	연령(개월)	운동 척도 항목
0.1	딸랑이 소리에 반응한다.	0.1	안았을 때 어깨 위에서 머리를 든다.
1.5	사회적 미소를 보인다.	1.8	옆에서 뒤로 몸을 돌린다.
2.0	시각적으로 엄마를 인식한다.	2.3	받쳐주면 앉는다.
3.8	주사위 소리가 나는 쪽으로 머리를 돌린다.	3.2	뒤에서 옆으로 몸을 돌린다.
4.1	주사위로 다가간다.		
4.8	낯선 사람을 구별한다.	6.4	등에서 배 쪽으로 뒤집는다.
6.0	떨어진 숟가락을 찾는다.		
7.0	네 가지 다른 음절을 음성화할 수 있다.	8.1	계속 서 있을 수 있다.
9.1	언어적 요구에 반응한다.	9.6	도와주면 걷는다.
14.2	두 단어를 말할 수 있다.	11.7	혼자 걷는다.
18.8	원하는 것을 알기 위해서 단어를 사용한다.	14.6	도와주면 위로 걸어 올라간다.
19.3.	그림에 이름을 붙일 수 있다.	23.4	바닥에서 뛰어오른다.

출처: 조복희·박혜원(2004).

(2) Wechsler 검사

Wechsler는 주로 아동들을 대상으로 언어능력을 바탕으로 지능을 측정했던 Stanford-Binet 검사와 달리, 여러 연령집단을 대상으로 언어성 요인 외에도 동작성 요인을 통해 지능을 측정하였다. 주로 사용되는 Wechsler의 세 가지 검사에는 유아를 위한 척도(Wechsler preschool and primary scale: WPPSI), 아동을 위한 척도(Wechsler Intelligence Scale for Children: WISC), 그리고 성인을 위한 척도(Wechsler Adult Intelligence Scale: WAIS)가 있다.

아동용 척도인 WISC-III에서는 언어성 검사와 동작성 검사가 포함되어 있다. 언어성 동작성 검사의 지능지수를 합쳐서 전체 지능지수가 산출되며, 평균은 100이다. 국내에서도 한국판 아동용 척도(Korean-Wechsler Intelligence Scale for Children-third edition: K-WISC-III)가 개발되었다. 유아용 척도인 WPPSI는 국내에서 개발되어 K-WPPSI로 사용되었다(Korean-Wechsler Preschool and Primary Scale of Intelligence: K-WPPSI). 열 가지 다른 유형의 문제들이 제시되

며, 각 유형에서 쉬운 문제부터 시작하여 어려운 문제까지 푼 다음, 다음 유형의 문제를 풀도록 되어 있다. 이 검사는 크게 언어성 검사와 동작성 검사로 구분된다. 언어성 검사에는 언어적 능력을 측정하는 5개 유형의 문제들이 있으며, 어휘, 공통점 찾기, 상식문제 등이 포함되어 있다. 동작성 검사에는 비언어 능력을 측정하는 5개 유형의 문제들이 있으며, 블록 짜기, 모양 맞추기, 그림차례 맞추기 등이 있다. 동물 짝짓기와 문장은 보충검사로 실시되었다. 최근의 K-WPPSI-IV는 15개 유형으로 구분되어 제시되고 있다.

〈표 7-3〉 K-WPPSI의 구성

동작성 검사	언어성 검사
1. 모양 맞추기	2. 상식
3. 도형	4. 이해
5. 토막 짜기	6. 산수
7. 미로	8. 어휘
9. 빠진 곳 찾기	10. 공통성
*11. 동물 짝짓기	*12. 문장

* 표는 보충검사

〈표 7-4〉 K-WPPSI-IV의 구성

	소검사	설명
1	토막짜기 (block design)	제한시간 내에 제시된 모형 또는 토막그림을 보고, 한 가지나 두 가지 색으로 된 토막을 사용하여 똑같은 모양을 만든다.
2	상식 (information)	그림문항의 경우, 일반 상식에 관한 질문에 가장 적절한 보기를 선택한다. 언어문항의 경우, 일반 상식에 관한 광범위한 주제를 다루는 질문에 답한다.
3	행렬추리 (matrix reasoning)	완성되지 않은 행렬을 보고 행렬을 완성시키기 위해 적절한 보기를 선택한다.
4	동형 찾기 (bug search)	제한시간 내에 제시된 벌레그림과 같은 벌레그림을 보기 중에서 찾아 표시한다.
5	그림기억 (picture memory)	일정시간 동안 1개 이상의 그림이 있는 자극 페이지를 보고 난 후, 반응 페이지의 보기 중에서 해당 그림을 찾아낸다.

	소검사	설명
6	공통성 (similarities)	그림문항의 경우, 제시된 2개의 사물과 같은 범주의 사물을 보기 중에서 선택한다. 언어문항의 경우 공통된 사물이나 개념을 나타내는 2개의 단어를 듣고 공통점을 말한다.
7	공통그림 찾기 (picture concepts)	2줄 또는 3줄의 그림을 보고, 각 줄에서 공통된 특성을 지닌 그림을 하나씩 선택한다.
8	선택하기 (cancellation)	제한시간 내에 비정렬 또는 정렬된 그림을 훑어보고 목표그림을 찾아 표시한다.
9	위치 찾기 (zoo location)	일정시간 동안 울타리 안에 있는 1개 이상의 동물카드를 보고난 후, 각 카드를 보았던 위치에 동물카드를 배치한다.
10	모양 맞추기 (object assembly)	제한시간 내에 사물의 표상을 만들기 위해 조각을 맞춘다.
11	어휘 (vocabulary)	그림문항의 경우 검사책자에 있는 그림의 이름을 말한다. 언어문항의 경우, 검사자가 읽어 준 단어의 정의를 말한다.
12	동물 짝짓기 (animal coding)	제한시간 내에 동물과 모양의 대응표를 보고, 동물그림에 해당하는 모양에 표시한다.
13	이해 (comprehension)	그림문항에서 일반적인 원칙이나 사회적 상황을 가장 잘 나타내는 보기를 선택한다. 언어문항에서 일반적인 원칙과 사회적 상황에 대한 이해를 기초로 질문에 답한다.
14	수용어휘(receptive vocabulary)	검사자가 읽어 주는 단어를 가장 잘 표현하는 보기를 선택한다.
15	그림 명명 (picture naming)	그림으로 제시된 사물의 이름을 말한다.

출처: Santrock(2004).

예 왼쪽에 있는 4개의 적목으로 오른쪽의 모습과 같이 만들어 보아라.

적목 디자인

[그림 7-2] WISC III 검사문항의 예

Stanford-Binet 검사와 WISC 검사를 대신하는 지능검사의 예

① PPVT 검사(Peabody Picture Vocabulary Test)

150페이지에 걸쳐 그림이 제시되는데 각 페이지에는 아래와 같이 네 개의 그림이 있다. 페이지를 넘길수록 난이도는 높아진다. 유아에게 단어를 말해 주고 적절한 그림을 고르도록 한다. 취학 전 유아에게 많이 사용한다.

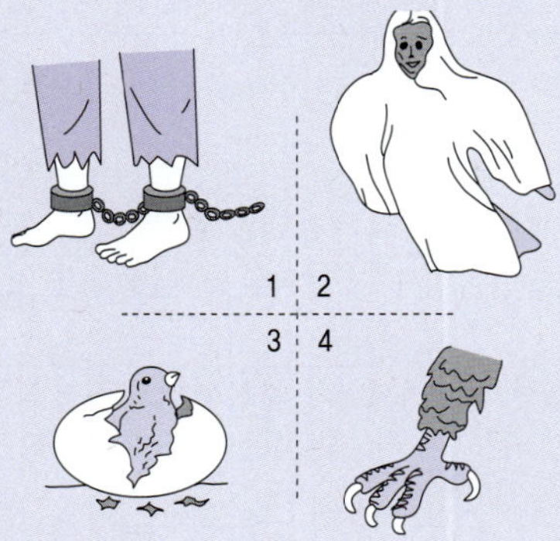

주어진 단어: 나타나다(emerge)

출처: Bee & Boyd(2004).

② Raven 검사(Raven's Progressive Matrices)

36개의 항목으로 이루어진 검사로 점선무늬가 있는 사각형이 제시되어 있다. 사각형 중 일부분이 비어 있고, 아동은 그 부분을 채울 알맞은 무늬를 골라야 한다. 지능을 비언어적으로 측정하기 위해 마련되었다.

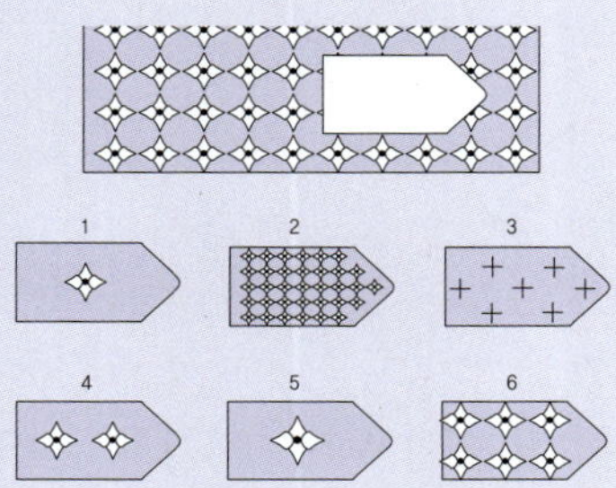

출처: Bee & Boyd(2004).

2 지능의 속성

1) 지능검사 점수의 예측력

영유아기에 측정한 지능은 성장 후의 지능을 어느 정도 예측할 수 있을까. 연령이 많은 아동의 지능을 측정하면 이후의 IQ를 더 잘 예측할 수 있다. 즉, 2세 때 측정한 IQ가 3년 뒤의 지능을 예측하기보다는 9세 때 측정한 IQ가 3년 뒤의 지능을 더 잘 예측할 수 있는 것이다(Honzik, 1986).

높은 IQ를 보인 유아는 나중에 학교성적이 좋은 편이며, 높은 성취도를 보이는 아동과 어울릴 가능성도 많았다. 또한 낮은 IQ를 가진 유아는 나중에 낮은 성취도를 보이는 아동과 어울릴 가능성이 많았다(Brody, 1997; Neisser et al., 1996).

2) 지능에 영향을 미치는 요인

(1) 유전 대 환경

오래전부터 유전과 환경이 지능에 미치는 영향을 설명하기 위해 쌍둥이 연구와 입양아 연구가 이루어져 왔다. 쌍둥이 연구의 결과, 일란성 쌍둥이가 이란성 쌍둥이보다 지능점수가 비슷하였고, 입양아 IQ가 양부모보다 친부모의 IQ와 더 유사하여 유전의 영향이 입증되었다.

〈표 7-5〉 지능에 대한 유전과 환경의 상관관계

유전과 환경	상관계수
함께 자란 일란성 쌍둥이	.85
따로 자란 일란성 쌍둥이	.67
함께 자란 이란성 쌍둥이	.58
따로 자란 이란성 쌍둥이	.24

출처: Bouchard & McGue(1981).

반면, 입양연구에서는 환경의 영향을 지지하는 연구결과를 보였다. 아래 표에 제시되었듯이, 친부모와 양부모의 사회적 지위가 청소년기의 지능과 상관이 있으므로, 지능발달은 유전의 영향과 함께 환경의 영향도 받는 것을 알 수 있다.

〈표 7-6〉 입양아의 청소년기 지능점수

		양부모의 사회적 지위	
		높음	낮음
친부모의 사회적 지위	높음	119.60	107.50
	낮음	103.60	92.40

(2) 가정 및 학교 환경

가. 사회계층

가난하고 교육 수준이 낮고, 노동자 계층 가족의 아동은 중류층 아동보다 지능이 낮게 나타났다(Broman et al., 1975). 특히 빈곤이 지속되어서 그 영향이 누적될 경우, 지능에 부정적 영향을 미치게 된다(Smith et al., 1997).

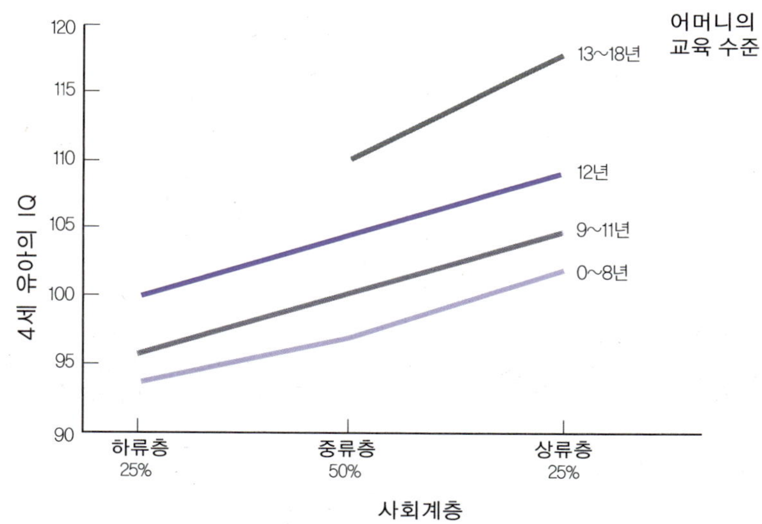

출처: Broman et al.(1975).

[그림 7-3] 사회계층, 어머니의 교육 수준과 4세 유아의 IQ

나. 부모의 역할

아동의 지능을 높이는 부모의 역할은 다음과 같다(Bee & Boyd, 2005).

- 아동의 발달단계와 연령에 적절한 놀잇감을 포함하여, 흥미롭고 복잡한 물리적 환경을 제공한다(Molfese, DiLalla, & Bunce, 1997).
- 아동에게 정서적으로 반응적이어야 하며 온정적이어야 한다(Murray & Hornbaker, 1997).
- 아동에게 다양하고 기술적이고 정확한 언어를 사용하여 이야기한다(Hart & Risley, 1995).
- 아동과 놀이를 하거나 상호작용을 할 때, Vygotsky의 근접발달 영역을 적용하여 역할을 수행한다. 즉, 아동이 자신의 현재 수준보다 조금 높은 수준에 도달할 수 있도록 도와주어 새로운 기술을 습득하도록 한다(Landry, Garner, Swank, & Baldwin, 1996).
- 아동에게 과도한 통제, 처벌, 제한을 피하고, 대신 탐색할 기회를 준다. 실수를 경험해 볼 수 있는 기회도 제공한다(Murray & Hornbaker, 1997). 또한 지시하기보다는 질문을 하도록 한다(Hart & Risley, 1995).
- 아동이 잘해낼 것이고, 빠른 속도로 성장할 것이라고 기대한다. 학업성취를 강조하고 격려한다(Entwisle & Alexander, 1990).

다. 학교환경

가정 이외의 환경으로 아동의 지능에 영향을 미칠 수 있는 요인으로는 학교와 교사를 들 수 있다. 미국에서 Head Start를 비롯한 취학 전 프로그램에 참여한 경험이 있는 아동은 그렇지 않은 아동보다 IQ가 10점이 높았고, 이러한 차이는 초등학교 입학 후 1년에 걸쳐 점차 사라졌다(Zigler & Styfco, 1993). 이러한 연구결과는 지능에 대한 환경의 영향을 알려준다.

교사의 역할 또한 지능에 변화를 주는 요인 중의 하나이다. 아동이 스스로 교육목표에 도달할 수 있는 능력이 있다고 믿도록 교사가 도와준다면 그 효과가 청소년기까지 유지된다(Slaughte-Defoe & Rubin, 2001).

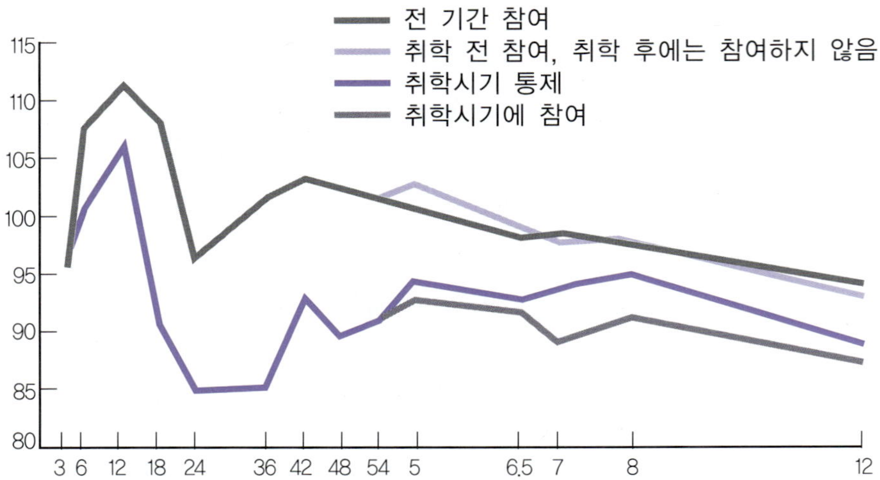

출처: Campbell & Ramey(1994).

[그림 7-4] 프로그램 참여 연령과 지능의 관계

(3) 성차

IQ 점수에 있어 전반적인 성차는 나타나지 않는다. 다만 영역별로 지능의 차이가 조금씩 보고되어 왔다. 남아는 공간 지각력에서 여아보다 높은 점수를 보였다(Beilstein & Wilson, 2000; Levine, Huttenlocher, Tayler, & Langrock, 1999). 초등학교 시기에는 여아는 언어와 산술적 계산수행에서 좀 더 높은 점수를 보이며, 남아는 수의 추리력에서 높은 점수를 보인다(Bee & Boyd, 2005). 이러한 차이는 학업성취로도 이어져, 남아와 여아의 수학성적은 미국, 유럽, 아시아 등 대부분의 문화권에서 차이가 나며, 남아가 여아보다 높은 수학성적을 나타냈다(Halpern, 1997; Schweinruber, 1997).

많은 학자들은 이러한 차이가 타고난 성차라기보다는 환경의 영향이라고 해석한다. 남아가 여아보다 수학과목을 더 많이 수강하며(Eccles & Jacobs, 1986), 수학능력에 대한 부모의 기대가 남아에게 더 크며(Holloway & Hess, 1985), 교사 또한 남아에게는 수학, 여아에게는 읽기에서 더 관심을 보인다는 이유에서이다(Bee & Boyd, 2005).

3 지능의 대안적 접근

현대사회에 들어와서 지능의 전통적인 개념이 확장되어 다양한 지능의 개념이 소개되어 왔다. Sternberg의 삼원 이론과 Gardner의 다중지능 이론이 그 대표적인 예라고 할 수 있다.

1) 지능의 삼원 이론

Sternberg은 삼원 이론을 제시하여 지능의 세 영역을 측정하였다. 세 영역은 분석적 지능, 창조적 지능, 실용적 지능으로 구분된다.

〈표 7-7〉 Sternberg의 지능의 3요소

영역	내용
분석적/구성적 지능 (analytical intelligence)	• 일반적으로 부르는 지능의 개념과 유사 • IQ 검사와 성취도 검사에서 측정되는 내용 포함 • 계획하고, 조직하고, 기억하고, 새로운 상황에 적용하는 능력
창조적/경험적 지능 (creative intelligence)	• 경험에 대한 통찰력 • 다양한 문제에 대한 지혜로움 • 한 이론이 전혀 다른 상황에 어떻게 적용되는지를 알아서 좋은 아이디어를 낼 수 있는 능력 • 모두가 사실이나 진리로 인정한 사실을 비판적으로 검증하고자 하는 아이디어를 낼 수 있는 능력
실용적/맥락적 지능 (practical intelligence)	• 세상물정에 밝은 능력 • 주어진 정보가 현실 세계에 어떻게 적용되는지, 실용적인 해결책을 찾아내는 능력 • 사회적인 암시나 상황을 읽어내는 능력 예 상사가 기분이 좋지 않을 때는 나쁜 소식을 전하지 않는다.

출처: Sternberg(2001), Sternberg, Castejon, Prieto, Hautamaeki, & Grigorenko(2001), Bee & Boyd(2005)의 자료를 재구성.

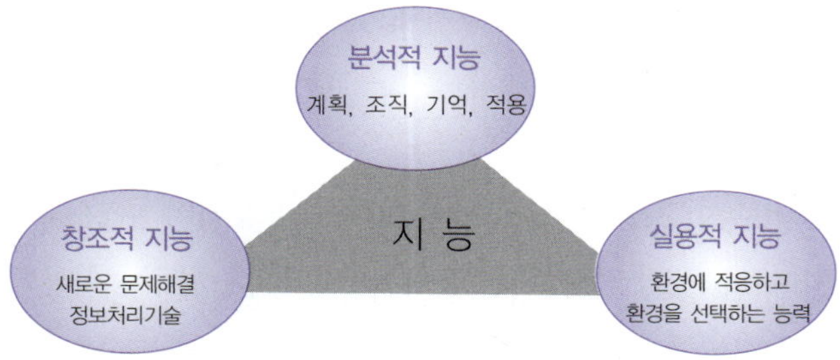

[그림 7-5] 지능의 3요소

2) 다중지능

Gardner의 다중지능 이론은 지능을 다면적인 시각에서 바라보았으며, 이를 바탕으로 개인차를 보다 잘 이해하고자 하였다. Gardner(1983)가 제안한 일곱 가지 다중지능의 영역과 내용은 다음과 같다.

〈표 7-8〉 Gardner의 다중지능

영역	내용
언어적 지능 (linguistic)	• 언어를 잘 이해하고 효율적으로 사용하는 능력 • 문장의 뜻을 이해하고 효과적인 의사소통을 할 수 있는 능력 • 작가, 연설가, 언론인 등이 높은 능력을 나타낸다.
논리적/수학적 지능 (logical/mathematical)	• 논리적 문제해결 능력과 수리능력 • 과학자, 수학자 등이 높은 능력을 나타낸다.
음악적 지능 (musical)	• 음악을 감상하고 표현하는 능력 • 음악가, 가수, 작곡가, 지휘자 등이 높은 능력을 나타낸다.
공간적 지능 (spatial)	• 공간관계를 식별하는 능력 • 공간 세계를 정신적으로 조작할 수 있는 능력 • 화가, 조각가, 건축가, 항해사 등이 높은 능력을 나타낸다.
신체운동적 지능 (bodily kinesthetic)	• 공간 내에서 신체를 지각하고, 조정하고, 움직이는 능력 • 운동선수 등이 높은 능력을 나타낸다.
대인관계 지능 (interpersonal)	• 타인의 행동, 기분, 욕구를 민감하게 파악하는 능력 • 상담가, 사회복지사, 성직자 등이 높은 능력을 나타낸다.
개인이해 지능 (intrapersonal)	• 스스로를 이해하는 능력 • 자신의 장점을 잘 알고 알맞은 목표를 설정할 수 있는 능력

4 창의성

창의성은 현대사회에서 가치 있게 평가하는 정신적 능력의 하나로, 창의성 함양은 유아와 아동에게 요구되는 교육목표가 되었다. 예전에는 지능지수만을 지적 능력의 척도로 삼아, 흔히 높은 지능을 가진 영재 아동이 성인이 되어서도 특정 분야에서 탁월한 전문가가 되기를 기대했지만 결과적으로는 그렇지 못했다. 최근에는 한 분야에서 탁월한 전문가가 된 사람들이 높은 IQ보다는 창의적 능력을 갖추었다는 사실에 주목하게 되었다.

소중한 정신적 특성인 창의성은 측정하기가 쉽지 않아 오랫동안 과학자들로부터 주목받지 못하다가 1960년대에 이르러 이를 측정하기 시작하면서 연구의 대상이 되었다. 창의성이란 새로운 아이디어와 혁신적인 해결책, 즉 새롭고 색다를 뿐 아니라 맥락에 적절하고 다른 사람들이 소중하게 여기는 결과물을 만드는 능력이다(Simonton, 2000; Sternberg & Lubart, 1996).

1) 창의적 사고

창의성은 대체로 남들이 하지 못하는 새로운 생각을 하는 능력이라는 차원에서 접근되어 사고력의 한 특성인 것으로 측정되었다. Guilford(1967, 1988)에 의하면 창의성은 수렴적 사고보다는 확산적 사고를 하는 능력이다. 수렴적 사고(convergent thinking)는 문제에 대한 하나의 정답을 생각해 낼 것을 요구하는 사고이며, 이는 IQ 검사가 측정하고 있는 내용이기도 하다. 반면 확산적 사고(divergent thinking)는 정답이 없는 문제에 대해 다양한 아이디어나 해결책을 생각해 내는 사고력이다. [그림 7-6]에는 이미 잘 알려진 확산적 사고의 사례가 제시되어 있다.

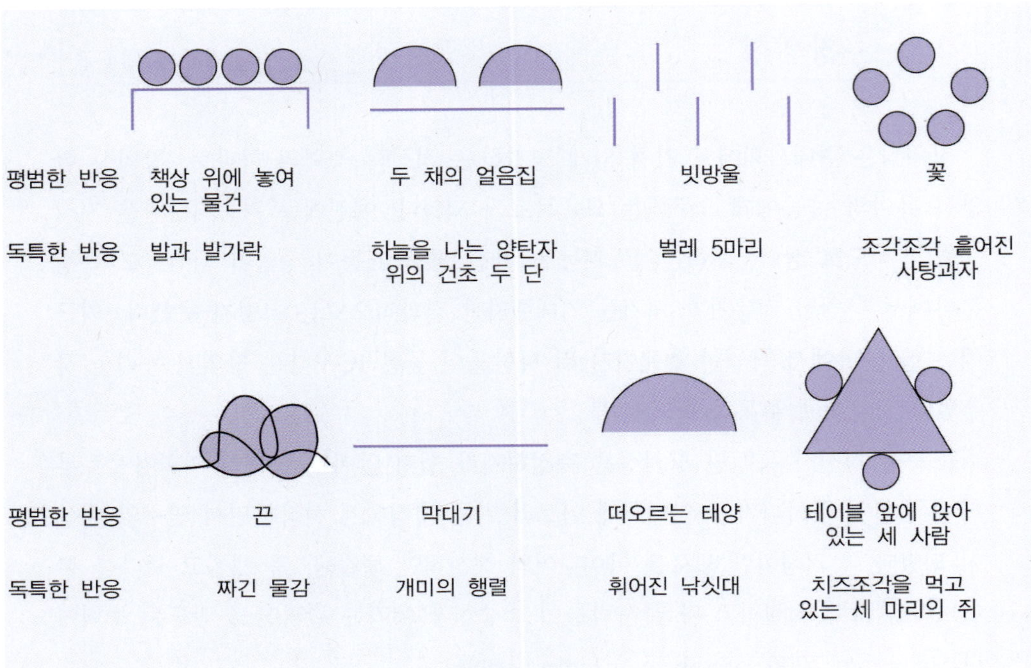

출처: 정옥분(2002).

[그림 7-6] 창의적 검사(독창성)의 예

달리 확산적 사고를 측정하는 방법으로는 일반 사물(옷핀 등)을 사용할 수 있는 방법을 가능한 한 많이 생각해 내도록 하는 방법 등이 있다. 언어적으로는 한 단어를 제시하고 그 단어 속에 배열된 글자만으로 만들어질 수 있는 모든 단어를 생각해 내도록 하는 방법도 있다(Runco, 1992; Torrance, 1988; Shaffer, 2002, 재인용). 그러나 확산적 사고는 창의적 사고의 한 부분이지만, 창의성 전체를 설명하는 개념은 아니며, 성장 후의 창의성을 예측하는 데도 그다지 성공적이지 못하다.

Guilford는 창의성을 유창성, 융통성, 독창성, 정교성 등의 네 가지 개념으로 분류하기도 하였다. 유창성은 문제상황에서 얼마나 많은 양의 아이디어를 내는가 하는 능력, 독창성은 남들과 다른 참신하고 독특한 아이디어를 내는 능력, 융통성은 고정적인 사고의 틀에서 다양한 해결책을 찾아내는 능력, 정교성은 다듬어지지 않는 아이디어를 정교하게 발전시켜 더욱 유용하고 가치 있는 것으로 발전시키는 능력이다.

창의적 사고를 측정하는 도구로 가장 잘 알려진 검사는 Torrance의 창의적 사고력 도형검사(Torrance Test of Creative Thinking Figural: TTCT)로, 정교성, 유창성, 독창성, 융통성을 평가한다. 언어검사와 도형검사로 구분되며, 도형검사는 세 가지 과제, 그림 구성하기, 그림 완성하기, 원 혹은 선 그리기로 구성되어 있다. 한국판 TTCT 도형검사는 유창성, 독창성, 정교성, 제목의 추상성, 성급한 종결에 대한 저항을 포함하고 있고, 창의적 강점이 어느 영역에 있는지에 대한 창의적 감점 체크리스트 점수를 산출할 수 있다.

출처: Berk(2006). 원으로 그려진 종이를 주고 그림을 그리라고 했을 때, 확산적 사고에서 높은 점수를 받은 8세 아동의 반응

[그림 7-7] 창의성이 나타난 8세 아동의 그림

2) 창의적 인성

창의성은 오랫동안 창의적 사고를 가리키는 용어로 사용되어 왔다. 그러나 최근에 들어서는 사고력과 더불어 개인이 가지고 있는 인성 특성이 창의력을 발현하는 데 의미 있는 요소임을 인식하게 되었다. 즉, 창의성의 요소 중 성격변인을 창의적 인성이라고 부르게 되었다.

창의적 인성에는 위험을 기꺼이 감수하려는 모험심, 애매모호한 상황을 견뎌내는 참을성, 자신의 아이디어를 추구하여 대중에게 인정받을 수 있다는 자신감 등이 포함된다(Schaffer, 2002).

3) 창의성 향상을 위한 환경

(1) 가정환경

창의성은 타고난 재능일까, 환경과 교육에 의해 성장할 수 있는 능력일까. 창의적 사고의 일부분으로 알려진 확산적 사고는 지능보다는 가정환경의 영향을 받는 것으로 알려져 있다. 즉, 부모가 아동의 지적 호기심을 격려하고, 아동이 스스로 흥미를 느끼는 주제를 선택하고 탐구할 자유를 주는 환경에서 자란 아동은 확산적 사고에서 높은 점수를 받았다. 반면 확산적 사고는 IQ와는 보통 정도의 상관관계만을 가지는 것으로 나타나, 일반적 지능과는 달리 교육에 의해 변화될 수 있는 인지적 능력이라고 인식되고 있다.

Dacey와 Lennon(2004)은 창의적인 인물로 인식되는 사람들의 가정환경 특성을 다음과 같이 정리한 바 있다. 양육자와 보육현장 및 유아교육현장에서 영유아의 창의력 함양을 위한 전략으로 참고할 수 있다.

- 생각할 수 있는 공간을 제공해 준다.
- 다양한 자료나 놀잇감을 제공해 준다.
- 영유아의 창의적인 작품에 대해 격려해 주고 전시해 둔다.
- 부모 자신도 창의적인 작업을 할 수 있는 공간과 시간을 가진다.

- 창의적인 분위기를 조성한다.
- 창의적인 작품을 자주 접한다.
- 창의성을 중요하게 생각한다.
- 성의 전형화된 가치를 강화하지 않는다.
- 자녀의 재능을 키울 수 있는 특별 수업을 제공해 준다.
- 개인의 어려움이나 곤경들을 긍정적으로 이용하도록 도와준다.
- 꾸준한 훈련이나 연습을 하도록 격려한다.
- '사회화'를 강요하지 않는다.
- 즐겁고 행복한 분위기를 조성해 준다.

(2) 학교수업

일반적인 영재 프로그램과 달리 창의성을 향상시키기 위한 교육을 위해서는 실제로 적용 가능한 프로그램이 많이 개발되어 있지 못하다. 현재까지 이루어진 노력으로는 Gardner의 다중지능 이론에 근거하여 학교에서 강조하지 않는 지능을 성장시키려는 교육이 있다. 공간지능을 향상시키기 위해서는 그림 그리기나 조각을 하고, 신체운동 지능을 위해서는 춤이나 운동을 통해 교육하며, 언어지능을 향상시키기 위해서는 이야기 만들기 활동을 하는 등 학생들에게 다양한 경험을 제공하는 것이다(Ramos-Ford & Gardner, 1997).

CHAPTER 8

언어발달

영유아기의 발달적 변화 중 가장 눈에 띄는 변화의 하나가 언어발달이라고 볼 수 있다. 언어발달은 지적 능력의 변화와 더불어 이루어지는 영역이기도 하지만, 한편으로는 사회적 상호작용과도 밀접한 관계가 있는 영역이다. 본 장에서는 영유아기의 언어가 발달하는 과정을 이해하기 위한 이론을 소개하고, 각 발달단계별 언어발달의 특성과 언어발달에 영향을 미치는 요소를 전반적으로 살펴본다.

1 언어발달 이론

영유아가 어떻게 언어를 배우고 발달시키는가에 대해서는 다양한 이론들이 있다. 영유아기의 놀라운 언어습득 과정의 원리를 설명하기 위해 다양한 분야에서 연구자들이 접근해 왔지만, 하나의 이론으로 인간의 언어발달을 완벽하게 설명하지는 못했다. 따라서 영유아의 언어발달을 이해하기 위해서는 몇 가지 주요한 이론을 이해해야 한다. 주요 이론으로는 환경의 영향을 강조한 행동주의 이론, 타고난 선천적 언어능력을 강조한 생득주의 이론, 선천적 능력과 환경의 상호작용을 강조한 구성주의 이론이 있다.

1) 행동주의 이론–학습을 강조한 관점

행동주의 이론가들은 아동이 경험을 통해 언어를 학습한다고 주장한다. 한국 아동은 한국어를 배우고 프랑스 아동은 불어를 습득하는 현상을 설명할 수 있는 이론이다. 행동주의 이론에서 아동이 언어를 습득하는 과정을 모방과 강화의 과정을 통해 설명하였는데, 언어적 모델이 되는 양육자가 문법적인 말을 강화함으로써 아동이 언어를 학습하게 된다.

언어습득에 대한 행동주의 모형

"야옹이" "그래 야옹이지." → 자극–반응 연결 강화
강화자

"멍멍이" "아니지. 멍멍이 아니야." → 자극–반응 연결 약화
처벌자

자극 → 반응 → 반응의 결과 → 학습결과

출처: 이승복 역(2001).

그러나 행동주의 이론은 전 세계의 아동들이 거의 비슷한 연령에 비슷한 언어적 성취를 이루는 유사성을 설명하지는 못한다. 이에 대해서는 생득주의 이론가들이 설명하고 있다.

- **모방**: 아동은 나이가 많은 사람들의 언어를 잘 듣고 흉내 내면서 언어를 습득한다.
- **강화**: 문법적으로 적절한 문장을 말하면 강화를 받고, 잘못된 문장을 말하면 주의를 받으면서 언어를 학습한다.
- **조성**: 영아가 옹알이를 할 때 성인이 그 중 말소리와 닮은 소리를 선택적으로 강화하고, 그 소리가 반복될 가능성이 높아지도록 아동의 말을 조성(shaping)한다.

2) 생득주의 이론–선천적 능력을 강조한 관점

생득주의 이론에 의하면 아동은 언어를 습득하도록 생물학적으로 프로그램화되어 있다고 한다. Chomsky는 어린 아동이 문법에 대한 지식을 타고 난다고 하였고, 이를 언어습득기제(language acquisition device: LAD)라고 하였다.

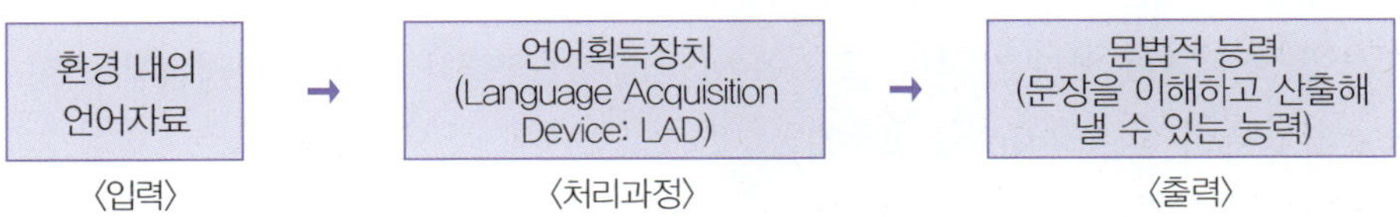

출처: 홍순옥·박순호·김인순(2014).

이 이론은 거의 모든 영유아가 비슷한 시기에 비슷한 언어발달을 이루어 내는 과정을 잘 설명해 주고 있다. 영아가 4~6개월경에는 옹알이를 하고, 12~13개월경 의미 있는 첫 단어를 말하고, 두 살이 되기 전 두 단어를 연결하여 말하고, 4~5세경이면 수천 개의 단어를 알게 되는 과정은 거의 모든 문화권에서 공통적으로 일어나는 현상이며, 이러한 현상을 언어적 보편성(linguistic universals)이라고 한다(송길연 외 역, 2005).

- **언어습득의 민감기(sensitive period)**: 언어습득은 특정 시기에 더 잘 이루어지도록 생물학적으로 계획되어 있다는 개념이다. 그 시기는 출생부터 사춘기까지로 보며, 이 기간 동안 언어가 가장 쉽게 습득된다고 하였다.

Genie의 사례

1970년 미국에서 영아기 때부터 14세에 이르기까지 아버지에 의해 감금되어 왔던 Genie라는 소녀가 발견되었다. Genie의 아버지는 장애인인 Genie의 어머니와 Genie를 학대했다. 이 때문에 Genie는 감금되어 있는 동안 아무도 말을 걸어주지 않았고, 사춘기에 이르도록 언어적 의사소통을 경험하지 못했다.

전 세계의 수많은 언어학자들이 Genie를 치료하려 해보았으나, 결국 대개의 아동이 도달하는 언어발달 수준에 이르지 못했다. 이는 사춘기 전에 정상적인 언어발달을 위한 환경이 박탈된 아동은 나중에 언어자극을 제공받더라도 언어기능을 되찾기 어렵다는 사례로, 언어발달에 있어 민감한 시기가 있다는 사실을 반영해 준다.

3) 구성주의 이론-상호작용적 관점

구성주의 이론에서는 아동의 언어발달을 설명하기 위해 행동주의와 생득주의 이론이 모두 필요하다고 본다. 즉, 언어발달은 생물학적 요인과 환경적인 영향이 상호작용하여 이루어진다는 것이다.

2 발달단계별 언어발달

1) 영아기

(1) 언어이전 시기

가. 언어인식

영아는 말하기 훨씬 전에 소리를 구분하여 지각하는 능력을 발달시킨다. 처음에는 사람의 말소리를 다른 소리와 구분할 줄 알고, 어머니의 목소리와 다른 사람의 목소리를 구별하며, 모국어에서 주로 사용하는 소리를 인식하게 된다(박성연, 2005).

나. 초기 발성과 몸짓

① 목울림 소리(cooing)

1~4개월경, 모음발음을 반복적으로 내는 것 같은 소리를 낸다. 주로 우~하는 소리가 있다.

② 옹알이(babbling)

영아는 생후 6개월경에 자음과 모음이 모두 섞여 있는 발음으로 옹알이를 시작한다. 이 시기는 자음과 모음을 발음할 수 있도록 근육을 조절할 수 있는 시기이다. 울음소리를 제외하고, 6개월~12개월의 영아가 내는 소리 중 절반 가까이를 차지한다(Mitchell & Kent, 1990).

③ 몸짓(gestures)

10개월 전후로 몸짓언어가 나타나게 된다. 이 시기의 영아들은 무엇인가를 요구하기 위해서 몸짓을 사용하거나 때로는 몸짓과 소리를 함께 사용하기도 한다. 원하는 장난감을 건네 달라고 요구하기 위해 손을 뻗거나, 소리를 함께 지르기도 한다.

다. 이해언어

영아는 표현할 수 있는 말보다 이해할 수 있는 말이 훨씬 많다. 9~10개월경이면 들리는 말의 의미를 이해하게 된다. 10개월에는 대략 30개의 단어를 이해하고, 13개월이 되면 약 100개 가까운 단어를 이해하게 된다(Fenson et al., 1994).

그러나 표현할 수 있는 말은 이해할 수 있는 말보다 늦게 발달한다. 50개의 단어를 말하기 위해서는 18개월이 지나야 한다(Menyuk, Liebergott, & Schultz, 1995).

(2) 한 단어 시기

가. 첫 단어

영아들은 초기 단어로 어른이 사용하는 말과 다른 말을 사용하는 경향이 있다. 한 연구에서 브렌다라는 영아는 우유나 주스 같은 음료를 가리켜 '네네'라고 불렀는데, 엄마를 가리킬 때도 같은 단어를 사용하였다(Scollon, 1976). 일반적으로는 생후 12개월이 지나면 '엄마'나 '맘마'등의 단어를 첫 단어로 사용하기 시작한다(Snow, 1998).

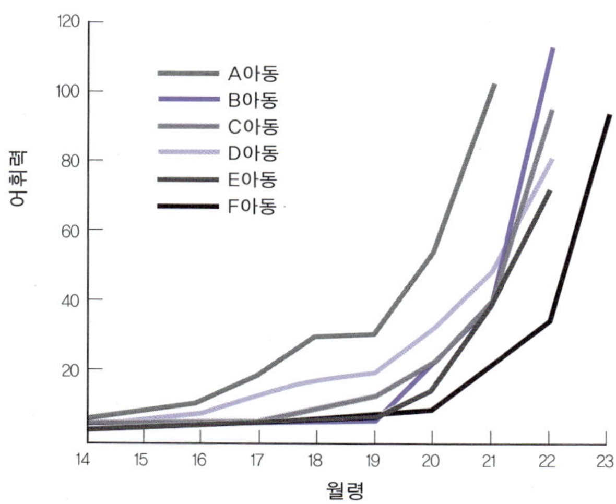

출처: Goldfield & Reznick(1990).

[그림 8-1] 월령에 따른 어휘력 증가

나. 명칭 말하기

첫 단어를 시작하고 초기 언어발달이 서서히 진행되는 시기가 지나면, 16~24개월 시기에 영아들의 어휘력은 급속하게 증가한다. 사물에 이름이 있다는 것을 알게 되고, 주로 명사를 사용한다. 16개월이면 약 50개의 단어를 알고, 50개 이후로는 단어증가가 폭발적으로 일어나서 24개월이면 약 320개의 단어를 알게 된다 (Fenson, et al., 1994).

한 단어 시기의 언어 특징

(1) 과잉축소

영아들은 단어를 특정 사물에만 사용하는 경향이 있다. 예를 들면, '컵'이라는 단어를 말할 때, 자신이 사용하는 특정 컵을 뜻한다. 즉, 단어를 좁은 의미로 사용하는 것이다.

(2) 과잉일반화

영아들은 명칭을 말하게 되면서부터 단어가 범주화될 수 있다는 개념을 알게 된다. 이에 따라 한 단어를 사물의 전체 범주, 즉 지나치게 넓은 범위까지 사용하는 경향이 있다. 예를 들어, '고양이'라는 단어를 말하면서 동물 전체를 뜻한다.

(3) 전보어 시기

영아들의 첫 문장은 대체로 2~3단어로 이루어지는 짧은 문장이며 단순하다. 주로 명사, 동사, 형용사로 이루어진다. Roger Brown(1973)은 이 시기를 제1단계 문법(stage 1 grammar)이라고 하였고, 이 시기에 영아가 사용하는 문장의 형태를 전보체 문장(telegraphic speech)이라고 불렀다. 이때 영아들은 자신의 뜻을 전달하기 위해 대체로 두 개의 단어를 연결하여 사용한다. 예를 들면 영아가 "엄마 양말."이라고 말할 때 이는 어머니의 양말을 뜻할 수도 있으며, 상황에 따라서는 엄마에게 내 양말을 건네 달라는 부탁을 하는 것일 수도 있다.

(4) 문법학습

18~20개월에는 한 단어나 두 단어를 사용하여 문장을 말하지만, 24개월이 되면 4~5개의 단어를 사용하여 긴 문장을 만들 수 있다. 30개월이 되면 그 두 배의 긴 문장을 사용한다(Bee & Boyd, 2004).

24개월 이후 문장이 길어지고 어미변화를 사용하게 되는 시기를 Brown은 제2단계 문법(stage 2 grammar)이라고 하였다. 이후에 걸음마기 유아는 의문문을 사용할 줄 알게 되어 육하원칙에 해당하는 왜, 누구, 무엇, 언제, 어디서 등의 단어를 사용하게 된다. 또한 '안(not)'이라는 단어를 사용하여 부정문을 쓸 줄 알게 된다.

2) 유아기

(1) 어휘와 문법의 발달

2세 반경 평균 600단어를 알게 되는 유아(Bates et al., 1994)는 5~6세경이면 2,000단어 이상을 알게 된다(Owens, 1996). 급격한 어휘력 증가와 더불어 3~4세의 유아는 '개'라는 한 대상에 대해 '강아지'와 '개'라는 두 가지 명칭이 쓰일 수 있음을 이해하고, '예쁘고 귀여운 강아지'와 같이 두 가지 이상의 형용사가 한 명사에 같이 사용된다는 것도 알게 된다(박성연, 2005).

걸음마기 문법의 특징

(1) 과잉규칙성

걸음마기 유아는 복수나 시제에 따라 어미를 변화시킬 줄 알게 되면서 의문문과 부정문을 사용하게 된다. 이때 원칙으로 익힌 한 가지 문법을 모든 문장에 적용하는 과잉규칙성을 보이게 된다.

- 영어의 예 : I went ⇨ I goed
  과거시제에도 ed를 사용한다는 것을 배운 걸음마기 유아는 불규칙동사인 go의 과거형에도 ed를 붙여서 사용하는 것이다.
- 국어의 예 : 신발이 없어졌어. ⇨ 신발이가 없어졌어.
  조사 '가'를 배운 유아는 모든 주어의 조사로 '가'를 사용한다.

(2) 부정문

부정적 개념을 표현할 때 '안(not)'이라는 표현을 앞에 쓰는 경향이 있다.

- 예 주스 아니야. ⇨ 안 주스야.
  밥 안 먹었어. ⇨ 안 밥 먹었어.

유아기에는 문법도 발달하여, 4~5세경이면 4~5단어로 이루어진 문장을 사용할 줄 알고, 접속사나 절을 포함한 복문 등 복잡한 수준의 문장을 구사할 줄 알게 된다.

(2) 의사소통과 자기조절

가. 화용론

언어는 흔히 다른 사람과 의사소통하기 위해, 즉 대화하기 위해 사용된다. 유아들도 대화의 맥락 속에서 언어를 배운다. 대체로 언어습득 시기에 대화는 부모를 상대로 이루어진다. 부모에게 원하는 것을 요구하고, 부모의 말을 듣고 대화하면서 유아는 의사소통 능력을 갖추어 나간다.

3세 유아는 말의 양이 증가하고, 대화를 잘하거나 연결된 말을 하기보다는 자발적인 말을 더 많이 하지만, 대화 상대방을 조금 고려하는 능력이 생기므로 상대방의 이해를 돕기 위해 세부사항을 묘사하기도 한다. 4세경이면 아주 어린 아기에게 말을 할 때 모성어 형태를 보여주기도 해서 대화에서의 역할을 이해하고 있음을 보여준다. 5세가 되면 특정 주제를 지속시키면서 대화를 이어나갈 수 있다(이승복 역, 2001).

유아들이 의사소통능력을 발달시킴에 따라 의사소통을 하는 상대방이나 사회적 상황에 맞는 언어를 사용할 수 있게 된다. 선생님에게는 "물 좀 주세요." 어린이집의 친구에게는 "나 그거 줘."라고 다르게 표현할 수 있다. 성인에게 존칭을 사용할 줄 알게 되고, 낯선 성인이나 선생님에게는 부모에게 사용하는 표현보다 더 공손한 표현을 사용하는 것도 유아들이 획득하게 되는 능력이다. 그러나 의사소통에서 제한점도 존재하는데, 대화 중 잘 이해되지 않는 부분을 정확한 질문을 통해 확인하는 능력, 주고받는 대화 속에서 말해야 할 적절한 타이밍을 찾는 능력, 내가 할 말은 잘하지만 상대방의 말을 듣고 반응하는 능력 등에는 아직 제한이 있다.

나. 혼잣말

혼잣말은 유아기 언어발달의 특징이다. 다른 사람을 대상으로 말하지 않고 자기와 대화를 하는 형태의 언어행동이다. 4세 유아의 경우 전체 언어의 약 20~30%를 차지한다(Schober-Peterson & Johnson, 1991).

유아들은 혼잣말을 통해 활동 시 스스로를 이끌어 가기도 하고, 잠들기 전 노래, 소리, 느낌을 표현하는 등의 표현을 하기도 한다. 혼잣말은 성장하면서 점차 줄어들어 사회적인 대화가 증가하게 된다.

Piaget는 혼잣말의 원인을 유아기의 인지적인 능력이 부족하기 때문으로 보았다. 유아기 인지발달의 특징인 자기중심성을 적용하여, 다른 사람의 관점을 이해하지 못하는 유아들이 자기중심적인 언어를 사용한다는 것이다. 따라서 Piaget에 의하면 전조작기가 끝날 무렵 자기중심성을 벗어나게 되면 혼잣말도 거의 사라지게 된다.

반면 Vygotsky는 혼잣말을 유아들의 자기통제의 한 방법으로 보았다. 혼잣말을 자기중심적인 언어로 본 Piaget와 달리 Vygotsky는 유아가 혼잣말로 자신과 대화를 한다고 보았으며, 그 과정을 통해 유아는 자신의 생각이나 행동을 조절하고 통제한다고 보았다. 예를 들어, 하지 말아야 할 일에 대해 어머니로부터 주의를 들은 유아는 혼잣말로 "하지 말아야지."를 중얼거리며 스스로 통제하고자 하는 노력을 하게 된다. 외적 통제가 내적 통제로 바뀌는 시점에서 혼잣말이 하나의 방법으로 작용하는 것이다. 이러한 관점에서는 혼잣말이 유아에게 유용하고 의미 있는 언어발달인 것이다.

〈표 8-1〉 언어발달 이정표

평균연령	언어발달
출생	• 울음
1~2개월	• 목울림 소리(cooing)와 웃음
3개월	• 말소리 놀이
6개월	• 옹알이
6~12개월	• 모든 언어에 반응하다가 특정 언어에 반응하는 것으로 변화
8~12개월	• 손가락으로 가리키는 등의 제스처 사용 • 말의 이해가 시작됨(보통 "안 돼"나 자기 이름)
10~14개월	• 몸짓 사용
13개월	• 첫 단어
18개월	• 어휘 급증
18~24개월	• 두 단어 결합 • 언어이해 급증 • 50~200단어
20개월	• 몸짓 사용 감소 • 사물에 대한 명명이 늘어남
30개월	• 거의 매일 새로운 단어학습 • 3개 이상의 단어 결합 • 문법적인 실수
36개월	• 발음과 문법 향상 • 1,000단어

평균연령	언어발달
3세 이상	• 의미의 과잉일반화 • 3~4단어로 간단한 문장 만듦 • 주고받는 대화가 힘들고, 곧 화제를 바꿈 • 같은 단어 반복과 음률이 있는 노래를 배우는 것을 좋아함 • 누가, 무엇, 왜? 등 질문이 많음 • 생각을 정리해 언어로 표현(왜냐하면, 그러니까… 등의 사용) • 이야기 책 내용을 기억하여 말함
4세 이상	• 1,500~1,600단어 • 5~6단어 문장 사용 • 단순한 노래 부르기 • 부가의문문, 복문 사용
5세	• 2,100~2,200단어 • 복문 사용 • 대화를 주고받음 • 감정이나 경험, 생각을 말로 표현함

출처: 박성연(2005); Santrock(2005); Bredekamp & Copple(1997); Owens(1996), 재구성.

(3) 읽기와 쓰기 발달

읽기 능력은 유아기에 시작해 아동기에 본격적으로 이루어진다. 최근에는 한글 학습이 조기에 이루어지는 경향이 있어 많은 유아들이 읽기와 쓰기 학습을 하며, 이를 통해 책을 읽으며 하는 놀이 등 다른 활동을 할 수 있게 된다.

다음은 읽기와 쓰기를 포함한 문자 언어발달의 과정이다(Chall, 1983).

출처 : 조형숙 외(2013).

[그림 8-2] 책을 읽는 유아

〈표 8-2〉 유아 연령별 문자 언어발달

연령	읽기	쓰기
2세	• 주위 글자에 관심 갖기 • 책의 글자가 읽는 것임을 앎	• 쓴 것과 그린 것을 구별함 • 연필, 볼펜, 사인펜 등의 필기도구를 사용해 봄
3세	• 책을 볼 때 그림이 아니라 글자를 읽는 것임을 앎 • 읽기의 목적을 "책을 읽기 위해서, 학교에 가려고, 공부 잘하려고 등"으로 언급함 • 책에 관심을 갖고 나름대로 글자에 의미를 부여함	• 끼적거리기를 많이 함 • 자기가 쓴 것을 성인에게 열심히 보여 줌 • 자기 이름에 있는 글자를 배움 • 어떤 글자를 써 달라고 요구하기도 함 • 여러 가지 글자 형태가 나타남
4세	• 책을 읽는 방법과 방향, 페이지 제목 등을 인식함 • 소리와 글자 간의 일대일대응을 할 수 있음 • 주위에서 아는 글자를 읽어 보려고 함 • 친구의 이름에 있는 글자를 인식함 • 상황적 문자를 읽음(맥락을 기초로 읽음)	• 여러 가지 글자놀이를 즐김 • 자기 이름을 쓸 줄 알게 됨 • 다양한 목적에 맞게 쓰거나 다른 사람이 쓰도록 문어체로 불러 줌 • 다양한 목적을 가진 쓰기 행위를 구별함 • 자발적으로 쓰려고 함 • 모르는 글자를 물어봄 • 창안적 글자 쓰기가 많이 나타남
5세	• 아는 글자가 다른 상황에서 제시되어도 읽을 수 있음 • 주변에서 자주 볼 수 있는 글자를 읽음 • 가족과 친구들의 이름을 읽음 • 상황이 제시되지 않아도 몇 개의 단어를 읽음(탈맥락적 읽기가 가능함)	• 여러 상황에 맞는 글이 있음을 알게 됨 • 간단한 단어를 쓸 수 있고, 간단한 글을 써 보려고 함 • 여러 가지 쓰기 도구를 사용하여 씀 • 소리 나는 대로 글자를 씀

특히 유아기에는 창작적 철자법(invented spelling)이 나타나는데, 음운을 지각할 수 있는 유아들이 이 기술을 이용하여 글을 쓰는 경향이 있다.

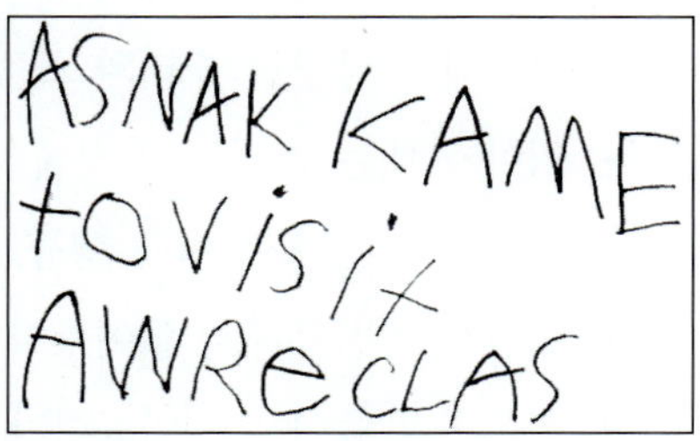

저자 주: A snake came to visit our class.
출처: Bee & Boyd(2004).
[그림 8-3] 5세 유아의 창작적 철자

(4) 상위 의사소통 능력

상위 의사소통 능력은 의사소통이 이루어지는 과정에 대한 이해를 뜻한다. 유아기에는 자기가 들은 내용을 잘 이해하지 못하고도 잘 이해하지 못했다는 사실을 깨닫지 못하지만, 아동기에 이르면 의사소통 과정에 대한 이해가 발달하여 이를 깨달을 수 있다.

3 초기 언어학습 과정

1) 양육자의 역할

영아기 언어발달은 단어를 말하기 전부터 시작된다. 영아가 말을 하기 전인 5개월에 이루어진 어머니와 영아의 상호작용은 13개월이 되었을 때 영아의 언어발달에 영향을 미치게 된다(박성연·서소정, & Bornstein, 2005). 따라서 양육자는 영아가 말을 하지 못하는 시기에도 양육자의 행동과 상호작용에 의해 영향을 받는다는 사실을 알고 영아의 언어발달을 도와야 한다.

- 영아기 언어발달을 돕기 위한 양육자의 역할은 다음과 같다.
- 목욕이나 수유 시, 영아와 눈을 맞추며 표정, 몸짓, 언어적 자극을 제공하기
- 영아가 흥미를 보이는 행동이나 사물을 반복해서 명명하기
- 부드럽고 낭랑한 소리와 표정으로 의사소통하기
- 영아가 내는 소리와 몸짓에 반응해 주기
- 영아가 하는 동작이나 행동, 주위에서 일어나는 상황을 말로 설명해 주기
- 그림책을 반복해서 읽어주기
- 걸음마기 유아의 언어표현이 미숙하더라도 반응하며 대화하기
- 어머니 말투(motherese) 사용하기

어머니 말투(motherese)의 특징

- 높고 다양한 어조로 말한다.
- 단순화시킨 말, 구체적인 말을 사용한다.
- 천천히 말하며 문법적으로 간단하고 짧은 문장을 쓴다.
- 약간 변화를 주어 반복해서 말한다.
  "공 어디 있어? 저기 있는 공 보여?"
  "공 어디 있지? 공 저기 있네!"
- 아기의 말을 반복할 때는 그 말을 확장하여 좀 더 길고 문법적으로 정확하게 말한다.
  엄마 : (공을 가리키며) 저기 뭐야?
  아기 : 공!
  엄마 : (그대로 따라서) 공!
  아기 : 파란 공!
  엄마 : (확장하며) 그래, 그건 둥글고 파란 공이야.

4 외국어 교육

외국어 교육은 이미 오래전부터 유아기 교육의 일부로 일반화되었다고 볼 수 있다. 모국어와 달리 제2외국어는 일상생활을 통해서 자연스럽게 학습되기보다는 의도적인 교육에 의해 학습되는 경우가 많으므로, 교육의 시기와 그 효과에 대한 논란이 지속되고 있다. 크게 영유아기 외국어 교육의 효용성을 주장하는 시각과 비효율성을 주장하는 시각이 있다.

영유아기 외국어 교육의 효용성을 주장하는 접근에 의하면, 최근에는 제2외국어를 일찍 배운 사람들과 늦게 배운 사람들은 뇌 구조가 서로 다르게 발달하는 것으로 보고되었다. 제2외국어에 일찍 노출된 이중 언어 사용자들의 경우 두 언어에 반응하는 뇌의 부위가 동일한 반면, 사춘기 이후에 제2언어에 노출된 사람들의 경우 두 언어에 활성화되는 뇌의 부위가 달랐다. 또 다른 연구(Johnson &

Newport, 1989)에서는 일찍 이민을 가서 성인이 된 한국이나 중국 이민자들은 사춘기 이후, 특히 15세 이후에 이민을 간 이민자들에 비해 영어문법 실력이 높게 나타났다. 3~7세 사이에 영어를 배우기 시작한 이민자들은 원어민과 같이 영어에 능숙하다는 결과도 함께 나타났다(송길연 외 역, 2005). 이러한 연구결과는 제2외국어 발달에 있어서도 어느 정도 민감한 시기가 존재한다는 점을 시사한다.

영유아기 외국어 교육의 비효율성을 강조하는 접근에 의하면, 신경회로가 완전히 발달하지 않은 유아기에 일방적이고 편중된 학습은 뇌 과부하로 과잉학습장애 증후군, 우울증, 애착장애 등의 문제를 일으키기 때문에 뇌의 정서담당 영역이 주로 발달하는 유아기에는 정서 조절, 긍정적인 사고, 학습의욕을 높이기 위한 '변연계 훈련'이 필요함을 강조한다. 언어발달에는 결정적 시기가 있어 생후 7.5개월에 모국어가 아닌 다른 언어를 구분하도록 양육된 유아는 30개월 즈음에 오히려 낮은 어휘 능력과 문장구조의 평균 발화 길이가 짧아지는 결과를 가져온다고도 하였다(서울특별시 교육청, 2013).

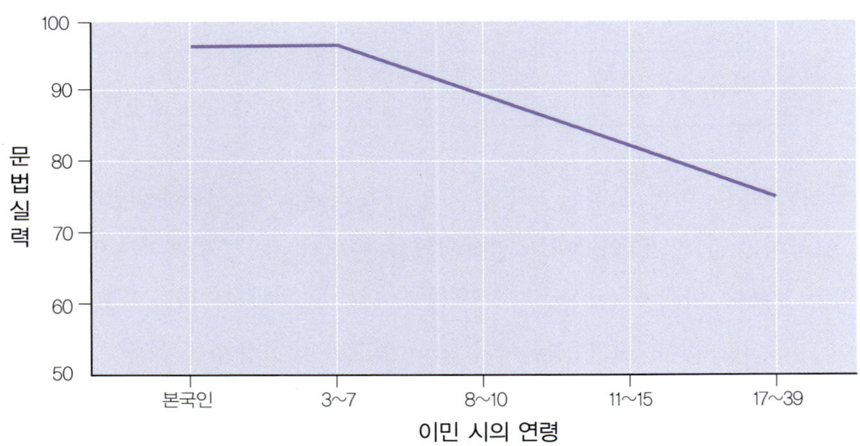

출처: Jonson & Newport(1991).

[그림 8-4] 미국 이민 시 연령과 문법실력 간의 상관관계

CHAPTER
9

정서 및 자아발달

본 장에서는 정서의 표현능력과 정서이해 및 조절능력이 연령에 따라 어떠한 발달양상을 보이는지 그리고 정의적 발달의 기저가 되는 기질 및 애착의 발달 특성과 이에 영향을 미치는 요인들에 대해 알아본다. 마지막으로 자아의 발달을 이해하기 위해 자아인식, 자아존중감, 자아통제감, 그리고 사회인지의 발달적 경향을 소개한다.

1 정서발달

영유아는 성장하면서 다양한 정서를 표현하게 되고, 타인의 정서를 인식하고 해석할 수 있으며, 상황에 적절한 정서표현을 할 수 있게 된다.

1) 정서표현

갓 태어난 신생아가 점차 성장함에 따라 다양한 종류의 정서들이 서로 다른 시기에 나타나게 된다. 영아기 정서발달에 대한 대표적인 연구자인 Bridges (1932)에 의하면, 출생 시 영아에게는 산만한 흥분상태만이 존재한다. 생후 3개월쯤 되면 쾌·불쾌 정서가 생기고, 5개월이 되면 분노와 혐오가 분화된다. 7개월에는 불쾌에서 공포가 분화되고, 애정과 기쁨은 10개월에서 12개월 사이에 나타난다. 2세 경에는 질투심이 생겨서 성인에게서 볼 수 있는 감정이 거의 모두 분화된다(김경희, 1999).

영아의 생애 초기에 나타나는 비교적 단순한 정서를 1차 정서 혹은 기본 정서(primary, basic emotion)라고 부른다. 1차 정서에는 기쁨, 분노, 공포 등이 속한다. 기본 정서는 모든 문화권의 동일 연령 영아에게 나타나기 때문에 생물학적으로 준비된 반응으로 가정된다. 1차 정서보다 늦게 나타나는 정서로는 당혹감, 수치심, 죄책감, 부러움, 자부심 등이 있고 이러한 정서는 1차 정서보다 좀 더 복잡한 인지능력을 필요로 하는 것으로, 2차 정서 혹은 복합정서(secondary, complex emotion)라고 명명된다. 2차 정서에는 자기의식적(self-conscious) 정서와 자기평가적(self-evaluation) 정서가 있다. 자기의식적 정서는 자아감을 해치거나 증진시키는 것과 관련되고 가장 단순한 자기의식적 정서인 당혹감은 유아가 거울이나 사진에서 자신을 인식하기 시작한 이후에야 비로소 나타난다. 수치심이나 죄책감, 자부심과 같은 자기평가적 정서는 자기인식과 자신의 행동을 평가하는 규칙이나 규준에 대한 이해를 바탕으로 한다(권민균 외, 2005).

[그림 9-1] 기쁨

[그림 9-2] 슬픔

2) 정서이해

영유아가 성장해감에 따라 타인의 정서를 이해하는 능력이 발달된다. 타인의 정서를 이해하는 능력은 타인과 원만한 사회적 관계를 맺는 데 중요하다. 타인의 정서를 이해하는 능력은 영아기부터 발달되기 시작한다. 생후 6개월 된 영아도 미소 짓는 얼굴과 찡그린 얼굴을 구분할 수 있다(Ludemann & Nelson, 1988; Ludemann, 1991). 타인의 정서표현을 해석하고 그 정보를 자신의 행동을 조절하기 위해 사용하는 능력인 사회적 참조(social referencing)도 생후 8~10개월 사이에 분명하게 나타나기 시작한다(Feinman, 1992). Gibson과 Walk(1960)는 시각벼랑 실험을 고안하여 시각적으로 깊게 보이는 낭떠러지를 만들어 놓고 영아로 하여금 어머니가 있는 쪽으로 건너오게 하였다(그림 9-3). 그 결과 어머니의 표정이 기쁨이나 호기심을 나타내고 있을 때 대부분의 영아가 어머니 쪽으로 기어간 반면, 어머니가 분노나 공포를 표현했을 때는 대부분의 영아가 어머니 쪽으로 건너가지 않았다. 이것은 영아가 모호한 상황에서 어머니의 표정을 읽고 자신의 행동 반응을 결정하는 사회적 참조가 가능하다는 보여준다.

유아기에 접어들면 타인의 감정에 대한 추론이 더욱 정확해지는데, 3세경이 되면 표정과 상황단서를 사용하여 정서를 이해하며 기쁨은 어린 유아가 가장 잘 이해하는 정서였다. 또래가 즐거워하는 정서를 잘 이해하였고, 이야기 속 주인공의 행복한 정서도 정확히 이해하였다. 그러나 어린 유아들은 슬픔, 공포, 분노 등과 같은 부정적 정서 중에서, 이야기 주인공이 경험하는 공포는 잘 이해하였으나 슬픔과 분노는 혼동하였다(권민균 외, 2005).

출처: 정옥분(2006).

[그림 9-3] 시각벼랑 실험

3) 정서조절

정서조절이란 자신의 감정을 적절히 통제하고, 목표달성을 위해 적절한 강도로 정서적 각성을 조절하는 것을 의미하며, 이러한 능력은 영아기부터 발달하기 시작한다. 6개월 정도 된 영아들도 자신의 부정적 정서를 감소시키기 위해 불쾌한 자극을 피하기도 하고 입으로 빨 물건을 찾게 된다. 1세경이 되면 영아들은 스스로 몸을 흔들거나 자신을 당황스럽게 하는 사람이나 사물을 피함으로써 부정적인 각성을 감소시키려고 한다(Mangelsdorf, Shapiro, & Marzolf, 1995).

3세경이 되면 자신의 감정을 잘 숨길 수 있게 된다. 실험자가 유아들에게 매력적인 장난감과 그렇지 않은 장난감을 주고 매력적인 장난감을 엿보지 못하도록 한 결과 32명의 유아 중 29명이 금지된 장난감을 엿보았으나 엿보지 않았다고 거짓말을 했다. 그러나 실험자는 유아의 표정과 몸짓만 보고는 거짓말을 하는지 알 수가 없었다. 이것을 통해서 볼 때 3세 유아도 자기감정을 숨길 수 있음을 알 수 있다

(Lewis, Stranger, & Sullivan, 1989).

4) 정서지능

정서는 최근 인간의 행복과 불행이나 성공과 실패를 예측하는 데 중요한 요인으로 부각되고 있다. 일반적인 통념과는 달리 정서지능은 IQ나 표준화된 성취검사에 의해 측정되는 지적 능력보다 개인의 삶에서 더 중요한 의미를 가질 수 있다.

정서지능(emotional intelligence)이라는 용어는 Mayer와 Salovey(1997)에 의해 최초로 사용되었다. 이들은 정서지능을 자신과 타인의 정서를 평가하고 표현하는 능력, 자신과 타인의 정서를 효과적으로 조절하는 능력, 그리고 자신의 삶을 계획하고 성취하기 위해서 그러한 정서를 활용할 수 있는 능력으로 정의하고 있다.

정서지능을 높이기 위해서는 다음과 같은 방법을 활용하여 훈련하는 것이 필요하다. 즉 가족 구성원의 표정과 감정을 읽고, 불쾌한 감정을 처리하는 방법을 연습하며, 동화나 소설 혹은 영화 속 주인공의 감정처리 방법에 대한 분석과 표현 훈련이 필요하다(정옥분, 2004).

2 기질과 발달

기질(temperament)은 출생 직후부터 나타나는 정의적 특성으로서 인간의 전 생애발달에 결정적인 영향을 미친다.

1) 기질의 개념

영아는 출생 직후부터 나름대로의 독특한 성격을 가지고 있다. 어떤 영아는 순하고 잘 놀며 어떤 영아는 자주 울고 보채는데, 연구자들은 이러한 영아의 독특한 성격 특성을 기질이라는 개념으로 설명하고 있다. 기질이란 정서적 반응성, 운동적 반응성, 주의 반응성과 자기조절에 있어서 '타고난 개인차'로 정의될 수 있다(Rothbart & Bates, 1998). 즉 기질은 환경적 사건에 대한 정서 및 행동 반응의 특징으로써 활동 수준, 자극 민감성, 공포, 사회성 같은 긍정적 정서 등이 포함된다(Shaffer, 2008). 영아는 이러한 요인들에서 각기 다른 반응을 보임으로써 서로 다른 기질을 나타내게 된다.

영아의 기질을 종단적 연구를 통해 분석한 Thomas와 Chess(1977)는 기질을 다음의 세 가지 유형으로 분류하였다(송명자, 1995, 재인용).

(1) 순한 기질(easy temperament)

순한 기질의 영아는 수면, 음식섭취, 배설 등의 일상생활 습관이 대체로 규칙적이며, 반응강도는 보통이다. 새로운 음식을 잘 받아들이고, 낯선 대상에게도 스스럼없이 잘 접근하며, 환경변화에 대한 적응력도 높다. 대체로 평온하고 행복한 정서가 지배적이다. 이러한 순한 기질에 포함되는 영아는 전체 표집의 40%였다.

(2) 까다로운 기질(difficult temperament)

까다로운 기질의 영아는 순한 기질의 영아와 반대 특성을 보인다. 생활습관은 불규칙하며 예측이 어렵고, 환경으로부터의 자극이나 욕구좌절에 대한 반응강도가 강하다. 새로운 음식을 받아들이는 속도가 늦고, 낯선 사람에게 의심을 보이며, 환경변화에 대한 적응도 늦다. 크게 울거나 웃는 등 강한 정서가 자주 나타나며, 부정적인 정서도 자주 보인다. 약 10%의 영아가 까다로운 기질에 해당되었다.

(3) 느린 기질(slow-to warm up temperament)

느린 기질의 영아는 상황의 변화에 대한 적응이 늦고, 낯선 사람이나 사물에 부정적인 반응을 보이는 점에서는 까다로운 영아와 유사하다. 그러나 까다로운 영아와 달리 활동이 적고 반응강도 또한 약하다. 수면, 음식섭취 등의 생활습관은 까다로운 영아보다 규칙적이지만 순한 영아보다는 불규칙하다. 전체 표집의

15%의 영아가 여기에 속하였다.

나머지 영아들은 위의 세 가지 기질 유형 중 어떠한 기질에도 속하지 않고 자신만의 독특한 패턴을 보였다(송명자, 1995).

2) 기질의 안정성

기질은 타고난 것으로 환경보다는 유전의 영향이 크며, 시간적으로 안정된 특징을 지닌다. 기질에 있어서 유전적 영향이 크다는 것은 일란성 쌍생아들이 이란성 쌍생아에 비해 활동 수준, 자극 민감성 그리고 긍정적인 정서와 같은 기질 특성에서 훨씬 더 유사한 것을 알 수 있다(Shaffer, 2008). 기질에 대한 유전의 영향은 [그림 9-4]에 제시되어 있다.

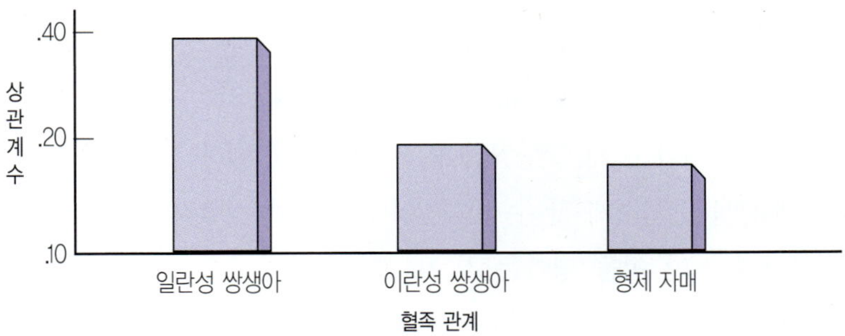

출처: 정옥분(2006).

[그림 9-4] 기질에 대한 유전의 영향

기질은 또한 시간에 따라 안정된 특성을 보이는데, 영아기에서부터 유아기, 아동기뿐 아니라 초기 성인기에 이르기까지 지속된다. 한 종단적 연구에서 3세에 측정된 기질적 요소들이 18세까지 안정적일 뿐 아니라, 18~21세 때의 반사회적 경향이나 개인 및 가족관계의 질을 예측하였다(Caspi & Silva, 1995). 특히 친숙하지 않은 상황으로부터 물러나는 경향을 보이는 행동억제(behavioral inhibition)는 매우 안정성이 있는 것으로 나타났다. 그러나 이러한 안정성은 행동억제의 연속선상

극단적인 경우, 즉 행동억제 수준이 매우 높거나 낮은 경우에 해당하는 것으로 보인다. 행동억제의 극단에 위치하지 않은 대부분의 영유아들은 시간이 지남에 따라 억제 수준에서 상당한 변화를 보였으므로(Kagan, 1992), 기질이 유전적인 영향을 받는 것일 뿐 아니라 환경적인 영향도 받을 수 있음을 지적해 준다. 따라서 기질이 생득적이며 지속적인 특성이 강하다는 주장이 우세하지만 기질의 형성과 변화에 미치는 환경의 영향을 간과해서는 안 될 것이다(송명자, 1995).

3) 기질과 부모의 양육행동

기질은 유전적인 영향을 많이 받지만, 기질이 절대로 변화되지 않거나 인간의 성격과 사회적응을 결정하는 것은 아니다. 다시 말해서 기질은 변화될 수 있으며 기질의 변화를 가져올 수 있는 요인은 바로 부모의 양육행동이다. 유아의 기질이 바람직한 방향으로 변화되기 위해서는 기질과 부모의 양육행동 간의 적합성(goodness-of-fit)이 중요하다(Thomas & Chess, 1986).

까다로운 기질의 영아는 새로운 일과에 적응하는 데 어려움을 겪을 수 있고 소란을 피우며 부모를 난처하게 할 수 있다. 이때 부모가 처벌적이며 성급하고 인내심을 갖지 못하게 되면 이들 영아는 부모에게 더 까다롭게 굴고 저항하게 된다. 그러나 부모가 여유와 인내심을 가지고 민감하게 양육한다면 까다로운 영아는 이후 아동기나 청소년기에 더 이상 까다로운 기질로 분류되지 않을 수 있다(Chess & Thomas, 1984). 이는 영유아의 기질과 부모의 양육행동 간의 조화로운 관계를 맺는 것이 중요함을 보여준다. 이와 같이 부모의 자녀양육 행동과 유아의 기질이 조화될 때 유아는 최적의 발달을 이룰 수 있다.

3 애착과 발달

애착(attachment)이란 두 사람 간에 형성되는 친밀한 정서적 유대감으로서 상호 간의 애정과 근접성을 유지하려는 욕구를 수반한다. 영아는 주 양육자와 애착을 형성하여 애정이나 사랑 같은 긍정적 정서를 느끼고 환경에 적응하게 된다. 인간의 아기는 무기력한 상태로 태어나 주 양육자에게 전적으로 의존하여 기본적 욕구를 충족시키게 되므로 애착 형성은 생존을 위해 중요하다. 또한 애착은 이후의 발달과정에서 맺는 사회적 관계의 기초가 된다.

애착은 영아와 주 양육자 간의 지속적인 상호작용을 통해 형성된다. 그러므로 주 양육자는 영아를 양육하는 과정에서 영아가 정서적인 만족감을 충분히 얻을 수 있도록 해야 하며 안정된 애착을 형성하기 위해서는 주 양육자가 영아의 욕구에 보다 민감하고 온정적이고 일관성 있게 반응해 주어야 한다.

애착 형성에 있어서 주 양육자의 역할만이 중요한 것은 아니다. 애착은 영아와 주 양육자 관계의 상호성에서 고려되야 하므로 영아의 역할도 중요한데, 즉 영아는 주 양육자의 관심을 끌려면 자신의 욕구를 표현하기 위한 신호를 보내야 한다. 이러한 초기의 지속적인 상호작용을 통해 주 양육자와 영아 간의 긴밀한 정서적 유대감인 애착이 형성되게 된다(권민균 외, 2005).

1) 애착 이론

(1) 정신분석 이론

Freud에 의하면, 어머니는 영아에게 수유를 함으로써 영아의 구강기적 만족을 충족시켜 주게 된다. 따라서 어머니는 영아의 안전과 애정의 일차적 대상이 되어 애착이 형성된다고 보았다.

Erickson은 영아의 기본적 욕구에 대한 어머니의 전반적 반응성이 음식을 주는 것이나 수유하는 것보다 더 중요하다고 하였다. 즉, 어머니가 자녀의 기본적인 욕구를 충족시켜 주는 것은 영아가 세상에 대한 기본적인 신뢰감을 형성하게 하는 기반이 된다. 반면 자녀의 욕구에 대해 반응적이지 못하고 일관되지 못한 경우 양육자에 대해서 불신감을 갖게 된다. 따라서 영아의 구강기적 욕구를 충족시켜 주는 것뿐 아니라 기본적인 욕구에 민감하게 반응하는 양육행동이 안정된 애착 형성에 필수적인 요건이 된다(정옥분, 2006).

(2) 학습 이론

학습이론가들 역시 영아에게 음식을 주고 욕구를 만족시켜 주는 사람이 애착대상이 된다고 설명하고 있다. 학습 이론도 정신분석 이론과 마찬가지로 애착 형성에 있어서 수유가 중요함을 강조하고 있으나 정신분석 이론과는 다른 이유를 들어 설명하고 있다. 양육자는 영아에게 음식을 주면서 따뜻함과 부드러운 접촉을 제공하게 된다. 이러한 경험이 반복되면서 본래 중립자극이었던 양육자와 음식 등의 다른 강화 자극들과의 반복적인 연합을 통해 양육자는 2차 강화물로서의 지위를 갖게 되어 영아가 양육자에게 애착되는 것이다. 영아는 양육자의 주의를 끌고 자신의 곁에 남아 있도록 하기 위해 미소, 옹알이, 울음 등의 행동을 하게 된다.

애착은 영아의 행동에 대한 어머니의 반응성과 어머니가 제공하는 자극의 총량에 의해 예측될 수 있다. 즉, 어머니가 영아의 욕구에 적절하게 반응하고 자주 놀아주면 영아는 어머니에게 긴밀하게 애착된다(Shaffer, 2008).

(3) 인지발달 이론

인지발달 이론에 따르면 애착을 형성하는 능력은 영아의 인지발달 수준에 준한다. 즉, 영아는 친숙한 대상과 낯선 사람을 구별할 수 있는 능력을 가지고 있어야 애착을 형성할 수 있다. 또한 영아는 대상영속성의 개념도 습득해야 한다. 왜냐하면 영아가 양육자가 시야에서 사라질 때마다 양육자가 존재하지 않는다고 생각하면 애착을 형성하기가 어렵기 때문이다. 따라서 영아는 대상영속성을 획득하게 되는 시기인 7~9개월경이 되어야 애착을 형성하기 시작하게 된다(정옥분, 2006).

(4) 동물행동학 이론

동물행동학 이론에서는 애착이 종의 생존을 돕기 때문에 애착을 증진시키기 위한 선천적인 행동 경향성이 진화되어 온 것으로 보고 있다. 동물행동학 이론은 동물연구로부터 시작되었는데, Lorenz는 동물연구를 통해 각인(imprinting) 행동을 보고하였다. 그는 새끼 거위가 부화된 후 결정적 시기에 노출된 대상을 각인하여 추종행동을 보인다는 것을 발견하였다. 이러한 각인은 어린 새가 어미를 따라다님으로써 굶어 죽지 않고 보호받을 수 있으므로, 이러한 각인은 생존을 위한 적응적인 가치를 지닌다. 만일 결정적 시기에 새끼 새가 어떤 대상에게도 각인되지 못하면 다시 각인되기 어려우며, 결정적 시기에 다른 종에게 노출되면 그 대상에게 각인된 채로 남아 있게 되어 되돌릴 수 없게 된다. Lorenz가 부화된 새끼 거위 중 한 마리를 다른 새끼들과 떼어내어 Lorenz가 길렀더니, 그 새끼 거위는 어미 거위를 보고도 따라가지 않고 Lorenz만 따라다녔다. 이는 새끼 거위가 생애 초기에 Lorenz를 애착 대상으로 삼아서 그에게 각인을 했기 때문이다(김경희, 1999)(그림 9-5).

출처: Santrock(2005).

[그림 9-5] Lorenz의 각인실험

인간의 아기도 양육자의 도움 없이는 아무것도 할 수 없는 매우 무기력한 상태로 태어나므로, 보호받기 위한 많은 특성들을 선천적으로 가지고 태어난다. 아기들의 넓은 이마, 살찐 볼, 둥근 얼굴 등은 양육자가 영아를 사랑스럽게 여기도록 만들어 영아 곁에 오래도록 머물면서 보호할 수 있도록 만든다(Lorenz, 1943).

Bowlby(1969)에 의하면, 영아의 귀여운 얼굴 특성뿐 아니라 타고난 반사, 즉 빨기, 쥐기 등의 반사행동은 양육자가 영아에게 근접해 있을 가능성을 증가시킨다. 또한 영아의 울음, 반사적 미소, 쿠잉, 옹알이, 잡기, 매달리기 등의 행동도 양육자로 하여금 아기의 근처에 있으면서 위험으로부터 보호하고 성장을 위한 자극과 애정을 줄 수 있도록 한다. 이러한 애착 행동들은 아기가 선천적으로 타고난 신호행동들이다. 한편 성인 역시 아기의 신호에 호의적으로 반응하는 생물학적인 경향성을 가지고 있어 양육자는 위급한 상황에서 아기의 울음을 무시하기 어렵고 아기의 미소에 반응하지 않을 수 없다(Shaffer, 2008).

이와 같이 영아와 양육자는 긴밀한 정서적 유대감인 애착을 형성하도록 진화되어 왔고 애착이 영아의 생존가능성을 높였다. 그러나 이것은 애착이 자동적이라는 의미는 아니다. 부모는 아기의 신호를 읽고 적절하고 신속하게 반응하는 데 능숙해져야 하고, 아기는 부모의 행동을 조절하는 방법을 학습해 나가야 한다. 영아가 우울하거나 무반응적인 부모로부터 호의적인 반응을 유발하는 데 실패한다면, 영아의 미리 계획된 신호는 쇠퇴하게 된다. 따라서 인간이 긴밀한 애착을 맺도록 생물학적으로 준비되었더라도 타인의 행동에 대해 서로 반응하는 방법을 학습하지 못하면 애착은 형성되지 못할 수 있다(Shaffer, 2008).

애착 형성에 있어서 배고픔 같은 기본적인 욕구충족도 중요하지만 사회적인 접촉과 상호작용이 더 중요하다는 연구결과도 있다. Harlow와 Zimmerman(1959)의 실험에서, 새끼 원숭이들을 어미 원숭이에게서 격리시키고 철사로 만든 대리모와 헝겊으로 된 대리모를 만들어 각 어미에게 우유통을 매달아 놓았다. 새끼 원숭이들은 어느 어미에게서 우유를 먹었느냐와 관계없이 대부분의 시간을 헝겊 어미에게 매달려 있었다. 또 갑자기 나타난 곰 인형 같은 낯선 자극에 놀랐을 때에도 헝겊 어미에게로 뛰어갔다(그림 9-6). 이러한 실험을 통해서 볼 때 애착을 형성하는 데 있어서 사회적 접촉을 통한 위안이 중요하다는 것을 알 수 있다.

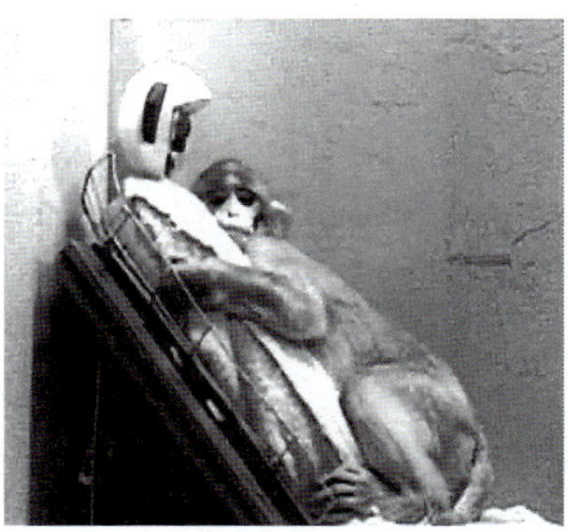

[그림 9-6] 원숭이 애착실험

2) 애착 형성단계

영아와 어머니가 애착을 형성해 가는 과정을 Bowlby(1969)는 인간에 대한 비변별적 반응성, 낯익은 사람에게 초점 맞추기, 능동적 접근 추구, 동반자 행동의 단계로 구분하였다(김경희, 1999).

(1) 인간에 대한 비변별적 반응성

출생부터 3개월에 해당되는 시기로 미소, 옹알이, 울기, 응시하기 등 여러 신호 행동을 통해 주위 사람과의 관계를 유지한다. 생후 3주경이 되면 반사적인 미소가 나타나며, 5주 정도에는 사회적인 미소가 나타난다. 3개월경이 되면 어머니와 아기가 응시하며 미소를 교환하게 되고 옹알이도 시작하게 된다. 그러나 이 시기에는 아직 애착이 형성되지 않아 혼자 남아 있더라도 아기는 별다른 반응을 보이지 않는다.

(2) 낯익은 사람에게 초점 맞추기

3개월부터 6개월까지의 시기로, 영아는 친숙한 사람과 낯선 사람에게 다르게 반응한다. 아직 낯가림은 하지 않으나 친숙한 사람에게 더 많이 웃거나 옹알이를 더 많이 한다. 그러나 이때 역시 영아가 혼자 남아 있더라도 분리불안을 보이지 않는다.

(3) 능동적 접근 추구

이 단계는 6개월에서 3세에 해당되는 시기이다. 7개월경이면 영아는 기어다닐 수 있게 되어 애착 대상에게 적극적으로 접근하게 된다. 애착은 7~8개월에 뚜렷해져 낯선 사람에 대해 낯가림이 생기게 되고, 애착 대상이 영아의 곁을 떠나면 분리불안이 나타나게 된다. 3세까지는 무조건 애착 대상과 함께 있기를 원한다.

(4) 동반자 행동

이 시기는 3세에서 아동기 말까지에 해당된다. 3세 이후에 유아는 정신적 표상과 언어발달로 인해 애착 대상이 곁에 없더라도 언제 다시 돌아올지 예측할 수 있으므로 분리불안이 감소하게 된다. 즉, 유아는 애착 대상이 없는 동안에도 애착 대상의 행동을 상상할 수 있는 동반자와 같은 관계로 행동할 수 있다(김경희, 1999).

3) 애착 반응

애착이 형성된 후 나타나는 현상은 낯가림(stranger anxiety)과 분리불안(separation anxiety)이다. 낯가림은 낯선 사람이 다가오거나 부모가 낯선 사람에게 맡기면 큰 소리로 우는 반응을 일컫는다. 낯가림은 7~8개월경 나타나기 시작하고 12개월경에 절정에 이르다가 서서히 감소한다. 그러나 2세 이후에도 낯선 상황에서 낯선 사람을 볼 때 두려움을 보이기도 한다. 이러한 낯가림은 영아가 친숙한 사람의 얼굴에 대한 도식을 형성하게 되면 낯선 사람을 보았을 경우 그 차이에 의해 혼란스러움을 경험하게 되기 때문에, 친숙한 얼굴과 낯선 얼굴의 불일치에 대해 보이는 반응으로 볼 수 있다.

분리불안은 애착 대상이 영아의 곁을 떠나면 느끼는 불안을 뜻한다. 이는 12개월 전후로 나타나 20~24개월경에 없어진다. 안정애착을 형성한 영아는 불안정애착을 형성한 유아에 비해 분리불안을 덜 보이는 경향이 있고, 어머니를 안전의 기반으로 삼아 주변 환경을 탐색하게 된다.

4) 애착의 유형

애착의 질을 구분하기 위해 Ainsworth(1983)는 낯선상황 실험을 실시하여 애착의 유형을 네 가지로 구분하였다. 즉 낯선 상황에서의 탐색활동, 낯선 이에 대한 반응, 어머니와 분리되었을 때의 반응, 그리고 어머니와 재결합했을 때 영아의 반응을 기록하고 분석하여 애착 유형을 네 가지로 구분하였다(표 9-1).

〈표 9-1〉 Ainsworth의 낯선 상황 실험

일화	내용	관찰되는 애착행동
1	실험자가 어머니와 영아에게 놀이방을 안내하고 떠남	
2	영아가 노는 동안 어머니는 앉아 있음	안전기지로서의 어머니
3	낯선 사람이 들어와 앉아서 어머니와 이야기함	낯선 자에 대한 불안
4	어머니가 나가고 영아가 불안해하면 낯선 사람이 위로를 함. 낯선 사람 떠남	분리 불안
5	어머니가 돌아와 영아에게 인사하고 영아가 불안해하면 진정을 시킴. 낯선 사람이 방을 나감	재결합 반응
6	어머니가 방을 나감	분리불안
7	낯선 사람이 들어와 영아를 진정시킴	낯선 사람에 의해 진정되는 정도
8	어머니가 돌아와 영아에게 인사하고, 필요하다면 위로를 함. 영아가 장난감에 흥미를 갖도록 유도함	재결합 반응

출처: Shaffer(2008).

(1) 안정 애착

안정 애착 유형에 속하는 영아는 어머니를 안전기지로 사용하여, 어머니와 함께 있을 때 적극적으로 주변 환경을 탐색한다. 어머니와 분리되었을 때 일부는 울고 일부는 울지 않는다. 그러나 특징적인 것은 어머니가 돌아왔을 때 영아는 어머니를 반갑게 맞이하고 신체적 접촉을 하여 위안을 얻으려 하며 어머니가 있을 때는 낯선 사람과 잘 지낸다. 연구대상의 65%가 여기에 속하였다.

(2) 저항 애착

이 유형의 영아는 어머니가 있을 때도 불안해하며 어머니 가까이에 머물려고 하고 탐색을 거의 하지 않는다. 어머니가 방을 나가면 매우 심한 스트레스를 나타낸다. 어머니가 돌아와서 안아주어도 계속 화를 내며 저항하면서도 어머니 곁에 머물려고 하는 양가적 감정을 보인다. 이들 영아는 어머니가 있을 때조차 낯선 사람에 대해 경계한다. 10%의 영아가 저항 애착 유형에 해당되었다.

(3) 회피 애착

회피 애착 유형의 영아는 어머니와 같이 있을 때도 어머니에게 별 반응을 보이지 않는다. 어머니가 영아의 주의를 끌려고 해도 무시하는 경향이 있다. 이들은 어머니와 분리될 때조차 거의 스트레스를 받지 않는 것으로 보인다. 어머니가 돌아와도 무시하거나 회피하는 등의 행동이 나타난다. 즉 어머니가 돌아왔을 때 반가워하지 않으며 잘 안기지 않는다. 낯선 사람에 대해서도 회피하거나 무시하는 반응을 보인다. 이런 유형의 영아는 20%로 확인되었다.

(4) 혼란 애착

혼란 애착은 최근에 발견된 애착 유형으로서 낯선 상황에서 가장 심한 스트레스를 받는 유형이다. 이 유형은 저항 애착과 회피 애착을 조합한 듯한 형태를 보인다. 어머니와 재결합할 때 멍하고 얼어붙은 듯이 어머니에게 접근하거나, 어머니가 다가오면 갑자기 멀리 피한다. 5~10%의 영아가 이 유형에 속하였다.

5) 애착 형성의 증거

애착이 형성되는 과정에서 낯가림과 분리분안이 나타난다. 이러한 행동들은 애착이 잘 형성되고 있음을 나타내는 증거라고 볼 수 있다(문혁준 외, 2020). 낯가림은 친숙하지 않은 낯선 사람이 영아에게 다가올 때 영아가 낯선 사람의 얼굴을 피하면서 큰 소리로 우는 행동을 보이는 것을 뜻한다. 낯가림은 6~8개월경에 나타나기 시작하여 만 1세경에 가장 심하게 나타나다가 서서히 감소하게 된다. 낯가림이 낯선 사람의 접근에 대한 반응이라면 분리불안은 친숙한 사람과의 분리에 대한 불안반응이다. 영아는 애착 대상과 헤어질 때 불안해하고 당황하여 우는 행동을 보이고 애착대상과 떨어지지 않으려 한다. 이러한 불안 반응은 8~9개월경부터 나타나기 시작하여 15개월경에 최고조에 달하고 2세경에 사라지게 된다(이영 외, 2017).

6) 애착에 영향을 미치는 요인

애착 형성에 영향을 미치는 요인에는 부모의 성격, 직장이나 경제적 문제, 배우자와의 관계, 어머니 자신의 성장과정, 연령, 부모의 양육태도 등이 있다. 부모의 성격이 우울한 경우 아기의 요구를 무시하며 만족스러운 관계를 형성하는 데 실패한다. 이들은 양육을 즐거워하지 않고 짜증과 화를 잘 내는 경향이 있다. 정서적으로 불안한 부모들은 아기가 자신을 완벽하게 사랑하기를 기대하지만 말을 듣지 않을 때 자신이 거부된 것처럼 느끼기도 한다(Steel & Pollack, 1974). 직장이나 경제적 문제가 있는 경우에 스트레스가 많게 되어 불안정 애착이 많은 것으로 알려져 있다. 배우자와의 결혼생활이 원만하지 못한 경우에도 자녀와 안정적인 애착을 형성하기 어렵다. 또한 어머니 자신이 성장과정에서 부모와 좋은 관계를 형성하지 못했을 때 자신도 자녀와 안정된 관계를 맺지 못하는 경향이 있다. 부모의 연령 또한 애착에 중요한 영향을 미친다. 너무 어린 나이에 임신을 했거나 원치 않는 자녀를 임신한 경우 안정 애착을 형성하기 어렵다(권민균 외, 2005).

부모의 양육태도도 애착 형성에 중요한 영향을 미친다. 부모가 영아의 욕구에 민감하며 일관성이 있고 즉각적으로 반응하며 충분한 정서적 지지를 제공한다면 영아는 안정되게 애착될 것이다. 그러나 부모가 자신의 기분에 따라 일관적이지 않은 양육태도를 보이거나 자녀의 욕구에 덜 민감할 경우, 혹은 영아의 욕구에 맞추기보다는 자신의 방식을 밀어붙이는 양육태도를 가졌을 때 불안정 애착을 형성하게 된다. 안정 애착을 형성한 어머니들은 영아에 대해 긍정적 태도를 가지고 영아의 욕구와 목표를 이해하며 그것에 민감하고 동시적인 상호작용을 한다. 또한 풍부한 자극과 정서적인 지지를 제공하여 편안함과 즐거움을 준다. 반면 저항 애착 패턴을 보이는 영아의 부모들은 비일관적인 양육을 하며 기분에 따라 열정적이거나 무관심하게 반응하고 둔감한 특성을 가진다. 따라서 영아는 매달리거나 우는 등 애착 행동을 통해 정서적 지지를 얻으려고 하지만 그러한 노력이 실패했을 경우 화를 내게 된다. 회피 애착을 형성하는 경우, 어머니는 영아에 대해 참을성이 없고 신호에 둔감하며 영아에게 부정적인 감정들을 표현할 가능성이 높으며 양육으로부터 즐거움을 거의 얻지 못한다. 이러한 어머니는 아기를 거부할 가능성이 높고 완고하며 자아중심적인 특성이 있다. 회피 애착을 형성한 부모들은 영아가 원하지 않을 때조차 끊임없이 높은 수준의 자극을 제공하는 등 상호작용에서 일방적인 특징이 있다(Shaffer, 2008).

그러나 애착관계는 영아와 부모가 함께 만들어가는 것이므로 애착의 질이 전적으로 부모의 특성에 의해 좌우되는 것은 아니다. 영아의 특성 또한 애착에 영향을 미친다. 즉 영아가 조산아이거나 발달지체, 장애가 있는 경우 불안정 애착을 맺을 가능성이 있다. 또한 영아의 기질도 애착유형과 관련이 있는데, 까다로운 기질이나 느린 기질의 영아는 순한 기질을 가진 영아에 비해 불안정 애착을 형성할 가능성이 높다. 그러나 영아의 기질 자체보다도 '조화의 적합성'이 애착에 영향을 준다. 즉, 부모가 영아의 기질에 적합한 양육을 할 경우 안정 애착을 맺을 수 있다(Shaffer, 2008).

[그림 9-7]
어머니와 애착을 형성한 유아

7) 애착과 발달과의 관계

애착의 안정성은 유아가 어머니를 주위환경 탐색을 위한 안전기반으로 삼는 능력과 관련된 것으로 인지발달과 관계가 있다. 유아는 안정된 애착으로 인해 사물을 학습하는 기술을 배우게 되며 자신에 대해 유능감을 느끼게 된다. 안정 애착된 유아는 그렇지 않은 유아보다 열성적이고, 지속적이며, 지시를 잘 따르고, 좌절이 적다고 보고되고 있다. 따라서 안정 애착된 유아는 보다 효율적인 문제해결자라고 볼 수 있다.

유아의 애착은 사회정서 발달과도 관련이 있다. 안정 애착은 영아기 이후의 안정성, 신뢰감, 타인과 협동할 수 있는 능력과 관계가 있다. 또한 지배능력의 발달, 자율감의 성취, 또래집단에서의 자신감을 가져온다는 보고도 있을 뿐만 아니라 애착 관계는 유아가 성장하면서 맺게 되는 대인관계에 영향을 줄 수 있다.

반면 불안정 애착을 형성한 유아들은 일반적으로 불안하고 미숙한 경향이 있다. 이들은 긴장 상황에서 신경증적 증상이나 우울증, 공포를 나타내기 쉬우며 심하게 스트레스를 받는 상황에서는 정신적, 신체적 증상을 동반하기도 한다(유효순·이영자, 1986).

4 자아의 발달

자신을 다른 사람 및 주변 환경과 구분할 수 있게 되면서부터 자아가 발달하기 시작한다. 신생아도 녹음된 자신의 울음소리에는 울지 않지만 다른 아기의 울음소리를 들으면 우는 것을 볼 때, 출생 시부터 자신과 타인을 구분할 수 있는 능력이 생기기 시작함을 알 수 있다. Piaget에 의하면 2~3개월 된 영아도 발을 차거나 팔을 끌어당겨서 모빌을 움직이고 소리 내는 것을 즐거워하며 반복하려 한다(Lewis, Alessandri, & Sullivan, 1990; Rovee-Collier, 1995). 이는 2개월 된 영아들도 자신이 어떤 사건의 원인이 될 수 있다는 것을 인식하고 있음을 보여준다. 이와 같이 자기 신체와 외부 대상을 변별하기 시작하면서 자아가 발달하기 시작한다.

1) 자아인식

영아가 자신이 타인과 독립적으로 존재한다는 것을 알게 되면 자신이 누구인지에 대해 알고자 하는데 이것이 자아인식이다. Lewis와 Brooks-Gunn(1979)은 9~24개월 된 영아를 대상으로 코에 빨간 립스틱을 칠한 후 거울 속에 비친 모습을 보게 하였다. 어린 영아들은 거울을 보고도 자신을 알아보지 못하였다. 반면 18~24개월 된 대부분의 영아들은 거울 속에 비친 자기 모습에서 붉은 점을 보고 자신의 코를 만졌다. 이 실험을 통해서 볼 때, 18개월 이후의 영아는 거울 속에 비친 자신을 인식할 수 있음을 알 수 있다. 이들은 사진 속에 있는 자신을 인식할 수 있고 사진 속 자신을 '나' 혹은 자신의 이름으로 지칭할 수 있다. 이러한 자아인식은 자신의 얼굴에 대한 도식을 내재화함으로써 가능하므로 자아인식을 위해서는 인지발달이 필요하다고 볼 수 있다.

자아인식은 인지발달뿐 아니라 사회적 경험과도 관련이 있다. Gallup(1979)의 연구에서 정상적으로 자란 침팬지는 거울 속 모습을 자신으로 인식했으나 사회적으로 고립되어 자란 침팬지는 거울 속에 비친 자신의 모습을 다른 대상인 것처럼 반응하였다. 인간의 자아인식에 있어서도 사회적 경험이 중요하다. Pipp와 Harmon(1992)은 2~3세를 대상으로 자기 이름과 성에 대한 인식을 포함한 자아인식을 실시하였다. 그 결과 안정 애착된 유아가 불안정 애착된 유아에 비해 더 높은 자아 인식을 보였고 이러한 차이는 2세보다 3세 유아에게 더 크게 나타났다. 2세경부터는 범주적 자아를 발달시켜 나간다. 즉, 자기 자신이 남아인지 여아인지 혹은 아이인지 어른인지를 구분하는 기본적 범주의 자아가 나타난다(Harter, 1988). 3세부터는 언어능력 발달에 따라 자신에 대한 진술을 할 수 있게 되는데, 이러한 자아진술은 자아인식을 이해하는 데 도움이 된다. 3~5세 유아의 자아진술을 분석해 보면 "나는 얼굴이 까매요.", "나는 세발자전거가 있어요.", "나는 아이스크림을 좋아해요.", "나는 동생과 싸워요." 등 자신의 신체적 특징, 소유, 기호, 인간관계 등 외현적 특성에 대해 주로 언급한다(송명자, 1995). 따라서 이 시기의 자아인식은 주로 심리적인 자아인식이 아닌 외현적인 자아인식이라고 볼 수 있다.

2) 자아존중감

유아가 성장함에 따라 자신이 가진 특질에 의해 자신의 가치에 대한 평가를 하게 되는데 이를 자아존중감이라 한다. 유아는 평가결과에 따라 자신의 존재에 대해 긍정적 견해나 혹은 부정적 견해를 가지게 된다. 유아기의 자아존중감은 일반적으로 높은 편이나, 아동기에 접어들면서 여러 영역에 걸쳐 자신을 평가하게 되므로 자아존중감은 객관적으로 조정된다.

유아의 자아존중감 발달에 부모는 중요한 영향력을 갖는다. 자아존중감이 높은 유아의 부모들은 자녀에게 자주 애정과 관심을 표현하며, 유아에게 높은 기준을 설정하고 이를 달성하도록 격려하는 경향이 있다. 또한 문제행동을 했을 때 체벌이나 애정박탈 등의 벌은 거의 사용하지 않으며 어떤 행동이 좋고 나쁜가에 대해 토론하는 민주적인 양육방식을 갖는 경향이 있다(Coopersmith, 1967).

자아존중감 발달에 영향을 주는 또 다른 요인으로 또래를 들 수 있다. 또래는 자신의 능력에 대한 평가의 비교 준거가 되므로 자아존중감 발달에 중요한 영향을 미친다. 유아들은 소유물, 가정환경, 옷차림, 또래수용도를 다른 유아와 비교하게 되는데, 그 결과가 긍정적일 때 높은 수준의 자아존중감이 형성되지만 그렇지 않을 때는 낮은 자아존중감이 형성된다.

자아존중감의 안정성은 8세경에 획득된다. 4~7세 유아의 자아존중감은 가변적이고 객관적인 판단보다는 자신에 대한 기대가 평가에 작용하는 경향이 있으므로 판단의 정확성이 낮고 대체로 자신을 긍정적으로 지각한다(Harter, 1985, 1988).

3) 자아통제감

자아통제(self–control)는 목표를 달성하기 위해 순간적인 충동, 욕구나 행동을 억제할 수 있는 능력을 말한다. 자아통제 능력은 유혹에 저항하는 능력, 만족을 지연하는 능력, 충동을 억제하는 능력으로 이루어진다.

자아통제 능력은 비교적 일찍부터 나타나기 시작하는데 1~2세 영아도 타인의 지시나 요구에 순종할 수 있지만 이 경우 영아의 내적 통제라기보다는 외적 통제에 대한 반응으로 볼 수 있다. 4세경에는 타인의 지시나 통제를 내면화하여 자아통제의 수단으로 삼아 외적 통제에서 내적 통제단계로 발달하게 된다. 자율적 통제능력은 인지발달과 더불어 아동기 후기까지 지속적으로 발달한다(Kopp, 1982, 1987).

자아통제 능력 중 유혹에 저항하는 능력은 유아가 바람직한 과업을 위해 일시적인 즐거움을 가져다주는 대상의 유혹을 뿌리칠 수 있는 능력을 뜻한다. 이러한 능력은 3~4세경에 발달하기 시작하여 유아기 동안에 발달하는 것으로 알려져 있다. 유혹에 저항하는 능력은 보통 장난감 금지기법(forbidden toy technique)으로 진단된다. 이 방법은 유아에게 크레용으로 색칠하는 과제를 주고 그 옆에 장난감이 든 바구니를 놓아둔 다음 유아에게 "절대 만지지 말라."고 지시한 후 연구자가 나간다. 어떤 경우에는 어릿광대가 다가와 장난감을 가지고 함께 놀자고 유혹하는 상황을 만들어 일방경을 통하여 유아의 행동을 관찰하게 되는데, 보통 3세경부터 장난감을 가지고 놀고 싶은 유혹을 억제하는 능력을 보이기 시작한다(송명자, 1995).

만족을 지연하는 능력은 보다 큰 만족과 보상을 얻기 위해 순간의 즐거움을 가져다주는 욕구를 억제하거나 자신이 하기를 원하는 행동을 통제하고 지연시키는 능력을 말한다. Mischel(1974)의 만족지연 실험에서 연구자는 유아에게 마시멜로나 크래커를 주고 이 중에서 좋아하는 것 하나만 선택하라고 한다. 그리고는 연구자가 잠깐 나갔다 올 동안 기다리면 좋아하는 과자를 먹을 수 있지만 기다리지 못하고 벨을 눌러 연구자를 부르면 덜 좋아하는 과자를 먹어야 한다고 하였다. 벨을 누르기까지 기다린 시간이 유아의 만족지연 능력을 나타낸다. 실험결과 3~5세 유아는 보다 큰 만족을 위해 즉각적인 욕구를 억제하기 힘든 것으로 나타났다. 즉, 이들은 두 종류의 과자를 보고 있다가 1~2분 후에 참지 못하고 벨을 눌러 연구자에게 신호를 보내 맛이 없는 과자를 받았다. 테이블 위에 있는 눈앞의 보상은 상당한 좌절감을 유발하므로 유아들은 견디기 어려운 갈등에서 벗어나기 위해 벨을 더 빨리 누르는 것으로 보인다(권민균 외, 2005).

충동을 억제하는 능력은 성급한 감정, 정서, 행동, 판단, 선택 등을 통제하는 능력을 뜻한다. 이 능력은 다른 자아통제 능력처럼 유아기부터 발달하기 시작하여 아동기 동안에 증가한다. Maccoby(1980)에 의하면, 충동억제 능력은 행동억제, 정서억제, 결론억제, 선택억제의 네 가지 형태가 있다. 행동억제 능력은 먼저 하던 행동을 중단하거나 행동을 금지하라는 지시에 따르는 능력이다. 유아는 새로운 행동을 시작하기는 쉽지만 하고 있는 행동을 중단하는 것은 어려워하는 경향이 있다. 일례로 유아들은 '사이몬 가라사대' 놀이에서 "코를 잡아라."라는 지시보다 "코를 잡지 말아라." 하는 지시에 따르는 것에 더 많은 오류를 범했다. 정서억제 능력은 자신의 감정과 정서의 강도를 통제하는 능력으로 전 생애에 걸쳐 발달하는 능력이다. 4세경이 되면 자신의 정서를 통제하게 되는데 낯선 사람 앞에서 울음을 참는 것이 대표적인 예이다. 결론억제 능력은 충동적인 판단을 삼가고 신중하게 숙고하는 능력이다. 이러한 능력은 과업수행과 밀접한 관련 있는 능력으로, 6세까지의 유아들에게서는 높은 수준의 결론억제 능력을 기대하기 어렵다. 왜냐하면 결론억제 능력은 인지적인 사고와 판단을 요구하므로 다른 충동억제 능력에 비해 늦게 나타나는 것으로 보인다. 선택억제 능력은 단기간 내에 만족할 수 있지만 보상의 크기가 작은 단기보상을 포기하고 기다려야 하지만 보다 큰 만족을 줄 장기보상을 선택하는 능력이다. 이는 만족지연 능력과 밀접한 관계가 있다. 초보적인 만족지연 능력은 일찍부터 발달하기 시작하나 선택억제 능력은 다소 늦게 발달한다. 예를 들어, 유아들에게 지금 바로 작은 초콜릿을 먹는 것과 내일 큰 초콜릿을 먹는 것 중 하나를 택하게 하면 대부분 당장 먹을 작은 초콜릿을 선택하는 경향이 있다(송명자, 1995).

4) 사회인지 발달

사회인지(social cognition)란 사람과 관련되는 모든 대상의 제반 특성에 관한 사고와 판단을 의미하는 광범위한 개념이다. 사회인지의 대상에는 자기(self), 타인(other) 및 사회적 관계(social relationships)가 포함된다. 사회적 행동이 대인관계에서 나타나는 표면적 특성이라면 사회인지는 대인관계나 사회적 조직 내에서 사회적 행동을 결정하는 내재적 과정이다. 사회인지 발달을 설명하는 이론에는 Piaget의 인지발달 이론과 Selman의 역할수용(role-taking) 이론이 있다(송명자, 1995).

Piaget의 이론에 따르면, 유아가 자신과 타인에 대해 생각하는 방식은 그들의 인지발달 수준에 준한다. 전조작기 유아는 자기중심적인 사고로 인하여 자신과 타인의 관점을 분리시키기 어려우며, 자극과 사건의 가장 두드러진 측면에 집중하여 사고하는 경향이 있다. 구체적 조작기에 접어들면 아동은 자아중심성에서 벗어나 탈중심화되며, 대상의 외형이 변하더라도 그 속성은 변하지 않는다는 보존개념을 획득하게 된다. 따라서 이 시기의 아동은 점차 타인의 감정, 의도, 욕구, 행동 등을 이해할 수 있게 된다. 형식적 조작기에 이르면 논리적이고 체계적이며 추상적인 사고가 가능해져 자신과 타인 간의 심리적 비교를 할 수 있게 된다.

Selman(1980)은 역할수용 이론에서는 유아가 타인의 관점을 추정하고 다른 사람의 생각, 감정, 행동을 이해하는 능력은 5단계를 거쳐 발달한다고 보았다. 그는 유아들에게 딜레마를 제시하고 이에 대한 유아의 반응을 분석하여 역할수용 능력의 발달을 연구하였다. 그의 연구에서 사용된 딜레마의 예는 다음에 제시되어 있다.

Selman의 연구에서 사용된 딜레마의 예

Holy는 나무에 오르는 것을 좋아하는 8살 된 여자 아이이다. Holy는 동네에서 가장 나무를 잘 탄다. 어느 날 Holy는 큰 나무에 오르다가 떨어졌지만 다치지는 않았다. Holy의 아버지는 Holy가 나무에서 떨어지는 것을 목격하셨다. 화가 난 아버지는 Holy에게 다시는 나무에 올라가지 않겠다는 약속을 하도록 하셨고, Holy는 아버지께 다시는 나무에 오르지 않을 것을 약속했다. 그날 늦게 Holy와 친구들은 Shawn을 만났는데, Shawn은 자기 고양이가 나무에 올라가서 내려오지 않는다고 하였다. 즉시 손을 쓰지 않으면 고양이는 나무에서 떨어질 것이다. Holy는 나무에 올라가서 고양이를 내려 줄 수 있는 유일한 사람이었지만 Holy는 아빠와 한 약속을 기억하고 있다.

출처: Shaffer(2008)

Selman은 유아가 자신과 타인의 관점을 얼마나 잘 이해하는지를 분석하여 역할수용 발달을 5단계로 구분하였다(표 9-2). 유아는 자신의 관점 이외의 다른 사람의 관점을 이해하지 못하는 자아중심적 단계(0단계)에서 타인의 관점들을 모두 인식하고 대부분의 사람들이 채택하는 관점과 타인의 관점들을 비교하는 것이 가능한 단계(4단계)로 발달해 나간다. 전조작기 유아들은 대부분 Selman의 역할수용 단계의 0, 1수준에 해당되고, 구체적 조작기에는 2, 3수준에, 형식적 조작기에는 4수준에 해당되었다.

〈표 9-2〉 Selman의 사회적 역할 수용 단계

단계	특성	딜레마에 대한 전형적 반응
0수준 자아중심적 혹은 미분화된 조망 (3~6세)	유아는 타인이 자신과 다른 사고나 감정을 가질 수 있다는 것을 인식하지 못한다.	유아는 Holy가 고양이를 구할 것이라고 생각한다. Holy의 아버지가 약속을 어긴 것에 대해 어떻게 반응할지를 물으면, 아동은 아버지도 Holy처럼 고양이를 좋아하기 때문에 기뻐할 것이라고 생각한다. 즉, 아동은 자신이 고양이를 좋아하고, Holy와 아버지도 고양이를 좋아한다고 가정한다.
1수준 사회정보적 역할수용 (6~8세)	아동은 이제 타인이 자신과 다른 관점을 가질 수 있다는 것을 인식하지만, 그것은 단지 사람들이 다른 정보를 받았기 때문이라고 생각한다.	Holy가 나무에 올라갔기 때문에 Holy의 아버지가 화를 낼 것인지에 대해 물으면, 아동은 Holy의 아버지가 나무에 올라간 이유를 모르면 화를 내겠지만 그 이유를 안다면 Holy가 좋은 의도를 가졌었다는 것을 깨닫게 될 것이라고 말한다.
2수준 자기 반성적 역할수용 (8~10세)	아동은 동일한 정보를 받았을 때에도 자신과 타인의 관점이 부딪칠 수 있음을 안다. 이제 아동은 타인의 관점을 고려할 수 있다. 또한 아동은 타인이 아동 자신의 입장에 설 수 있다는 것을 인식하고, 따라서 자신의 행동에 대한 타인의 반응을 예측할 수 있다. 그러나 아동은 자신의 관점과 타인의 관점을 동시에 고려할 수 없다.	Holy가 나무에 올라갈 것인지를 물으면 아동은 "그래요. Holy는 아버지가 나무에 올라간 이유를 이해할 것이라는 것을 알고 있어요."라고 말한다. 그러면서 아동은 Holy의 관점에 대해 아버지가 고려할 것임을 강조한다. 그러나 아버지가 Holy가 나무에 올라가는 것을 원할지를 물으면, 아동은 대개 아니라고 말한다. 이는 아동이 아버지의 관점을 이해하고 Holy의 안전에 대한 관심을 고려하고 있음을 보여준다.
3수준 상호적 역할수용 (10~12세)	아동은 자신과 타인의 관점을 동시에 고려하고 타인도 그렇게 할 수 있다는 것을 인식할 수 있다. 또한 아동은 공정한 제삼자의 관점을 추정하고 자신과 타인이 각자 상대방의 관점에 대해 어떻게 반응할 것인지를 예측할 수 있다.	아동은 공정한 제삼자의 관점을 수용하고 Holy와 아버지 모두 서로의 생각에 대해 고려할 수 있음을 안다. 즉 "Holy는 고양이를 좋아하기 때문에 고양이를 내려주기를 원하지만 나무에 올라가지 말아야 한다는 것도 알고 있어요. Holy의 아버지는 Holy가 나무에 올라가지 않겠다고 말한 것을 알고 있지만 고양이에 대해서는 모를 거예요."

4수준 사회관습적 역할수용 (12~15세 이상)	청소년은 사회체계의 조망, 즉 '일반화된 타인'의 관점과 타인의 관점을 비교함으로써 그 사람의 조망을 이해하려고 시도한다.	Holy가 나무에 오른 것에 대해 벌을 받아야 하는지를 물으면 아니라고 대답한다. 동물에 대한 자비로운 행동의 가치가 Holy의 행동을 정당화할 수 있고 대부분의 아버지는 이 점을 인식할 것이라고 주장한다.

출처: Shaffer(2008).

CHAPTER 10

도덕성 및 성역할 발달

본 장에서는 도덕성의 발달과정을 설명해 주는 이론들을 살펴보고 도덕성 발달에 영향을 주는 요인들을 제시하였다. 이와 더불어 성역할의 개념과 성역할 발달 이론들과 성역할의 발달적 경향에 대해서 살펴보았으며, 이타성과 공격성의 개념과 각각의 이론들을 구체적으로 다룬다.

1 도덕성 발달

1) 도덕성의 개념

도덕성이란 옳고 그름을 구분하고 이러한 구분에 따라 행동하며, 공정한 행동을 하는 것에 대해 자부심을 느끼고 자신의 기준을 위반하는 행동에 대해 죄책감 혹은 불쾌한 감정을 느끼도록 하는 원리 또는 이상을 말한다(Shaffer, 2008). 도덕성은 세 가지 측면에서 언급될 수 있다. 첫째는 어떤 행동의 옳고 그름에 대한 평가인 도덕적 판단이고, 둘째는 사고나 행동에 대한 정서적 반응(죄책감 등)인 도덕적 감정이며, 셋째는 어떤 행동이 옳은지 알고 있다고 해서 반드시 그렇게 행동하는 것이 아니므로 실제로 어떻게 행동하는가 하는 도덕적 행동이다(정옥분, 2006).

도덕성 발달에 관한 연구는 이러한 세 가지 측면 중 하나에 초점이 맞춰진다. 정신분석 이론가들은 죄책감, 수치심 등의 도덕적 정서를 강조하고, 인지발달 이론가들은 갈등상황에서의 도덕적 판단에 관심을 가지며, 사회학습 이론가들은 도덕적 행동에 영향을 미치는 요인들에 대해 중점을 두어 연구해 왔다.

2) 도덕성 발달 이론

도덕성 발달을 설명하는 이론에는 정신분석 이론, 인지발달 이론, 사회학습 이론이 있다.

(1) 정신분석 이론

Freud(1933)는 인간의 성격이 원초아(id), 자아(ego), 그리고 초자아(superego)로 구성되어 있다고 하였다. 원초아가 인간 본능의 충동을 주관하는 곳으로 쾌락원리의 지배를 받는다면, 자아는 현실적인 방법으로 충동을 조절하려는 역할을 하며, 초자아는 원초아의 충동과 자아의 욕구충족 수단이 도덕적으로 용인 가능한지를 판단하는 역할을 한다.

도덕성의 발달은 초자아의 형성과정으로 설명될 수 있다. 초자아는 남근기(3세~6세) 동안 오이디푸스 콤플렉스를 해결하는 과정에서 형성되는데, 유아는 오이디푸스 콤플렉스의 해결책으로 동성의 부모를 동일시하여 부모의 행동이나 가치를 내면화시킨다. 초자아는 두 가지 요소로 이루어져 있는데, 하나는 자신의 내면화된 도덕적 가치에 위배될 때 죄책감을 느낌으로써 도덕적 위반에 반응하는 양심이고, 또 하나는 자신의 행동이 내면화된 기준과 일치될 때 자부심을 느끼고 만족하게 되는 자아 이상이다(정옥분, 2006).

초자아가 잘 발달된 유아는 자신에 대해 엄격한 통제를 가하고, 나쁜 행동을 했을 때는 죄책감과 수치심을 느낌으로써 자아를 스스로 처벌한다. 즉, 도덕적으로 성숙한 유아는 자존감을 유지하고 부정적 감정을 피하기 위해 도덕적 규범을 벗어난 유혹에 저항하게 된다(Shaffer, 2000).

도덕성 발달에 대한 Freud의 이론은 자부심이나 수치심, 혹은 죄책감 같은 도덕적 정서가 윤리적 행동을 결정하는 중요 요소라는 점과 도덕적 원리의 내면화가 도덕적 성숙으로 이끄는 데 결정적임을 주장했다는 점에서 긍정적 평가를 받고 있다. 그러나 초자아의 형성은 거세불안으로 완전해지므로 거세불안이 없는 여성은 초자아가 약하게 발달되어 도덕적인 측면에서 남성보다 덜 엄격한 편이라는 Freud의 주장은 단순히 자신의 문화적 고정관념을 반영한 것이라는 비판을 받고 있다(권민균 외, 2005).

(2) 인지발달 이론

가. Piaget의 이론

Piaget는 5~13세의 스위스 아동을 대상으로 그들이 모여서 하는 공깃돌 놀이를 관찰하여 도덕적 규칙에 대해 연구하였고, 이러한 관찰결과와 함께 도덕적 갈등사태에 대한 이야기를 들려주고 어느 쪽 아이가 더 나쁘며, 왜 그런지를 묻는 면접을 통해 네 가지 도덕발달 단계로 구분하였다(송명자, 1995).

도덕적 갈등사태에 관한 이야기 A

John이란 아이가 방에 있다. 어머니가 저녁을 먹으라고 부르신다. John은 식당으로 간다. 그런데 문 뒤에 의자가 있고, 의자 위에 접시가 15개 놓여 있다. John은 문 뒤에 이런 것들이 놓여 있는 것을 알 수가 없었다. John이 문을 열고 들어가는데, 문이 '꽝'하고 접시에 부딪히면서 접시 15개가 모두 깨져버렸다.

도덕적 갈등사태에 관한 이야기 B

Henry라는 아이가 있었다. 어느 날 어머니가 외출하시고 없는 사이에 Henry는 찬장에 있는 잼을 꺼내려고 하였다. Henry는 의자를 놓고 올라가 손을 뻗어보았지만, 잼이 너무 높은 칸에 놓여 있어서 꺼낼 수가 없었다. Henry는 잼을 꺼내려고 애를 쓰다가 컵을 넘어뜨렸다. 컵은 바닥에 떨어져서 깨지고 말았다

출처: 송명자(1995).

Piaget가 구분한 도덕발달 단계는 다음과 같다. 첫 번째 단계는 규칙에 대한 관심이나 인식이 나타나지 않는 전 도덕단계로 4세까지가 여기에 해당된다. 두 번째 단계는 타율적 도덕성 단계로서 5~7세가 여기에 속한다. 이 단계에 들어서면서 규칙에 대해 존중하기 시작한다. 즉, 규칙은 신이나 부모 같은 권위적인 인물이 정한 것이기 때문에 모두 따라야 하며 결코 수정될 수 없다고 생각한다. Piaget는 이러한 절대주의적인 유아의 도덕적 사고를 도덕적 실재론(moral realism)이라 부른다. 또한 이 단계의 유아는 행동의 옳고 그름에 대해 판단할 때 행위자의 의도보다 행동의 결과에 치중하여 판단하는 경향이 있다. 예를 들면, 15개의 접시를 깬 John이 1개의 컵을 깬 Henry보다 더 나쁘다고 생각한다. 또 타율적 도덕성 단계의 유아는 내재적 정의(immanent justice)를 믿는데, 이는 규칙의 절대성을 너무 믿기 때문에 나타나는 현상으로써 규칙을 지키지 않은 행동에는 반드시 벌이 따른다는 것이다. 예를 들어, 과자를 훔치려다 넘어진 유아는 규칙 위반에 대한 벌을 받았다고 여기는 것이다. 세 번째 단계는 8~11세에 해당되는 시기로서 자율적 도덕성 단계라 불린다. 이 시기 아동은 규칙이란 사람들의 임의적인 동의에 의한 것이므로 합의에 따라 변경될 수 있다고 생각하며, 사람들이 필요에 따라 규칙을

위반할 수도 있다고 생각한다. 예를 들어 응급환자를 태우고 속도를 내 운전한 사람은 법을 위반했지만 비도덕적이 아니라고 생각한다. 또한 옳고 그름을 판단할 때 행동의 결과보다 행위자의 의도에 더 의존하게 된다. 따라서 어머니 몰래 잼을 먹으려다 1개의 컵을 깬 Henry가 저녁을 먹으러 오다가 15개의 접시를 깬 John보다 더 나쁘다고 말한다(Shaffer, 2008). 도덕성 발달의 마지막 단계는 인지적으로 성숙하여 조작적 사고가 가능해지는 11세경 이후로 이 시기부터는 새로운 규칙을 만들어 낼 수 있을 뿐 아니라 가설적 상황을 통제할 수 있는 규칙을 생성할 수도 있게 된다.

Piaget의 도덕발달 단계는 많은 연구들에 의해 타당성이 입증되고 있으나 행위의 동기나 의도를 추론하는 능력은 Piaget가 생각했던 것보다 일찍 나타난다는 연구결과가 보고되고 있으므로 유아의 도덕적 추론능력을 과소평가했다는 지적을 받고 있다(송명자, 1995).

나. Kohlberg의 이론

Kohlberg는 10, 13, 16세 남아를 대상으로 가상적인 도덕적 딜레마를 제시하고 이들이 보이는 반응에 따라 도덕성 발달 수준을 6단계로 구분함으로써 Piaget의 도덕발달 이론을 정교화시켰다. Kohlberg의 도덕적 딜레마 중 가장 잘 알려진 이야기는 다음과 같다.

Heinz 이야기

유럽에 사는 여인이 특별한 종류의 암에 걸려 죽음에 임박한 상태였다. 의사는 그녀를 살릴 수 있는 약이 하나 있는데, 이것은 라듐의 일종으로 같은 마을에 사는 약사가 최근에 개발한 약이었다. 약사는 그 약을 만드는 데 비용을 많이 들였지만 원가의 10배나 비싸게 약을 팔아, 소량에 2,000달러나 받았다. 아픈 여인의 남편인 Heintz는 그 약을 사려고 여기저기서 돈을 빌렸지만 약값의 절반인 1,000달러밖에 구하지 못했다. Heintz는 약사에게 자신의 아내가 죽어가고 있으니 약을 싸게 팔든지 아니면 나중에 돈을 갚도록 해달라고 부탁하였다. 그러나 약사는 자신이 약을 개발하였고 그것으로 돈을 벌어야 하기 때문에 싸게 팔 수 없다고 하며 Heintz의 부탁을 거절하였다. 그러자 Heintz는 절망했고 아내를 위해 약국을 부수고 들어가 약을 훔쳤다.

출처: Shaffer(2008).

Kohlberg는 Heintz의 이야기를 피험자들에게 들려주고 Heintz가 약을 훔쳐야만 했는지, 약을 훔치는 것이 옳은 일인지 아니면 옳지 않은 일인지, 왜 그런지, 다른 방법이 전혀 없다면 아내를 위해 약을 훔치는 것이 남편의 의무라고 생각하는지, 약사는 가격 상한선이 없다고 해서 약값을 그렇게 많이 받을 권리가 있는지, 그럴 권리가 있다면 그 이유는 무엇인지에 등에 대해 질문하였다.

질문에 대한 피험자의 도덕적 판단과 그렇게 판단한 이유를 분석하여 Kohlberg의 도덕판단 단계가 설정되었으므로, 도덕발달 수준은 도덕적 판단 자체보다는 그렇게 생각한 이유에 의해 결정되었다. 따라서 응답한 내용이 다르더라도 판단의 근거가 유사한 경우에는 동일한 도덕판단 단계에 해당하는 것으로 간주되었다.

이러한 과정을 통해 Kohlberg는 도덕성 발달의 6단계를 제안하였다(표 10-1). Piaget와 마찬가지로 Kohlberg도 도덕성은 인지능력에 의존하여 단계적 계열에 따라 순서대로 발달한다고 보았다. Kohlberg의 도덕성 발달은 전 인습적 수준에서 시작된다. '전 인습적 수준(preconventional level)'은 도덕적 판단을 할 때 사회규범이나 관습에 순응하지 못하는 단계를 의미한다. 이 단계의 도덕적 판단은 자기중심적인 경향이 있어서 타인의 입장을 고려하지 못한다. 전 인습적 수준은 다시 두 단계로 나뉘는데 1단계인 '처벌과 복종 지향' 단계와 2단계인 '쾌락주의 지향'이다.

그 다음 '인습적 수준(conventional level)'에 도달하게 되는데, 이 수준에 있는 아동이나 청년은 타인의 입장과 견해를 이해할 수 있게 되며 사회적 권위에 기초한 도덕적 추론을 내면화시키고 사회적 관습에 부합되는 행동을 도덕적 행동으로 간주한다. 대다수의 청년과 다수의 성인은 이 수준에 해당된다. 인습적 수준 또한 두 단계로 구분되는데 3단계는 '착한 아이 지향'단계이고 4단계는 '법과 질서 지향' 단계로 명명된다.

마지막 수준은 '후 인습적 수준(postconventional level)'이다. 후 인습적 수준에 속한 사람은 형식적, 조작적 사고가 가능하게 된다. 이 수준에 해당하는 사람은 사회규범을 이해하고 인정하지만 법이나 관습보다는 개인의 가치기준을 우선시한다. 이 수준 역시 두 단계로 구분되는데, 5단계는 '사회계약 지향' 단계이고, 6단계는 '보편적 원리 지향' 단계이다(권민균 외, 2005).

〈표 10-1〉 Kohlberg의 도덕성 발달단계

수준	단계	내용
전 인습적 수준	1단계 처벌과 복종 지향	행동의 결과에 의해서 판단한다. 처벌을 받지 않기 위해 규칙이나 권위 있는 사람에게 복종한다.
	2단계 쾌락주의 지향	자신의 욕구를 충족시키는 것이 옳은 행위이다. 즉 자신의 욕구를 만족시키기 위해 규범을 준수한다.
인습적 수준	3단계 착한 아이 지향	타인을 기쁘게 하거나 도와주어 타인의 인정을 받는 것이 옳은 행동이다. 이때부터 사회적 규범에 동조하며, 의도에 의해 옳고 그름을 판단하기 시작한다.
	4단계 법과 질서 지향	권위, 규칙, 사회질서를 지향한다. 사회질서를 위해 법을 준수하는 행동이 옳은 행동이라고 생각하게 된다.
후 인습적 수준	5단계 사회계약 지향	법과 계약은 최대 다수의 최대 행복을 위해 만들어졌다는 것을 알게 되어 모든 사람의 복지와 권리를 위해 법을 준수한다.
	6단계 보편적 원리 지향	자신이 선택한 보편적 원리에 따라 옳은 행동이 결정된다. 이 원리는 인간의 존엄성, 정의, 공정성 등에 근거한 보편적인 행동지침이다.

출처: 권민균 외(2005).

이와 같이 Kohlberg는 도덕성 발달이 1단계부터 6단계까지 순서대로 진행된다고 주장하면서, 제6단계는 모든 사람이 다 도달할 수 있는 것이 아니고 극소수의 사람만이 도달할 수 있다고 하였다. 또 역할수용 능력과 형식적, 조작적 사고는 도덕성 발달에 있어서 필요조건이지만 충분조건은 아니라고 하였다. 즉 역할수용 능력이 있는 사람이 모두 인습적 수준에 도달하는 것은 아니며, 형식적, 조작적 사고를 하는 사람이 모두 후 인습적 수준에 속한 것은 아니라고 하였다. 그는 또한 도덕적 판단 수준이 청년 후기와 성년기에 안정화되는 경향이 있다고 하면서, 대부분의 성인들이 도달하는 도덕적 수준은 여성의 경우 대개 3단계이고, 남성의 경우는 여성보다 한 단계 높은 4단계라고 주장하였다(정옥분, 2006).

Kohlberg의 도덕성 발달 이론은 인지적 능력과 도덕적 성숙 간의 관련성을 제시했다는 점에서 의의가 있으나, 몇 가지 문제점이 제기될 수 있다. 첫째, Kohlberg의 이론은 도덕적 판단을 지나치게 강조하고 도덕적 행동은 간과하였다는 지적을 받고 있다. 즉 우리가 일상생활에서 올바른 판단을 한다고 해서 반드시 바르게 행동한다는 보장을 하기 어렵다는 점에서 그렇다. 둘째, Kohlberg의 이론은 주로 미국 중상층 백인들의 도덕적 가치를 반영하므로 문화적으로 편향되어 있어서 그의 이론은 모든 문화권에서 보편적이 아니라는 문제점이 있다. 셋째, Kohlberg의 도덕성 발달 이론은 성차별적인 편견이 있다는 지적을 받고 있다. 즉, 여성의 도덕적 판단에서 나타나는 타인을 배려하는 이타적인 요소를 평가절하하여 여성의 도덕발달 수준이 남성에 비해 낮은 것으로 판단되었다는 점이 비판받고 있다.

(3) 사회학습 이론

사회학습 이론에서는 도덕성도 다른 행동처럼 모방과 강화에 의해 학습되는 행동으로 설명된다. 어린 시기부터 아이들은 부모나 교사 등 주변의 어른들을 모델로 하여 이들의 도덕적 행동을 보고 배우는 모델 학습을 통해 도덕성을 획득한다. 이 과정에서 도덕적으로 옳은 행동을 했을 때는 보상을 받으며 비도덕적인 행동을 했을 때는 처벌을 받음으로써 억압되는 강화의 원리가 작용한다. 또한 타인이 강화 받는 것을 보고 학습하는 대리강화도 도덕성 학습의 중요한 기제가 된다(송명자, 1995).

Bandura(1977)는 행위의 도덕적 기준이 학습과 모델링에 의해 설정되면, 개인은 자기 평가적 능력을 갖게 된다고 하였다. 그는 사회화가 잘된 유아는 자기 자신을 위해 하위 목표를 설정하고, 그 기준들에 부합되거나 능가했을 때는 자기 자신을 보상하며, 그 기준에 미달될 때에는 자신을 벌한다고 하였다(정옥분, 2006, 재인용).

3) 도덕성 발달에 영향을 미치는 요인

도덕성 발달에 영향을 미치는 요인으로는 부모, 또래, 대중매체 등을 들 수 있다. 그중 부모의 양육태도가 자녀의 도덕성 발달에 중요한 영향을 미친다. 애정적이고 수용적인 부모는 도덕성 발달에 긍정적인 영향을 미치는 반면, 지나치게 엄격하고 통제적인 부모는 자녀의 도덕성에 부정적인 영향을 미친다. 유아는 부모에게 사랑과 신뢰를 받음으로써 도덕적 기준을 내면화시키고 타인에 대한 배려를 할 수 있게 되는 반면 체벌을 사용하는 훈육은 자녀가 단지 자신의 잘못을 들키지 않도록 조심하게 함으로써 내적 통제능력을 길러주지 못한다(Hower & Edwards, 1979). 부모의 양육행동과 유아의 도덕성 발달에 대한 연구결과에서는 논리적 설명이 애정 철회나 권력행사보다 자녀의 도덕성 발달에 도움이 되는 것으로 나타났다. 즉 자녀가 잘못된 행동을 했을 때 부모가 자녀에게 더 이상 애정과 관심을 주지 않는 애정 철회나 체벌 같은 권력행사보다는 자녀의 행동이 타인에게 어떤 결과를 가져왔는지에 대해 논리적 설명을 하는 것이 자녀의 도덕성 발달에 더 효과적이었다(Brody & Shaffer, 1982).

도덕성 발달에서 또래의 영향은 부모의 영향만큼이나 중요하다. 또래의 가치관과 부모의 가치관이 일치할 때는 도덕적 가치관 강화에 도움이 되지만 그렇지 않고 상반될 경우 도덕적 결정을 내릴 때 갈등을 겪게 될 수 있다(Lloyd, 1985).

대중매체 역시 유아의 도덕성 발달에 많은 영향을 미칠 수 있다. 유아는 하루에 상당시간을 TV를 시청하며 보낸다. TV나 영화, 온라인 게임 등에 등장하는 인물들은 유아에게 역할 모델이 된다. 유아는 이러한 역할 모델들을 관찰하면서 그들의 도덕적 판단이나 행동을 학습하게 될 수 있다(Bandura, Grusec, & Menlove, 1966). 최근에는 이러한 매체들의 영향력이 과거에 비해 더 증가되는 추세이다.

2 성역할 발달

1) 성역할의 개념

부모는 태어난 지 얼마 안 되는 신생아에게 성에 따라 다른 색의 옷, 즉 여아는 분홍색, 남아는 파란색 옷을 입히기 시작하여 영유아기 동안 성에 적합하다고 생각하는 옷과 장난감을 지속적으로 제공한다. 이렇게 자란 여아는 주로 소꿉영역에서 인형을 가지고 놀며 남아는 블록영역에서 활동적인 놀이에 참여하게 된다. 이처럼 사회에서 남성과 여성에 적합하다고 기대되는 가치와 동기, 행동을 성역할(gender-role)이라 한다. 유아가 성장함에 따라 점차 자신의 성에 대해 인식하고 자기가 속한 문화에서 자신의 성에 적합하다고 여기는 행동양식을 획득하게 되는데, 이를 성 유형화(gender typing)라고 한다. 성 유형화는 사회화에 있어서 매우 중요하다.

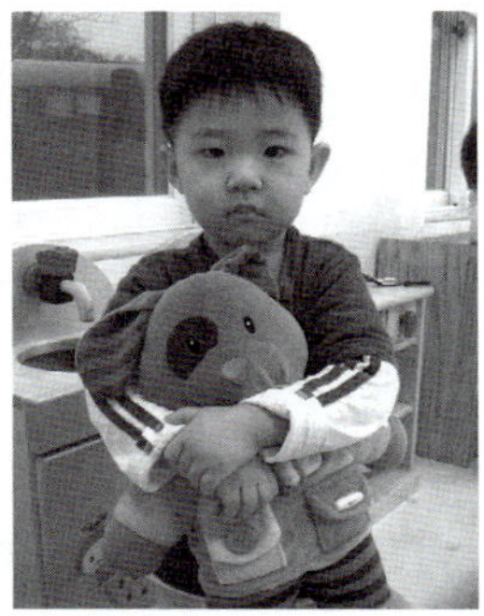

[그림 10-1] 아동의 성역할 발달

2) 성역할 발달 이론

성역할 발달을 설명하는 이론에는 생물학적인 접근을 하는 이론과 사회적 영향을 강조하는 이론이 있다.

(1) 정신분석 이론

Freud에 의하면, 유아의 성역할 발달은 심리성적 발달 단계 중 남근기에 이루어진다. 3~6세경에 남아는 어머니에 대해 성적 욕망을 갖게 됨으로써 오이디푸스 콤플렉스(oedipus complex)를 경험하게 된다. 이때 남아는 자신보다 모든 면에서 우월한 아버지가 자신의 중요한 부분인 성기를 없앨 것이라고 생각하여 거세불안(castration anxiety)을 갖게 된다. 이러한 두려움을 감소시키기 위해 남아는 어머니에 대한 성적 욕망과 아버지에 대한 적대감을 억압하고 어머니의 애정을 얻고자 아버지와 동일시(identification)하게 된다. 이러한 동일시를 통해 남아는 아버지의 남성적 속성과 행동을 내면화하여 남성답게 성 유형화된다. 한편 여아의 경우에는 아버지에 대한 성적 욕망을 갖게 되어 엘렉트라 콤플렉스(electra complex)를 경험하게 된다. 여아는 자신이 사랑하는 아버지가 여성적 역할을 격려하기 때문에 어머니를 동일시하여 여성성을 받아들이게 된다. 그러나 여아의 경우 거세불안을 경험하지 않기 때문에, 여아가 엘렉트라 콤플렉스를 극복하고 어머니의 여성성을 내면화하고자 하는 동기에 대한 설명을 하기에 충분치 않다.

정신분석 이론은 성역할 발달을 설명하는 데 있어서 다음과 같은 비판을 받고 있다. 대부분의 4~6세 유아는 남성과 여성의 생식기 차이를 알지 못하기 때문에 거세불안이나 남근선망을 갖는다고 보기 어렵다는 점이다(Bem, 1989). 또한 남아가 아버지를 동일시하는 것이 거세공포 때문이라고 주장하고 있는데, 이와 달리 대부분의 연구에서 남아가 강하게 동일시하는 대상은 처벌을 가하는 위협적인 아버지였다는 점도 지적되고 있다(Hetherington & Frankie, 1967).

(2) 사회학습 이론

사회학습 이론에서는 성역할도 사회적 환경에서 학습의 결과로 생각한다. 성역할은 부모가 일찍부터 가정에서 사회적으로 성에 적합한 행동에 대해서는 강화하고, 성에 적합하지 않은 행동에 대해서는 억압함으로써 학습된다. 부모는 성역할 정체성을 획득하기도 전인 2세 전후에도 유아의 성에 적합한 행동은 격려하고 부적합한 행동에 대해서는 부정적으로 반응하는 경향을 보인다(송명자, 1995). 부모는 여아에게는 인형을 사주고 소꿉놀이를 하도록 하며, 남아에게는 자동차나 총을 가지고 놀도록 격려한다. 이처럼 부모는 자녀가 어릴 때부터 성에 적합한 놀잇감을 사주고 성에 따른 놀이를 격려하는 등 성 전형적인 행동을 강화시킨다. 특히 아버지는 유아의 성에 일치하는 놀이는 보상하고 다른 성의 놀이는 억제하는 반응을 강하게 보이는 경향이 있다(Fagot, 1985). 유아가 성장하면서 부모뿐 아니라 교사나 또래도 유아의 성 유형화된 행동을 강화하는 데 중요한 역할을 하게 된다.

부모나 교사, 또래의 강화뿐 아니라 유아가 타인의 행동을 관찰하고 모방함으로써 성역할의 발달이 이루어진다(Bandura, 1989). 6~7세경에 성 정체성을 획득하게 되면 동성과의 유사성으로 인해 동성 모델에 더 많은 주의를 기울이게 되고 따라서 동성의 행동을 모방하게 된다. 즉 유아는 아버지나 어머니뿐 아니라, 교사, 형제 자매, 또래 중 동성 모델을 선택적으로 주목하고 모방하게 된다(송명자, 1995). 성인 모델이나 또래를 관찰하는 것뿐 아니라 동화책을 읽거나 TV를 보는 것을 통해서 성역할을 학습할 수 있다. 최근 유아용 책에서 성차별이 줄었다 하더라도 동화나 대중매체에 등장하는 남성은 활동적이고 도구적인 일에 참여하며, 여성은 수동적이고 의존적인 인물로 묘사되는 경향이 있다. 따라서 유아는 이러한 대중매체를 통해 전통적인 성역할 묘사의 영향을 받게 되어 성 고정관념을 가질 가능성이 높아진다(Shaffer, 2008).

(3) 인지발달 이론

인지발달 이론에서는 성역할 발달의 주요 요인으로 인지능력의 발달이 강조된다. 성 유형화에 대한 인지이론을 제안한 Kohlberg(1966)는 유아가 사회적 영향을 받아들여 수동적으로 성역할을 획득하는 것이 아니라 스스로 지식을 구성하여 성역할의 발달이 이루어진다고 보았다. 인지발달 이론은 부모가 특정 활동을 격려하기 때문에 동성 모델을 동일시하거나 모방하게 된다고 보는 정신분석 이론이나 사회학습 이론과는 달리 유아 자신이 성에 대해 인식한 후 성역할을 동일시하게 된다고 주장하고 있다. 인지발달 이론에서 볼 때, 성 유형화의 단계는 〈표 10-2〉에 제시되어 있다. 먼저 3세경에 유아는 자신을 남자 혹은 여자로 범주화하는 능력인 성 정체성을 발달시키게 된다. 4세가 되면 남아는 커서 남자 어른이 되며 여아는 자라서 여자 어른이 된다는 성 안정성을 인식하게 된다. 5~7세경에는 의복이나 머리모양, 행동이 바뀌더라도 성은 변화하지 않는다는 성의 불변적 특성인 성 일관성을 획득하게 된다(송명자, 1995). 성 일관성은 성의 보존과 같은 개념으로 보존개념과 같은 인지발달의 측면들과 관련되어 있다. 성 일관성을 획득한 유아는 동성 모델에 더 주의를 기울이기 시작하고 보다 성 고정관념적인 놀이를 선호하게 된다(Shaffer, 2008).

〈표 10-2〉 인지발달 이론에서 성 유형화 단계

단계	내용
성 정체성	3세경. 자신을 남자 혹은 여자로 명명
성 안정성	4세경. 성은 시간이 지나더라도 변하지 않는다는 것을 이해. 남아는 성인 남자가 되고 여아는 성인 여자가 된다는 사실을 인식
성 일관성	5~7세경. 성은 상황 변화에 관계없이 변하지 않는다는 것을 인식. 즉 옷이나 머리 모양, 행동 등의 외양이 바뀌더라도 성은 변화하지 않음을 이해

출처: 권민균 외(2005).

(4) 성 도식이론

성 도식이론은 성역할 개념의 습득을 설명하는 정보처리 이론으로서 사회학습 이론과 인지발달 이론의 요소가 결합된 이론이다(Martin & Halverson, 1981; 1987). 성 도식이론에서는 성 유형화가 사회문화적 요인과 인지발달 수준의 영향을 받는 동시에 성 도식화 과정(gender schematization)을 통해 이루어진다고 본다. 성 도식화란 성 도식에 근거해서 자신에 관한 모든 정보를 부호화하고 조직화하는 전반적인 성향을 뜻한다. 이때 성 도식은 남성과 여성에 대한 조직화된 신념과 기대를 의미한다.

성 도식에서 중요한 개념은 내집단/외집단 도식(in-group/out-group schema)과 자기 성 도식(own-sex schema)이다. 유아는 먼저 남성과 여성을 특징짓는 역할과 활동에 대한 일반적인 지식인 내집단/외집단 도식을 습득한다. 내집단/외집단 도식을 습득하게 되면 인형은 여아를 위한 것이고 트럭은 남아를 위한 것이며, 여아는 울어도 되지만 남아는 안 된다는 것 등을 분류할 수 있게 된다. 내집단/외집단 도식을 획득한 이후에 자기 성 도식을 획득하게 되는데, 이 도식은 성에 일관된 활동을 수행하고 성역할을 수행할 수 있게 하는 행동에 대한 상세한 지식이나 계획을 의미한다. 따라서 기본적 성 정체감을 가지고 있는 여아는 바느질은 여아에게 적합한 활동이고 모형비행기를 만드는 것은 남아에게 적합한 활동이라는 것을 학습한다. 그리고서 자신은 여아이기 때문에 자신의 성 정체감과 일치되게 행동하기를 원하여 여아는 바느질에 대한 많은 정보를 수집하여 자신의 성 도식에 바느질을 포함시키는 반면, 모형비행기를 만드는 것은 남아에게 적합한 활동이기 때문에 이러한 정보는 무시하게 된다(그림 10-2). 성 도식이론에 의하면, 유아는 주어진 정보가 자신의 태도와 일치하고 그에 대한 지식이 많을수록 보다 잘 기억하고 선호하게 되며, 반대의 경우에는 기억하지 못할 뿐 아니라 회피하게 된다. 즉, 자신이 가지고 있는 성 도식에 근거한 이러한 선택적인 기억과 선호과정을 통해 유아의 성역할 발달이 이루어진다(정옥분, 2006).

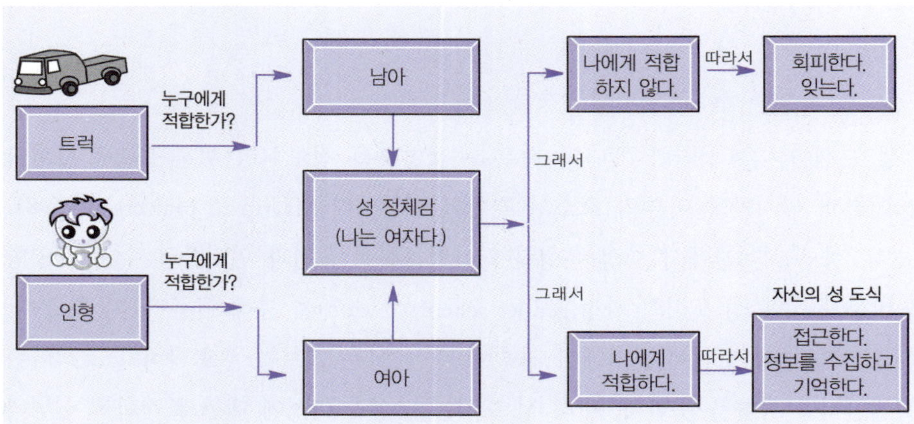

출처: 정옥분(2006).

[그림 10-2] 성 도식 모형

3) 성역할의 발달적 경향

(1) 성역할 고정관념

성역할 고정관념(sex-role stereotypes)이란 특정 행동이 남성 또는 여성 중 특정 성별에만 적합한 것으로 여기는 것을 의미한다. 대개 여성은 표현적 역할을 하도록 격려된다. 즉, 여성은 협동적이며 친절하고 양육적이며 타인의 요구에 대해 민감해야 한다며 여아가 장차 아내와 어머니 역할을 하도록 준비시킨다. 남성의 경우에는 도구적 역할을 하도록 격려되는데, 이는 지배적이고 독립적이며 경쟁적이고 목표지향적이어야 한다는 것으로써 남성이 가족을 부양하고 위험으로부터 보호해야 할 과업에 직면하기 때문에 생긴 사회적 규정일 수 있다(Shaffer, 2005).

성역할 고정관념은 유아가 자신의 성을 구분하는 것과 거의 유사한 시기에 발달하게 된다(Shaffer, 1993). 2세 6개월에서 3세 유아에게 남자와 여자 인형을 제시하고 요리, 바느질, 인형놀이, 트럭놀이, 기차놀이, 수다 떨기, 뽀뽀하기, 싸우기, 나무타기에 적합한 인형이 어느 것인지 질문한 결과, 2세 6개월 된 유아도 거의 대부분 여자인형이 요리나 청소를 할 것이고 수다스럽다고 반응함으로써(Kuhn, Nash, & Brucken, 1978), 이 시기의 유아도 어느 정도 성 고정관념을 획득하였음을 알 수 있다. Damon(1977)의 연구에서는 4~9세를 대상으로 남자아이가 인형을 갖고 놀다가 어머니로부터 제제를 받았으나 계속 인형을 갖고 놀겠다고 우기는 이야기를 들려주고 일련의 질문을 던져 유아의 반응을 살펴보았다. 그 결과 대부분의 4세의 경우 남아가 인형놀이를 해도 좋다는 반응을 보여 성역할 고정관념이 불완전함을 보여주었다. 그러나 6세는 성 일관성이 확립되면서 전통적인 성역할을 강하게 주장하는 반응을 보여주었다. 그러나 9세의 경우, 남자는 보통 인형을 갖고 놀지 않지만 꼭 원한다면 그렇게 해도 된다는 보다 융통성 있는 사고를 보여주었다. 우리나라에서도 유아기부터 성 유형화되어 있고 성 고정관념을 가지고 있다(황혜신·이순형, 1990). 성 고정관념이 가장 강하게 나타나는 것은 5~6세경이며 이후에는 오히려 융통성을 갖게 되는 것으로 나타나(정선숙, 1992; 정순화, 1992; 정순화·정옥분 1994), 서구 유아의 성역할 발달과 일치되는 양상을 보인다(송명자, 1995).

(2) 성차의 발달

가. 입증된 성차

① 언어능력

여아는 남아보다 더 이른 연령에 언어를 습득하고, 영유아기부터 청소년기까지 어휘, 독해, 언어 유창성에서도 남아에 비해 우위를 보인다.

② 시/공간 능력

그림 정보에 대해 심적으로 조작하거나 추론을 하는 능력인 시·공간 능력(visual/spatial ability) 검사에서 남아가 여아보다 우수하다. 공간능력에서의 남성의 우위는 4세부터 나타나고 전 생애를 통해 지속된다.

③ 수리능력

청소년기가 되면 남아는 여아보다 산술적 추론(arithmetic reasoning) 검사에서 우위를 보이고, 수학문제 해결책략에서도 여아를 앞선다.

④ 공격성

남아는 여아에 비해 신체적, 언어적 공격성을 더 많이 보인다. 반사회적인 행동과 폭력범죄에 가담할 가능성은 2세부터 청소년기까지 남아가 여아에 비해 10배 정도 높다(Shaffer, 2008).

나. 입증되지 못한 성차

⑤ 인지적 처리능력

남아가 여아보다 더 분석적이며 인지적 처리능력이 높다는 주장은 경험적 근거가 희박하다. 인지과제나 논리적 추론능력에는 성차가 없는 것으로 나타났다.

⑥ 자아존중감과 성취동기

남아가 여아보다 자아존중감과 성취동기가 높다는 것은 잘못된 통념이다. 아동기와 청년기에 이르기까지 자기만족도나 자신감, 성취동기에는 성차가 없는 것으로 밝혀졌다.

⑦ 사회성과 동조

여아가 남아보다 더 사회적이고 순종적이라는 주장은 잘못된 것이다. 두 성 모두 사회적 대상에 대한 관심이 동일하며 사회적 모델로부터 학습하는 정도에서도 차이가 없다. 또 집단에 대한 동조성에도 성차가 없다(송명자, 1995).

(3) 심리적 양성성

전통적으로 남성은 남자다워야 하고 여성은 여자다운 것이 심리적으로 건강하다고 여겨져 왔으나 현대사회에 들어와서는 성역할 고정관념이 더 이상 적합하지 않고 오히려 남성과 여성의 행동에 제약을 준다는 주장이 제기되었다.

오랫동안 많은 연구자들은 남성성과 여성성이 단일 차원의 양극단에 존재한다고 가정해 왔다. 즉 남성적 특성이 강하면 그 사람은 여성적인 특성이 낮고, 반대로 여성적 특성이 강한 사람은 남성적인 특성이 낮은 것으로 판단되었다. Bem(1975)은 이러한 전통적인 성역할 범주화에 대한 대안으로써 심리적 양성성이라는 새로운 개념을 제안하면서, 남성과 여성 모두 양성의 특성을 공유할 수 있다고 보고 다음의 네 개의 성역할 유형을 제시하였다(그림 10-3).

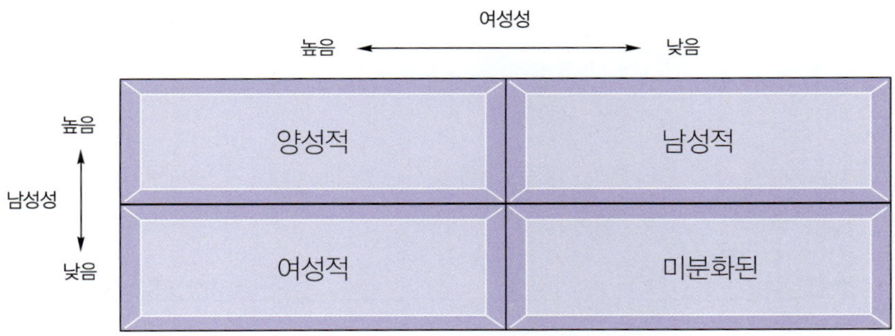

출처: 권민균 외(2005).

[그림 10-3] Bem의 성역할 지향성 분류

그림에서 보는 바와 같이 남성성이 높고 여성성이 낮은 사람은 남성적으로 유형화된 성격을 가진다. 반면 여성성이 높고 남성성이 낮은 사람은 여성적으로 유형화된 성격을 보인다. 성역할이 미분화된 유형은 남성적 특성과 여성적 특성 모두 결여된 경우를 의미한다. 양성적인 사람은 남성적 특성과 여성적 특성 모두 높은 수준을 보이는 사람을 의미한다. 즉, 양성성은 한 사람이 남성적 특성과 여성적 특성을 모두 가질 수 있음을 뜻한다. 그러므로 양성성을 지닌 사람은 도구적 역할과 표현적 역할을 상황에 따라 효과적으로 수행할 수 있으므로 보다 효율적인 성역할 개념을 가진 사람이라고 볼 수 있다(정옥분, 2004).

Bem(1974)은 심리적 양성성을 측정하기 위해 성역할 유형을 진단하였다. 미국 대학생을 대상으로 한 연구에서 약 33%가 자기 성에 일치하는 남성적 유형 또는 여성적 유형으로 구분되었으며, 약 30%가 양성적 유형으로 나타났고, 나머지는 미분화되었거나 자신의 성과 일치하지 않는 반응을 보였다. 양성적 유형에 속하는 유아는 남성적 특성과 여성적 특성을 공유하고 있으므로 서구사회에서는 다른 유형에 비해 적응도가 높은 것으로 알려져 있다. 즉, 양성적 유형의 사람은 자아존중감이 높고 또래에서 인기가 높은 것으로 보고되고 있다. 그러나 실제로 양성성은 여성이 남성적 특성을 지님으로써 얻을 수 있는 혜택에 불과하다는 비판도 있다. 즉 양성적 여아는 성취 지향적이며 책임감이 높은데, 성취 지향성과 책임감은 남성적 유형의 남아에게서도 마찬가지로 높은 특성이라는 점에서 그러한 비판을 받고 있다(송명자, 1995).

3 이타성

1) 이타성의 개념

이타성(altruism)은 타인의 행복에 대해 관심을 가지고 배려하는 내재적인 심리적 특성이다. 이타성은 유아기 또래집단뿐 아니라 성인이 된 후의 사회적 관계에서 개인이 얼마나 집단의 성원으로부터 존경받고 수용되는가를 결정짓는 중요한 특성이다. 이타성이 행동으로 나타날 때 이를 친사회적 행동(prosocial behavior)이라 부른다. 친사회적 행동에는 나누기, 돕기, 위로하기, 보살피기, 협조하기 등 타인을 이롭게 하는 행동들이 속한다(송명자, 1995).

2) 이타성 이론

유아의 이타성 발달에 대한 이론에는 생물학 이론, 정신분석 이론, 사회학습 이론, 인지 이론이 있다. 생물학 이론에서는 이타성을 유전된 것으로 보는 반면, 나머지 이론에서는 학습된 것으로 본다.

(1) 생물학 이론

생물학 이론에 따르면 종의 생존에 필요한 행동은 진화되고 종의 생존에 바람직하지 못한 영향을 주는 행동은 진화되지 않는다. 그러므로 이타성처럼 개인보다는 집단이나 종 전체에 유익한 특성은 다음 세대에 전해지고 근친상간과 같은 바람직하지 못한 행동은 전해지지 않는다(Green, 1989; Lerner & Von Eye, 1992). 이타성은 종의 생존뿐 아니라 개인의 생존에도 긍정적인 영향을 미칠 수 있다. 즉, 도움을 받은 사람은 자신에게 도움을 준 사람에게 보답하려고 하기 때문에 타인을 돕는 행동은 다른 사람뿐 아니라 자신의 생존에도 긍정적인 영향을 미칠 수 있다(Trivers, 1971).

(2) 정신분석 이론

Freud의 정신분석 이론에 의하면 어린 아이는 원초아에 의해 충동에 따라 행동하지만, 유아기에는 초자아가 발달하면서 부모의 규정과 가치가 내면화된다. 이렇게 되면 부모의 가치나 외적 규준에 위배되는 행동을 하면 죄책감을 느끼게 되고, 내면화된 기준과 일치하는 행동을 하게 되면 자부심과 만족을 느끼게 된다. 이타적 원리나 규칙이 내면화되면 유아는 어려운 처지에 있는 사람을 도우려고 하게 된다. 즉 어려운 처지의 사람을 돕지 않았을 때 느끼는 양심의 가책 때문에 유아는 이타적 행동을 하게 된다.

(3) 사회학습 이론

사회학습 이론에서는 이타적 행동의 발달도 다른 행동과 마찬가지로 강화와 관찰학습에 의한 것으로 설명된다. 즉 보상을 받게 되면 이타적으로 행동하게 되고 반대로 처벌을 받게 되면 그러한 행동을 하지 않게 된다는 것이다. 또한 타인이 보이는 이타적 행동을 관찰하고 이를 모방할 경우에도 이타적 행동이 나타날 수 있다. 공감능력 역시 이타성을 증진시킬 수 있다. 즉 고통받는 사람과 공감할 때 피해자를 도움으로써 자신의 감정이입적 고통을 덜게 된다는 것을 과거 경험으로부터 학습하게 되면, 분명한 물리적 보상이 없더라도 이타적 행동이 증진될 수 있다. 이처럼 사회학습 이론에서는 이타적 행동발달을 설명하는 데 있어서 강화, 사회적 모델링, 그리고 공감에 초점을 맞춘다.

(4) 인지발달 이론

인지발달 이론에서는 이타적 행동도 인지발달과 마찬가지로 단계적으로 발달된다고 보았다. 첫 번째 단계는 2세경으로 이때 영아는 자신과 타인을 구별할 수 있게 된다. 타인과 자신을 구별하게 되면서, 기분이 언짢아 보이는 또래에게 자신의 장난감을 나눠주거나 심지어는 기분을 풀어주려고 하기도 한다. 두 번째 단계는 7세 이전으로 Piaget의 전조작기와 유사한 시기이다. 이때는 자기중심적인 특성이 있으므로 이 시기의 유아는 이타적 행동이 자신에게도 이로울 경우에 이타적 행동을 하게 된다. 세 번째 단계는 초등학교 시기로 Piaget의 구체적 조작기에 해당된다. 이 시기에는 탈중심화되고 역할수용 능력도 획득되어 타인의 입장을 이해할 수 있게 됨으로써 타인을 위해 이타적 행동을 할 수 있게 된다. 네 번째 단계는 청소년기로 이때에는 Piaget의 형식적 조작기에 해당된다. 이 시기에는 도덕성에 대한 보편적 원리를 이해하게 됨으로써 이타적 행동이 발달하게 된다(정옥분, 2006).

3) 이타성의 발달적 경향

이타적 행동은 유아의 연령에 따라 증가되는 경향을 보인다. 2세 이전의 영아들도 다른 영아가 아파하면 함께 울고, 위로하며, 나누어 갖는 등 여러 형태의 이타적 행동을 보인다. 이처럼 일찍부터 이타성이 나타나는 것은 이러한 행동이 인간 본성의 일부임을 보여주는 것라고 볼 수 있다(송명자, 1995).

2~3경의 유아는 고통을 받는 또래에게 동정심과 공감을 보일 수 있다. 그러나 자신의 놀잇감을 공유하는 것 같은 자기희생적 반응을 보이지 못한다. 유아기 초기에 비로소 자기희생적 반응이 나타나며 4~6세 정도 되어서야 진정한 의미의 돕기 행동이 나타나게 된다(권민균 외, 2005). 2세 6개월에서 3세 6개월경의 유아는 가상놀이를 할 때만 타인에게 이로운 친절한 행동을 하였으나, 4~6세 유아는 실제로 돕는 행동을 하였다(Shaffer, 2008). 이와 같이 진정한 의미의 이타적 행동은 4~6세경에 나타나기 시작하여 9~10세에 높은 수준을 보이게 된다(Bar-Tal, Raviv, & Goldberg, 1982; Green & Schneider, 1974).

4 공격성

1) 공격성의 개념

공격성(aggression)은 누군가에게 해를 끼치고 상처를 입히려는 의도된 행동이다. 공격성은 도구적 공격성(instrumental aggression)과 적대적 공격성(hostile aggression)으로 구분될 수 있는데, 도구적 공격성은 자신이 원하는 목표를 달성하기 위한 수단으로 타인에게 해를 가하는 것으로, 예를 들어 친구가 가지고 노는 놀잇감을 빼앗기 위해 친구를 때리는 행동이 여기에 해당된다. 적대적 공격성은 타인에게 위해를 가하는 것 자체를 목적으로 하는 것이다(Shaffer, 2008).

2) 공격성 이론

유아의 공격성을 설명하는 이론에는 본능 이론, 학습 이론, 사회적 정보처리 이론이 있다.

(1) 본능 이론

가. 정신분석 이론

Freud의 정신분석 이론에서는 인간의 본능을 삶의 본능과 죽음의 본능으로 구분하고 있다. 이때 죽음의 본능은 자기파괴적 본능을 의미한다. 인간이 음식 섭취를 통해 얻은 에너지는 계속해서 공격적 에너지로 전환되는데, 공격적 충동이 위험수위까지 올라가는 것을 방지하기 위해서는 공격적 에너지가 주기적으로 방출되어야 한다. 공격적인 에너지는 놀이나 운동 같은 사회적으로 수용되는 방식으로 방출되거나 타인과 싸우거나 물건을 파괴하는 것 같은 사회적으로 바람직하지 않은 방식으로 방출될 수도 있다. 공격적인 충동이 내부로 향할 경우에는 자기 처벌이나 자해 혹은 자살로 이어질 수 있다(권민균 외, 2005). 그러나 현대 정신분석 이론가들은 공격성이 본능적 충동이라는 데는 동의하지만 자기를 향한 죽음의 본능이라는 Freud의 생각에는 동의하지 않는다. 오히려 공격하려는 본능적 경향성은 우리의 욕구를 만족시키려는 시도가 좌절되거나 자아 기능을 방해하는 위협에 직면할 경우 나타나므로 자기파괴가 아니라 삶을 촉진하는 데 기여하는 적응적인 것으로 간주될 수 있다(Shaffer, 2008).

나. 동물행동학적 이론

Lorenz(1966)는 인간과 동물 모두 같은 종을 향한 공격성이 있다고 주장하면서 공격적 충동은 적절한 방출 자극에 의해 감소될 때까지 계속 만들어지게 된다고 하였다. 그는 공격 에너지가 일정 수위에 다다르게 되면 파괴적인 행동으로 방출된다고 보았으며, 이러한 공격성이 개체나 종의 생존을 위해 진화된 것이므로 적응적이라고 하였다. 그러나 대부분의 동물의 경우 같은 종을 죽이는 것을 본능적으로 억제하도록 진화되었으나, 인간의 경우에는 공격적 본능이 잘 통제되지 않아 같은 종족을 죽이므로 공격적 충동을 조절해야 할 필요성이 있음을 강조하였다.

Freud와 Lorenz의 본능 이론 모두 공격적 에너지에 대해 언급하고 있는데, 이러한 공격적 에너지가 방출되는 과정에서 파괴적인 행동이 발생한다고 주장하였다. 그러나 공격적 에너지가 만들어진다는 증거를 발견하기 어려우며 공격적 행동은 학습에 의해 수정되거나 제거될 수 있음을 간과하였다는 비판을 받고 있다.

(2) 학습 이론

가. 좌절-공격 가설

좌절-공격 가설은 초기 학습 이론에 해당되는 것으로써, Dollard 등(1939)에 의해 주장되었다. 이러한 가설에 따르면 좌절(목표지향적 행동을 방해)은 공격을 유발하고 공격성은 항상 좌절에 기인한다는 것이다. 그러나 놀잇감을 빼앗겨 좌절해서 우는 영아가 타인을 해치려는 의도 없이 자신의 팔다리를 버둥거리면서 우는 것(Sullivan, Lewis, & Alessandri, 1992)은 좌절이 꼭 공격성을 야기하지는 않는다는 것을 보여준다.

나. 사회학습 이론

Bandura에 의하면 공격성은 관찰학습이나 직접경험을 통해 습득된다. 공격성 모방학습 실험(Bandura, 1965, 1973; Bandura & Ross, 1963)에서는 성인이 인형에게 공격적 행동을 하는 필름을 유아에게 보여준 다음 동일한 상황에서 유아의 행동을 관찰하였다. 그 결과 성인의 공격적 행동이 담긴 필름을 본 유아는 그렇지 않은 유아에 비해 더 많은 공격성을 표출하였다(그림 10-4). 이러한 실험을 통해서 볼 때 성인의 공격적 행동을 본 유아는 같은 상황에서 공격적인 행동을 그대로 모방함을 알 수 있다. 직접경험 역시 공격적 행동의 습득을 설명할 수 있는데, 즉 공격적 행동을 했을 때 강화를 받은 유아는 이후에도 공격적 행동을 할 가능성이 높았다. Bandura의 사회학습 이론은 공격성 습득에 있어서 처음으로 인지적 영향을 강조하였고, 공격적 행동이 어떻게 습득되는지 설명하고 있다.

출처: Bandura et al.(1963).

[그림 10-4] 모방을 통한 공격성 실험

모호한 상황의 예

철수가 퍼즐을 맞추고 있다. 영호가 지나가다 다리로 테이블을 툭 건드리며 "어머나"라고 말하는 순간 철수가 오랫동안 작업한 퍼즐이 다 흩어져버렸다. 너무 순식간에 이런 일이 일어나서 철수는 어떻게 이 일이 일어났는지 알 수 없었다. 철수는 어떻게 반응할 것인가?

출처: Shaffer(2008).

(3) 사회적 정보처리 이론

사회적 정보처리 이론가들은 모호한 상황에서 유아의 반응은 사회적 단서 그 자체보다는 정보를 처리하는 인지과정에 의존한다고 보았다(Dodge, 1980; 1986). 즉, 유아가 공격적 반응을 보일 것인지 아닌지는 정보처리의 결과에 따라 달라지게 된다는 것이다. Dodge는 유아의 사회적 정보처리 과정을 분석하기 위해 모호한 상황을 제시하고, 이에 대한 유아의 반응을 분석하였다.

모호한 상황에서의 유아의 반응은 사회적 정보처리의 5단계(부호화, 해석, 반응탐색, 반응결정, 실행)를 거쳐 결정된다. Dodge에 의하면, 모호한 상황에서 다른 유아에 의해 피해를 입었을 경우 공격적인 유아는 상대방이 적대적인 의도를 가지고 있다고 생각하는 경향이 있다. 그 결과 유아는 상대방에게 공격적 행동을 보이게 되고 이로 인해 상대가 반격하게 되면, 유아는 타인이 자신에게 적대적이라는 사고를 강화시키게 되어 공격성의 악순환이 일어나게 된다. 이처럼 정보처리 과정을 통해 개인의 과거 사회적 경험과 기대가 공격적 반응을 결정하는 데 중요한 영향을 미칠 수 있다.

3) 공격성의 발달적 경향

인간의 공격성은 일찍부터 나타나기 시작한다. 1세 정도 된 영아도 다른 영아가 가지고 노는 놀잇감을 빼앗으려고 또래에게 힘을 행사한다(권민균 외, 2005). 1세 6개월에서 2세 사이의 영아도 장난감을 차지하기 위해 또래를 밀치는 등의 도구적인 공격성을 분명하게 보인다. 2~3세 유아의 경우 신체적 공격성을 주로 보이고, 3~6세가 되면 언어적 공격성으로 바뀌게 되는데 이는 부모들의 제재 때문이기도 하지만 신체적 공격성이 목적달성에 적합한 수단이 되지 못한다는 것을 깨닫기 때문이기도 하다. 3~6세 유아의 공격성은 주로 도구적인 것이지만, 6세 전후로 역할조망 능력이 획득되면서 타인의 의도를 추론할 수 있게 되어 타인이 자신에게 적대적 의도를 보일 때 이에 대항하기 위한 적대적 공격성으로 그 성격이 바뀌게 된다(송명자, 1995).

CHAPTER 11

생태적 맥락과 발달 I 가정환경

본 장에서는 영유아의 발달과정에서 수많은 상호작용이 이루어지는 가족과 영유아의 사회화에 핵심적 역할을 담당하는 부모의 양육태도를 살펴보았다. 이어서 급변하는 현대사회에서 그 중요성이 부각되는 아버지 역할과 늘어나는 이혼가정 그리고 영유아발달에 치명적인 영향을 미치는 학대의 원인과 그 부정적 결과에 대해 다루어 본다.

1 가족

가족이란 결혼과 혈연으로 맺어진 구성원들이 의식주 생활을 함께하며, 공동의 생활목표를 실현해 가는 집단이다. 개인에게 사회화를 경험하게 하는 일차적 집단이며, 가족 내에서의 상호작용을 통해 영유아 및 아동의 사회적 경험은 시작된다. 세대, 성, 역할 등 여러 하위 체계로 구성된 하나의 사회적 체계로서 직접 또는 간접적으로 서로 영향을 주고받게 되며(그림 11-1), 가족구조, 가족분위기 및 가족 내 관계는 영유아 및 아동의 건강한 성장에 있어 기초가 된다. 이러한 일련의 과정들은 결과적으로 영유아 및 아동의 발달에 영향을 주게 되는 등 상호 밀접한 관계를 가지게 된다. 즉 가족의 구조적 특성, 부모의 특성, 영유아 및 아동의 특성, 부모-자녀관계, 부부관계 등 가족 내 여러 하위 체계들은 서로 밀접한 관련성을 가진다는 것이다. 예를 들어, 영유아 및 아동의 까다로운 기질적 특성은 어머니의 양육 스트레스에 영향을 미쳐 부정적 양육행동을 초래하는 데 반해 원만한 부부관계는 양육 효능감을 높여 긍정적 양육행동에 도움이 될 수 있다.

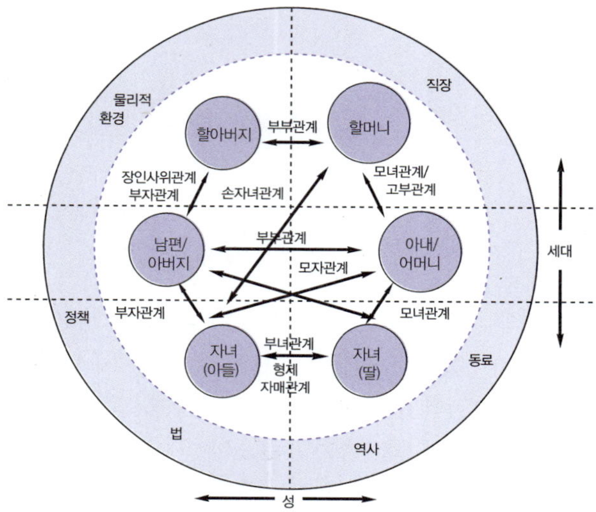

출처: 정현숙·유계숙(2001).

[그림 11-1] 가족 내의 가족관계와 가족관계에 영향을 미치는 사회적 환경

이처럼 영유아 및 아동의 발달에 있어 중요한 의미를 가지는 가족은 구성원들의 생존력을 높이기 위한 기본적 기능 이외에도 다음과 같은 역할을 수행한다(그림 11-2). 첫째, 재생산 기능(출산을 통한 새로운 가족 구성원의 재생산), 둘째, 경제적 기능(재화와 서비스의 생산과 분배), 셋째, 사회질서 유지 기능(갈등조절을 통한 안정적인 사회질서 유지), 넷째, 사회화 기능(사회 구성원으로 참여할 수 있도록 교육을 통한 자녀의 사회화), 다섯째, 정서적 지지 기능(감정적 위기상황을 극복하고 가족으로서의 소속감을 부여)이다.

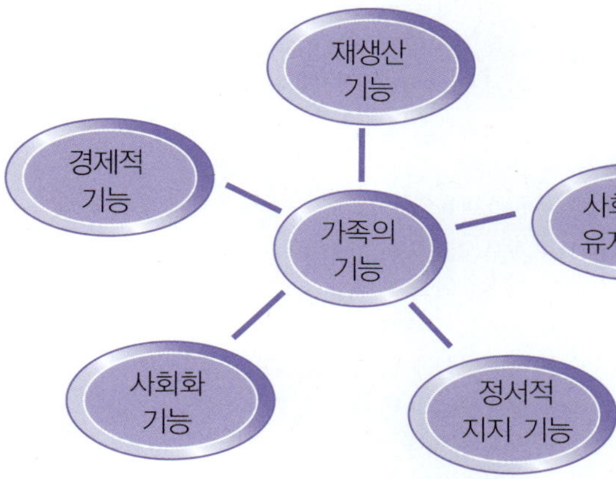

[그림 11-2] 가족의 기능

가족의 구조와 기능은 사회·경제·문화 등의 변화 및 산업화와 정보화의 영향으로 인해 과거와 달라졌다. 우리나라에서 가족의 구조와 형태에 나타난 큰 변화는 핵가족화, 소가족화, 새롭고 다양한 가족형태의 대두, 가족주기의 변화, 맞벌이 가정의 증가 등이다(표 11-1).

〈표 11-1〉 사회변화와 가족문제의 변화양상

	가족의 변화양상
가족구조와 과정	• 가족 크기의 감소 • 다수의 부모 • 가족 기능의 쇠퇴 • 세대차의 심화 • 효율적인 가족생활의 쇠퇴 • 아버지/남편 권위의 약화 • 기혼여성들의 취업증가 • 부모 됨의 변화
가족생활의 질	• 가족해체의 증가 • 이혼율의 증가 • 결혼생활에 대한 이상화 및 불안정성 • 혼전 성경험의 증가
가족지원	• 확대가족의 쇠퇴 • 핵가족의 고립 • 친족관계의 변화
문화적 규범	• 가족생활의 비종교화 • 가족주의의 쇠퇴 • 연속적 단혼제의 증가 • 결혼과정에 있어서 자유의 증가 • 결혼상태의 변화 • 가족 다양성 수용의 증가 • 다문화주의 증가 • 혼전동거의 증가
사회적 환경	• 빈곤과 실직의 증가 • 건강문제의 증가 • 복지의존의 증가

출처: 이영숙(2004).

2 부모 양육태도

Diana Baumrind

부모는 영유아 및 아동발달을 위한 일차적인 환경으로 영유아 및 아동이 한 문화에서 반드시 습득해야 할 보편적인 습관, 기술, 행동, 가치관을 발달시키게 도움을 주고, 심신이 건강한 인간으로 성장하는 데 결정적인 역할을 담당한다. 특히 자녀의 연령이 낮을수록 부모의 영향은 더 크며 그중에서도 부모의 양육태도는 영유아 및 아동의 신체, 인지, 언어, 사회, 정서 발달에 영향을 미치는 중요한 요인 중 하나이다. 예를 들면, 온정적이고 민감한 양육태도를 보이는 부모의 경우는 영아와 자주 대화를 나누며 호기심을 자극하는 환경을 제공하여 자녀와 안정적인 애착을 형성하는 데 긍정적인 요소로 작용한다.

양육태도의 대표적 학자인 Baumrind는 애정과 통제라는 차원으로 부모의 양육태도를 네 가지 유형으로 나누었다(표 11–2). 애정 차원은 부모가 자녀에게 애정을 표현하고 지원을 제공하며, 자녀의 반응에 민감하게 반응하고 관심을 갖는 정도를 의미하며, 통제 차원은 아동에게 부모의 지시에 따라 자녀가 행동하도록 자녀의 행동을 감독하고 조종하는 것을 의미한다. 이를 토대로 애정과 통제 차원이 둘 다 높은 경우는 권위가 있는 부모, 통제 차원은 높지만 애정 차원이 낮은 경우는 권위주의적 부모, 애정 차원은 높은데 통제 차원이 낮은 경우는 허용적 부모, 애정과 통제 차원이 다 낮은 경우는 무관심한 부모로 분류하였다.

〈표 11–2〉 부모 양육태도 유형

		통제	
		낮음	높음
애정	많음	허용적인 부모	권위가 있는 부모
	적음	무관심한 부모	권위주의적 부모

앞서 제시된 부모 양육태도의 각 유형별 특성 및 이에 따른 아동의 발달을 구체적으로 살펴보면 다음과 같다(표 11-3, 표 11-4).

〈표 11-3〉 부모 양육태도의 유형별 특성

양육태도	허용과 참여	통제	자율성의 인정
권위가 있는 부모	자녀의 요구에 대해 민감하게 반응하고, 관심이 있으며, 참을성을 갖고 자녀와의 관계를 형성	자녀에게 합리적 요구를 하고 부모의 지시에 대해 설명하며 일관된 입장과 태도를 유지	자녀 스스로 결정하도록 기회를 제공하고 자녀의 생각, 감정 욕구를 표현하도록 지지하며 의견이 불일치하는 경우에는 함께 의사결정
권위주의적 부모	자녀에 대해 냉담한 태도를 보이고 거부적으로 행동하며 빈번하게 자녀를 비난	체벌과 권력을 이용해 자녀에게 강압적으로 요구하고, 자녀의 자율성을 인정하지 않으며, 사랑을 회피	자녀를 대신하여 부모가 모두 결정하고 드물게 자녀의 입장에서 의견을 고려
허용적 부모	자녀에게 따뜻하게 반응하지만 지나치게 관대하고, 자녀와 건성으로 관계를 형성	자녀에게 요구 자체가 거의 없음	발달단계상 자녀가 충분히 준비되지 않은 상태에서 많은 것을 결정하도록 함
무관심한 부모	자녀와 정서적으로 분리, 고립된 관계를 유지	자녀에게 요구 자체가 거의 없음	자녀의 의사결정이나 입장에 대해 무관심

출처: 권민균 외(2005).

〈표 11-4〉 부모 양육태도와 아동발달

부모의 양육태도	아동기 발달 특징	청소년기 발달 특징
권위가 있는 부모	지적, 사회적 능력이 뛰어나다.	자아존중감이 높고, 사회적 능력이 뛰어나며, 높은 수준의 학업성취도와 친사회적 행동을 한다.
권위주의적 부모	지적, 사회적 능력이 보통이다.	평균 정도의 학업성취도와 사회적 능력을 보인다. 허용적인 부모를 가진 청소년보다 규칙에 순응하는 행동을 보인다.
허용적 부모	지적, 사회적 능력이 낮다.	자기조절 능력이 낮고, 낮은 수준의 학업성취도를 보인다.
무관심한 부모	지적, 사회적 능력이 낮다.	공격적이며 울분을 나타낸다. 적대감, 자기중심적 경향을 보이며 일탈행동을 보인다.

출처: 권민균 외(2005).

1) 권위가 있는 부모

권위가 있는 양육태도(authoritative style)는 자녀에게 온정적일 뿐만 아니라 자녀의 요구에 대한 수용도가 높고 민감하게 반응하며, 적정한 수준에서 통제를 하는 가장 바람직한 양육방식이다. 또한 합리적인 기대 수준을 갖고 일관된 규칙을 명확하게 설명하고 의사표현을 격려하는 등 자율성을 형성할 수 있도록 도와준다. 아울러 부모와 자녀 간에 이견이 있을 경우에는 토론 등의 방법을 통해 함께 의사결정이 이루어지도록 노력한다. 이러한 부모 밑에서 성장한 자녀들은 책임감과 자신감이 있으며, 높은 자존감을 형성하여 사회적, 도덕적으로 성숙된 모습을 보이고 학업성취도에 있어서도 우수하다는 특징을 가진다.

2) 권위주의적 부모

권위주의적 양육태도(authoritarian style)는 자녀의 요구에 대해 비교적 덜 수용적이며 참여 정도 또한 낮고, 자녀의 자율성을 거의 인정하지 않는다. 또한 명령적이고 호통을 치며, 위협적으로 지시하는 경향이 있으며, 자녀가 부모의 지시에 복종하지 않을 경우, 체벌이나 강압적인 태도를 보이기 쉽다. 특히 부모가 모든 결정을 시도하며, 자녀에게 부모의 지시에 대해 무조건적인 복종을 강요한다. 이러한 부모 밑에서 성장한 자녀들은 자율성을 상실하여 다른 사람에게 의존적이지만 반항적, 공격적 성향을 보이기 쉬우며, 행복감을 갖지 못하고 항상 불안감을 느끼게 된다. 또한 낮은 수준의 자존감과 자기신뢰감을 형성하여 학업성취도가 대체로 저조한 경우가 많다는 특징을 가진다.

3) 허용적 부모

허용적 양육태도(permissive style)는 대체로 온정적이고 수용적이지만 부모가 자녀의 요구에 대해 지나치게 관대하거나, 자녀의 발달 수준과 상관없이 모든 결정을 자녀가 하도록 허락하는 등 적절한 통제 및 제지가 거의 이루어지지 않는다. 따라서 아동들은 규칙을 준수하거나 책임과 역할을 수행하는 것에 어려움을 겪게 된다. 이러한 부모 밑에서 성장한 자녀들은 충동적이거나 반항적이고 과도한 요구를 하는 경우가 많으며, 참을성이 없고, 학교생활에도 부적응을 많이 나타낸다. 또한 규율을 무시하고 제멋대로 행동하며, 자기중심적이고 공격적이며, 독립심이 부족한 경향이 있다는 특징을 가진다.

4) 무관심한 부모

무관심한 양육태도(uninvolved style)는 자녀양육에 대한 참여 의지도 희박하고 애정 및 자녀의 요구에 대한 수용 정도도 낮으며, 부모는 정서적으로 자녀와 분리되어 있거나 우울증에 빠져 있는 경우가 많다. 또한 영유아 및 아동의 기본적인 신체적 욕구와 정서적 욕구에 드물게 반응하는 등 가장 바람직하지 않은 양육방식이다. 따라서 개입과 조정, 지도와 보호가 필요한 경우에 그 상황을 회피하고 모면하려고 하며, 최악의 경우에는 아동학대의 유형 가운데 하나인 방임의 단계에 이르기도 한다. 이러한 부모 밑에서 성장한 자녀들은 애착관계, 인지발달, 놀이, 사회성 개발 등 거의 모든 발달영역에 부정적 영향을 주게 되며, 학업수행 능력이 떨어지고, 공격적, 적대적, 자기중심적 경향을 보인다. 특히 청소년기에 이르러서는 일탈행동을 보이는 특징을 가진다.

부모의 부정적인 양육태도와 영유아 및 아동의 부정적 행동은 순환고리처럼 형성되어 좀처럼 수정이 어렵다(그림 11-3). Bigner(2005)는 역기능적 양육행동을 중심으로 요구가 많은 부모, 비판적인 부모, 지나치게 관여하는 부모, 무관심한 부모, 비효율적 부모로 분류하였다. 첫째, 요구가 많은 부모는 자녀의 능력이나 연령에 상관없이 부모가 일방적으로 설정한 기준이나 이상에 맞추어 지나치게 요구하고 강요하기 때문에 자녀는 부모의 인정을 받으려고만 애쓰는 나머지 부모를 속이는 행동을 하기도 한다. 둘째, 비판적 부모는 모든 것에 완벽할 것을 추구하며 엄격한 요구와 평가적이고 비판적 태도로 일관하여 부모-자녀 관계가 소원해지며 자녀는 자부심이 낮고 불만족스럽다. 셋째, 지나치게 관여하는 부모는 자녀의 행동 및 생활 전반에 대해 모든 책임을 지려고 하고 간섭을 하는 등 과보호적 특성을 보인다. 따라서 자녀는 의존적이 되고 자립심이 결여된다. 넷째, 무관심한 부모는 부모로서 해야 할 역할을 하지 않은 경우로 자녀는 심리적인 만족감이나 복지감이 떨어지며 자아가치감이 낮다. 다섯째, 비효율적 부모는 무관심한 부모와 다소 유사한 형태로 영유아 및 아동의 요구를 충족시켜 주거나 부모로서 해야 할 일들을 하지 않는 경우이다. 이러한 가정에서 자란 자녀들은 연령에 맞지 않는 일을 감당해야 하는 경우가 많으며, 자아 개념도 낮다는 특성을 가진다.

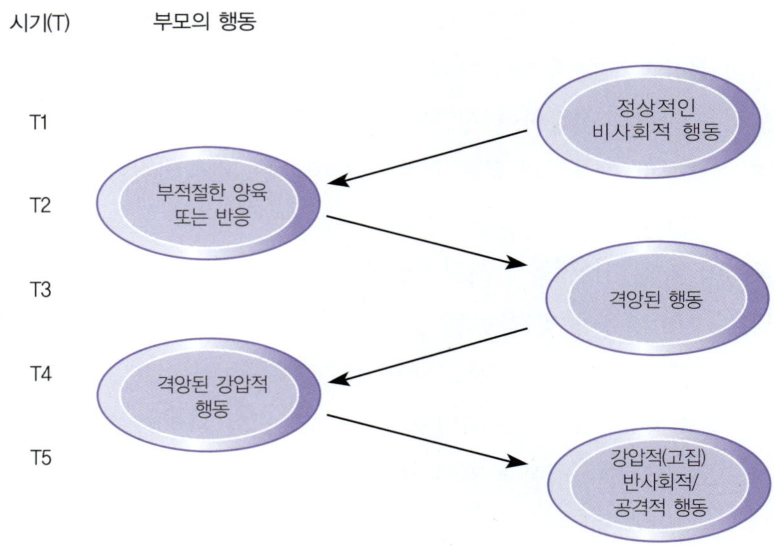

출처: 박성연(2006).

[그림 11-3] 부모의 부정적 양육태도와 자녀의 행동과의 관계

3 아버지

현대사회에서 아버지는 자녀 양육 시 어머니 못지않게 중요한 존재로 인식되고 있으며, 가정 내 아버지의 양육참여 요구 및 역할에 대한 관심 또한 높아져 왔다. 과거에는 경제적 책임자로서의 아버지의 역할이 주로 강조되었으나 산업화 이후 부인의 취업, 이혼과 같은 가족 구조상의 변화로 인하여 충고 또는 조언자로서의 소극적 역할뿐만 아니라 적극적인 의미의 양육자 역할이 요구되고 있다. 또한 실제 양육능력 면에서 볼 때에도 영아에 대한 아버지의 반응성이나 민감성은 어머니와 별 차이가 없으며, 신체적 돌봄 위주인 어머니와 달리 활동적인 놀이를 주로 하여 자녀의 건강한 발달에 있어 아버지 역할의 중요성이 강조되어 왔다. 특히 이러한 영향력은 자녀가 성장하여 성인이 될 때까지 지속되어 부모가 양분된 역할을 감당하는 것보다 동등하게 부모 역할을 수행하는 것이 바람직한 모델로 인식되는 것이 일반적이다.

한편 과거에 비해 아버지들이 자녀 양육에 참여하는 시간이 늘어나고는 있지만 여전히 많은 수의 영유아 및 아동들이 어머니와 더 많은 시간을 보내고 있어 자녀의 전인적인 성장·발달을 위해서는 아버지의 양육참여가 더욱 요구된다.

Lamb과 그의 동료들(1985)은 아버지 참여를 "자녀와 관련된 활동에 소비하는 시간의 정도"로 정의하며 다음과 같은 세 가지 구성 요소를 제안하였다(표 11-5).

〈표 11-5〉 아버지 참여의 구성 요소

구성 요소	내용
참여 (engagement)	돌봄이나 양육 활동뿐 아니라, 자녀와 보내는 모든 시간을 포함한다.
가능성 (availability)	직접적인 상호작용 유무와 관계없이, 아버지의 자녀에 대한 접근 가능성을 의미한다(예 종일제 직업을 가진 아버지는 신체적인 이용 가능성은 낮다).
책임감 (responsibility)	책임감은 아버지가 자녀로 하여금 다양한 활동과 경험에 참여하도록 기회를 조직하는 등 아버지 역할의 관리 기능을 의미한다.

출처: 이영환(2005).

한편 미국의 종단적 연구(NICHD Early Child Care Research Network, 2000)에 의하면, 아버지의 근무시간이 짧고 어머니의 근무시간이 길 때, 젊은 부부일 때, 부부간 친밀도가 높을 때, 그리고 남아일 때, 아버지가 자녀와의 놀이에 더 많은 시간을 참여하는 등 아버지의 양육참여는 여러 가지 요인에 의해 영향을 받는다고 하였다. 그리고 아버지가 자녀와 긍정적인 상호작용을 자주 갖는 것은 아동의 심리적 복지감 및 신체적, 인지적, 사회·정서적 발달과 직접적인 관련이 있는 것으로 밝혀졌다.

아버지의 양육참여가 영유아 및 아동발달에 미치는 영향을 정리하면 다음과 같다.

첫째, 신생아와 아버지의 지속적인 상호작용은 신생아의 새로운 환경 적응에 중요한 역할을 한다. 생후 6개월까지 아버지–영아와의 상호작용을 어머니와 비교한 결과, 상호작용의 양은 적은 데 반해 신체적 자극이 많으며 놀이행동이 활발하다. 즉, 아버지들은 상호작용 과정에서 유아를 더 많이 움직여주기 때문에 유아가 자신의 몸을 즐겁게 탐색할 수 있도록 도와주고 이로 인하여 유아들의 신체발달 및 감각운동을 조장한다는 것이다.

둘째, 아버지가 다정하고 자녀를 격려해 주며 잘 도와주는 경우 자녀의 인지능력은 높고, 민주적이면서 친숙한 양육태도를 보이는 아버지의 자녀는 명철하고 창조적이며 융통성과 상상력이 풍부하며 높은 학업성취와 관련이 있었다. 이에 반해 거리감이 있고 독재적이며 처벌 위주인 아버지는 자녀의 성취동기를 저하시키고 권위적인 양육태도를 가진 경우 아동의 지적 능력이 떨어졌다.

셋째, 아버지가 권위가 있는 양육태도를 가졌을 경우, 과잉행동이나 공격적인 행동 및 분노나 우울과 같은 성격적 결함을 가지는 자녀들의 수가 적다. 또한 영아의 반응에 민감하고 반응적일 경우 영아들은 자기 주변에 있는 것들을 탐색하는데 별로 불안해하지 않으며, 흥미를 가지고 활발하게 탐색한다. 더 나아가 이런 영아들은 아버지와 안정적인 애착관계를 형성하며, 부모가 아닌 다른 사람에게 접근을 시도하고 관계를 맺는 데 있어서도 큰 어려움이 없다. 특히 아버지의 적극적인 자녀 양육참여는 가정에서의 남성과 여성의 역할에 대한 개념 형성에 영향을 주어 아동들이 남녀 평등주의적 성향을 갖게 된다는 것이다. 또한 아버지가 자녀 양육에 긍정적으로 참여하는 경우에는 부정적으로 참여한 경우보다 자녀가 자제력이 있고 덜 충동적이며, 자아존중감과 대인관계 능력이 높다. 이외에도 아버지들이 자녀와 사이가 좋은 경우 일탈행동, 우울, 슬픔, 거짓말하기 등의 문제행동을 덜 보였고, 책임감도 있었으며, 부모들에게 순종적이고 학교에서도 교사나 친구들과 잘 지내는 특성을 보였다.

4 이혼가정

현대사회에서 가족환경 중 커다란 변화의 하나로 이혼가정의 증가를 들 수 있다. 1970년대에 0.4건에 불과했던 이혼율이 2016년에는 2.1건으로 지난 40년간 5배 증가하였으며, 이처럼 이혼율이 급속하게 높아지면서 이혼가정에서 성장하는 아동의 수도 증가하고 있다. 한편 이혼은 그 자체로써 생활사건의 의미를 가질 뿐만 아니라 주거, 소득 수준, 가족 내 역할 및 책임, 가족관계 등 광범위한 생활상의 변화를 초래한다. 첫째, 한 부모의 부재는 영유아 및 아동에게 역할 모델과 부모의 정서·재정적인 지원 및 관리 감독의 상실을 가져온다. 둘째, 이혼을 거치면서 가장 급격하게 나타나는 변화는 여성의 경제적 악화이며, 이 과정에서 여성은 높은 정신적 스트레스, 우울감, 불안 등을 겪게 된다. 셋째, 시간이 경과되며 양육권을 갖지 않은 아버지의 지나치게 허용적인 태도와 양육권을 갖고 있는 어머니의 양육태도가 또 다른 갈등의 원인으로 작용하기도 한다. 넷째, 부모 간의 갈등은 영유아 및 아동에게 극단적인 스트레스를 안겨 준다. 특히 정서적으로 안정적이지 않은 아동의 경우는 그 정도가 더욱 심하며, 어린 자녀들은 부모의 이혼을 자신의 탓으로 돌려 스스로를 비난하거나 극도의 불안감을 느끼게 된다. 많은 이혼가정의 자녀는 자아정체감이나 학업성취도가 다소 낮고, 심리·정서적으로 불안정하여 가출, 결석, 비행 등의 문제행동을 표출하는 경우가 있으며, 이들의 일부는 성인기에 이르러서도 원만한 대인관계를 유지하지 못하고 이성관계의 어려움을 겪기도 한다. 따라서 많은 연구들은 부모의 이혼이 자녀에게 미치는 부정적 영향에 대해서 논의해 왔으며, 우리나라의 경우 이혼이나 별거로 인해 자녀에 대한 부모의 관심이 줄어들었거나, 자녀가 학교에 가기 싫어하는 등 자녀 양육 및 자녀의 적응에 부정적인 영향을 미친다고 보고되고 있다.

이혼의 증가 원인은 다음과 같다(이영숙 외, 2004).

① 결혼관의 변화

전통사회에서 대부분의 여성들은 이혼이 곧 죽음을 의미하는 것으로 생각하였지만 현대에 이르러서는 한 인간으로서의 여성의 권리가 존중되면서 이혼에 대해 긍정적인 시각을 가지는 여성들이 많아지고 있다.

② 도덕적·종교관의 변화

여성의 이혼을 터부시하였던 유교적 도덕관이나 가톨릭적 종교관에서 벗어나 결혼이 개인의 행복을 저해할 경우 이혼은 새로운 생활의 출발이 될 수 있다는 의식이 확산되었다.

③ 여성의 경제적 자립

현대사회에서는 여성의 교육기회와 취업기회가 증가하고 여성노동력에 대한 수요가 증가되면서 여성에게 경제적 자립능력을 갖게 했다. 이러한 능력은 이혼 선택에 자유로움을 부여한다.

④ 이혼관련 법률과 제도의 변화

이혼과 관련하여 여성에게 불평등하던 법조항들이 많이 개정되어 여성의 권리가 강화되었으며, 과거보다 쉽게 이혼을 할 수 있게 되었다.

⑤ 자녀 수 감소와 자녀관의 변화

출산율의 감소는 이혼 시 부담을 덜어주고, 자녀 때문에 자신의 삶을 희생하지 않겠다는 진보주의적 사고방식이 증가하고 있다.

⑥ 이혼에 대한 인식의 변화

과거에는 이혼한 여자가 있으면 가문의 수치로 생각했으나 현재는 이혼을 무조건 부정적으로 보는 견해가 점차 약화되고 있다.

자녀가 부모의 이혼에 적응하는 데 가장 필요한 것은 이혼으로 야기된 가정환경 변화에 따른 스트레스를 효과적으로 관리하고 문제를 해결해 나가려는 부모의 긍정적 양육태도이다. 어머니가 양육권을 갖고 있는 경우, 아버지와 정기적으로 접촉할 기회를 갖고 온정적인 관계를 유지하는 경우 자녀들은 부모의 이혼에 대해 덜 반항적이고 공격적 행동을 보이지 않는다.

실제로 아동들에게 부모의 이혼은 상당히 고통스러운 문제이지만, 심각한 가족 갈등에 지속적으로 노출되는 것보다는 오히려 바람직한 변화라고 보는 관점도 있으며, 이혼으로 야기된 어려움은 친척, 교사, 형제 자매, 친구들의 관심과 도움으로 점진적으로 감소될 수 있기 때문에 주변의 지원이 절실히 요구된다고 할 수 있다.

부모가 이혼으로 인한 자녀의 스트레스를 줄여 주고 새로운 환경에 적응할 수 있도록 도와주는 몇 가지 방법을 제시하면 다음과 같다.

부모가 해야 할 일

- 왜 부모가 이혼하려 하는지 그리고 어떤 일이 발생할 수 있는지를 예상할 수 있도록 부모가 함께 설명하라.
- 부모가 언제나 자녀를 사랑할 것이고 언제나 부모로서 존재한다는 확신을 심어 주고 행동으로 보여주라.
- 자녀가 이혼으로 인해 종종 화를 내고 슬퍼할 것이라는 것을 예상하고 자녀에게 자신의 감정을 이야기하도록 격려하라.

부모가 해서는 안 되는 일

- 자녀의 사랑과 관심을 받으려고 서로 경쟁하지 말라. 자녀들은 두 부모 모두 좋은 관계를 유지하고 있을 때 이혼에 대해 가장 잘 적응한다.
- 자녀에게 서로에 대한 분노를 표출하지 말고, 자녀 앞에서 상대편 배우자에 대해 비난하지 말라.
- 자녀에게 논쟁을 중재하도록 요구하지 말라. 부모는 중간에 자녀를 놓지 말고 문제를 해결하라.

5 학대

아동학대란 영유아 및 아동의 복지에 책임이 있는 부모나 양육자가 아동의 신체적·정신적 건강이나 복지를 해치는 행위를 하는 것을 말하며, 영유아 및 아동 자신과 가족, 그리고 사회 전체에 영향을 미치는 부정적인 결과를 초래하기 때문에 중요하게 다루어져 한다. 우리나라에서도 아동학대는 이미 사회적인 문제가 될 정도로 상당히 빈번하게 이루어지고 있다.

2015년 전국아동학대 현황 보고서에 따르면, 지난 한 해 동안 전국 44개 아동보호전문기관에 접수된 신고건수는, 9,570건으로 이 가운데 아동학대 사례로 판정되어 정부와 아동보호전문기관에서 보호를 받은 학대아동 보호건수는 5,578건이었다. 학대 유형 가운데 중복학대가 45.6%로 가장 높은 비중을 보였으며, 다음으로 정서학대(17.5%), 방임(17%), 신체학대(16.1%), 성학대(11.1%) 순이었다.

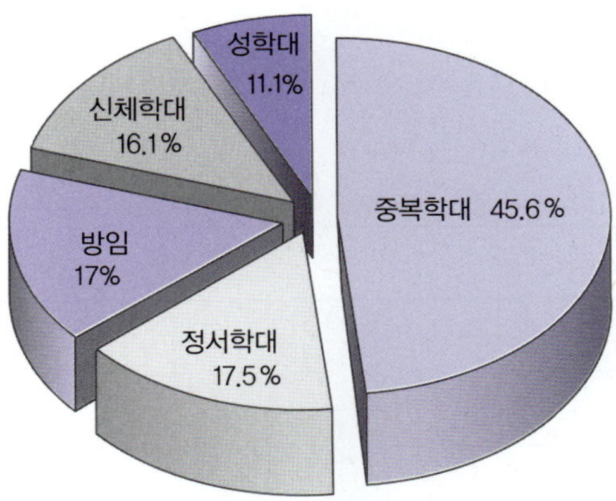

출처: 보건복지부(2015).

[그림 11-4] 2015년도 전국아동학대 현황

그러나 대부분의 피학대아동은 단일 유형의 학대가 아니라 복합 유형의 학대로부터 고통받으며, 대부분의 아동학대 사례가 신고·접수되지 못하고 있는 실정을 고려하면, 학대 피해는 이상보다 훨씬 클 것으로 판단된다. 일반적인 아동학대의 유형은 다음과 같다(표 11-6).

〈표 11-6〉 아동학대 유형

유형	내용
신체적 학대	발로 차기, 물기, 흔들기, 주먹으로 치기, 찌르기 등 신체적 상처를 유발하는 학대 행위
성적 학대	성적 접촉 또는 삽입행위, 노출, 음란물의 생산 및 방영, 성적 착취 행위
방임	의식주 및 교육, 보건의료 등 아동의 기본적 욕구를 충족시키기 위한 최소한의 의무 소홀
정서적 학대	사회적 고립, 불합리한 요구의 반복, 모멸, 비난, 협박 등 아동의 정신장애 및 행동장애를 유발할 수 있는 행위

출처: Berk(2006).

이봉주와 이호균(2004)에 의하면 학대 대상 아동은 초등학생이 가장 많아 학대사례 5,872건 중 50.2%가 7~12세에 집중되고 있지만, 말을 하지 못하는 0~2세 영아나 3~6세 유아에 대한 학대도 각각 8.3%, 16.1%로 보도되고 있다(그림 11-5).

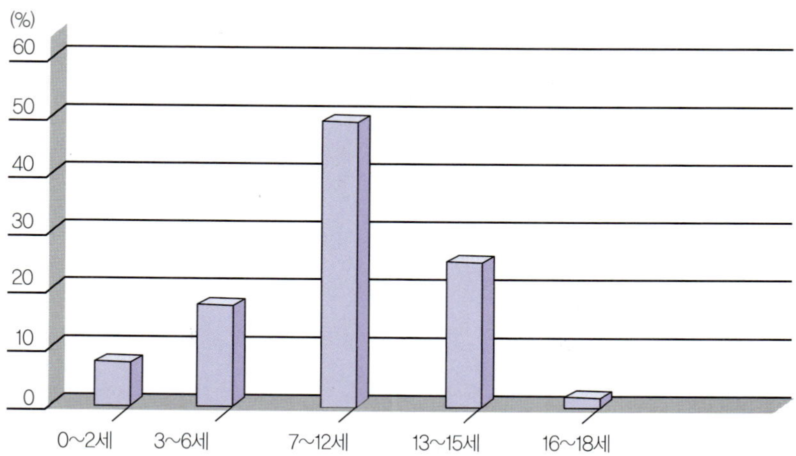

[그림 11-5] 연령에 따른 학대아동의 비율

아동학대 가해자의 80%가 부모이고, 약 7% 정도는 기타 친인척으로 조사되었으며, 어머니의 경우에는 방임을, 아버지의 경우에는 성적 학대를 더 많이 하는 것으로 알려졌다. 자녀의 연령에 따라서는 신생아 및 영아기 자녀의 경우 방임형태의 학대 위험성이 상대적으로 높고, 유아기 또는 학령기 아동은 신체적, 정서적, 성적 학대에 보다 빈번하게 노출되고 있다. 특히 말을 하지 못하고 체력이 약한 영아나 유아에 대한 부모의 방임이나 유기, 신체적, 정서적 학대는 그 심각성이 더욱 커서 이에 대한 특별한 관심이 요구되고 있다.

학대하는 부모들의 특성을 분석해 보면, 첫째, 학대부모의 대다수는 정신적인 기준에서 비학대부모와 별 차이가 없으며, 자녀를 학대하는 성인이 정신 또는 심리적 장애로 고생하고 있는 것도 아니며 성격적인 결함이 있는 것도 아니다. 둘째, 자녀를 학대하는 부모는 어린 시절 학대를 당한 경험이 있으나 학대받은 아동이 반드시 학대부모가 된다는 것을 의미하는 것은 아니다. 셋째, 자녀를 학대하는 부모는 부정적인 양육기술을 사용하며, 자녀를 통제할 힘이 없다고 믿고 있다. 즉 부모의 사회적인 고립이나 정서적인 미숙함, 낮은 자아존중감, 감정이입 능력의 결함, 또는 처벌적인 양육행동이 효과적이라는 확신 등이 원인이 되고 있으며, 아동이 기질적으로 너무 까다롭다든지 오늘은 너무 피곤하다든지 자신의 통제 밖에 있는 요소들을 탓하는 경향이 있다. 넷째, 학대가족의 남편과 아내 모두 비예측적이고, 비지지적이며, 만족스럽지 못한 상호작용이 스트레스를 유발하고 이로 인한 분노나 증오가 조절되지 못한 채 아동에게 그대로 표출됨으로써 부정적인 양육태도를 초래한다.

아동학대 관련 변인을 살펴보면 다음과 같다(표 11–7).

〈표 11-7〉 아동학대 관련 변인

변인	특성
부모 특성	심리적 불안, 알코올 및 약물 중독, 피학대 경험, 엄격한 체벌에 대한 신념, 자녀를 통한 본인의 미충족 욕구의 만족에 대한 기대, 자녀행동에 관한 불합리한 기대, 저연령(대체로 30세 이하), 낮은 교육 수준 등
아동 특성(	미숙아 또는 환아, 다루기 어려운 기질, 과잉행동 및 부주의, 기타 발달상의 문제 등
가족 특성	저소득, 빈곤, 노숙, 결혼 불안정성, 사회적 고립, 가정폭력, 빈번한 이주, 협소한 주거환경, 무질서한 가정환경, 불안정한 취업상태, 높은 가족 스트레스 등
지역사회 특성	폭력, 사회적 고립, 공원 · 도서관 · 보육시설 · 종교시설 등 가족에 대한 사회적 지원이 가능한 자원의 결핍 등
문화적 특성	신체적 강압에 대한 묵인, 문제해결을 위한 폭력사용에 대한 허용적 문화 등

출처: Berk(2006).

학대는 영유아 및 아동의 전반적인 발달에 있어 부정적인 영향을 미친다. 어떤 아동은 영구적인 신체적 손상으로 고생하며, 신체적 손상이 없을 때조차도 아동의 사회·정서 발달에 문제가 발생한다. 또한 때로 너무 공격적이기 때문에 또래와 관계를 잘 맺지 못하는 경향이 있으며, 인지발달과 학업성취에도 치명적이다. 즉 학대받은 아동은 학교 성적이 낮고 표준화된 학업성취에서 낮은 점수를 받으며 학교생활의 중도탈락과 유급하는 경향이 있으며, 정서적으로 통제를 잘하지 못하기 때문에 학교 관련 행동문제가 일상적으로 발생한다. 특히 학대에 반복적으로 노출된 경우 중앙 신경체계에 손상이 발생하면서 두뇌 발달에 치명적 손상을 입게 된다(그림 11-6). 이외에도 우울과 불안은 흡연과 알코올 남용, 약물복용 혹은 과식을 유발시킬 수도 있으며, 가출, 비행, 자신의 자녀와 배우자를 학대하는 경향이 있고 최악의 경우에는 자살을 시도하기도 한다. 이처럼 학대의 부정적인 영향은 복합적이며 순환적이다.

물론, 모든 학대가 장기적 영향을 미치는 것은 아니며, 개별 사례마다 결과는 다를 수 있으나 아동의 연령이 어릴수록, 학대가 오래 지속될수록, 그리고 가해자가 아동과 더 가까운 관계에 있는 사람일수록 그 피해는 더 심각해진다.

아동학대를 예방하기 위해서는 가족과 지역사회, 그리고 전체 사회의 적극적인 참여가 필요하며 학대의 예방을 위해 효과적인 자녀 양육방법에 대한 다양한 프로그램이 개발·보급되어야 한다.

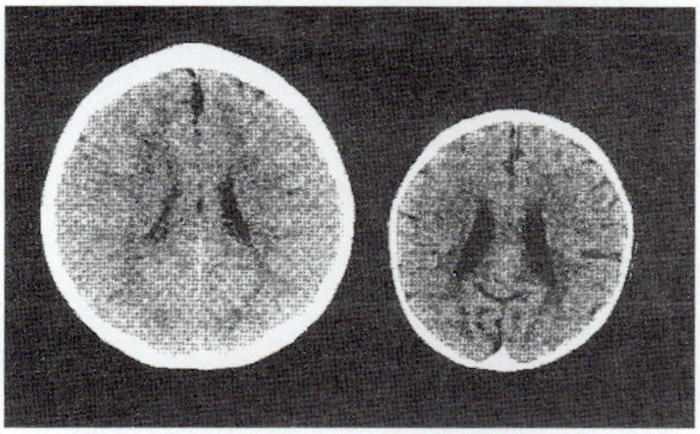

출처: Perry(2002).

[그림 11-6] 일반아동과 방임아동의 전후두부 둘레

CHAPTER 12

생태적 맥락과 발달 II 가정 외적 환경

본 장에서는 영유아의 성장과 발달에 직·간접적 영향을 주는 환경적 요인으로서 또래, TV와 컴퓨터 그리고 아동관련법을 중심으로 살펴본다.

1 또래

현대의 영유아는 유아교육기관에서 또래를 경험하는 시기가 과거보다 빨라져 또래의 영향이 더 큰 비중을 차지하게 되었다. 특히 유아기와 아동기의 부정적인 또래 관계가 장기적으로 영향을 미칠 수 있다는 차원에서 그 중요성은 매우 크다.

1) 또래 관계의 발달 및 기능

태어난 지 얼마 되지 않은 아기들도 서로를 쳐다보고 만지는 등 초기에 보이는 관심은 성장하면서 또래 간의 상호작용으로 발전하고 수적으로도 급속하게 증가하게 된다. 반면에 연령이 증가하면서 성인과의 상호작용은 점차 감소하는 양상을 보인다(그림 12-1).

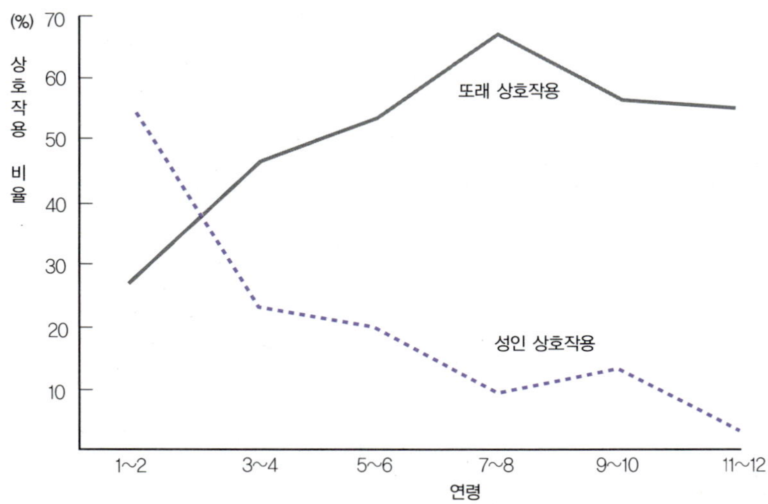

출처: Ellis, Rogoff, & Cromer(1981).

[그림 12-1] 또래 및 성인 상호작용의 발달적 양상

출생 후 2개월이 채 안 된 영아도 또래의 출현에 자극되고, 상호 응시하며, 6~12개월 사이의 영아는 또래를 쳐다보고, 웃고, 소리 내고, 만져보고, 미는 등 사회적 행동을 보인다. 1~2세 사이의 영아는 서로 물건을 주고받는 사회적 상호작용을 하게 되며, 또래와 함께 있으면 웃고 즐거워하는 등 또래 관계에서의 긍정적인 정서와 장난감을 서로 빼앗으려다 울고 소리를 지르는 등 부정적인 반응도 함께 나타난다. 2~3세 유아는 놀이 유형에 있어 다른 유아들의 놀이를 지켜보는 방관자적인 행동과 혼자놀이 등의 놀이형태로 발전하며, 7세경까지는 이성의 또래와 자연스럽게 놀이가 이루어진다.

초등학교 시기 아동의 또래 관계는 공동목표와 독자적인 역할을 지니는 협동놀이와 규칙이 있는 게임의 형태 내에서 그 역할이 보다 세분화되고 복잡한 사회적 구조를 지니며, 놀이규칙의 인지적 복잡성 또한 점차 증가된다. 이 시기의 또래그룹은 유아기에 비해 급격히 확장되며, 가족과의 접촉은 줄어들고 동성의 또래와 함께하는 시간이 증가한다.

또래 관계는 성인의 지시나 주도에 일방적으로 따르는 수직적인 관계가 아닌 서로의 의견을 자유롭게 교환하는 수평적인 관계로 또래와 효과적으로 관계를 형성하고 유지하는 능력을 습득하는 것은 매우 중요하다고 할 수 있다. 이러한 상호작용을 통해 많은 지식과 기술을 습득하고, 또래로부터 다양한 사회적 지원을 제공받는다. 이외에도 또래와의 관계에서 사회적 역할과 규범을 배우고, 사회적 조망수용 능력을 발달시키며, 사회적 기술을 연습하게 된다.

2) 또래 수용 유형과 특성

또래 수용성은 아동들이 또래집단 구성원들과의 관계에서 수용되는 정도로서 다른 아동들이 선호하는 정도를 나타내는 사회적 선호도와 또래에서 수용 또는 거부되는 정도에 따라 아동이 집단 내에서 차지하는 위치를 의미하는 사회적 지위로 구분될 수 있다(표 12–1). 이러한 또래집단 내에서의 지위는 아동기에 점점 더 중요해진다.

〈표 12-1〉 또래 수용 유형

유형	내용
인기아	많은 아이들로부터 선호의 대상이 되는 아동
배척/거부아	많은 아이들로부터 싫어하는 아이로 지목되는 아동
고립아/무시아	선호의 대상도 배척의 대상도 아닌 아동

또래로부터 인기가 있는 아동은 또래 갈등의 발생 빈도가 낮으며, 갈등을 해결하기 위해서 비언어적인 저항보다는 언어적 저항을 더 많이 사용하고, 갈등이 종결되었을 때 더 긍정적인 정서를 보인다. 또한 부모나 교사로부터 사회적으로 자신 있다고 평가되고, 일반적으로 화를 잘 대처하며 갈등을 최소화하고 관계를 지속하기 위하여 모욕과 위협 등을 피하고 직접적으로 반응하는 것으로 나타났다. 더 나아가 또래로부터 수용도가 높고 인기 있는 아동은 친사회적인 행동을 하고 지도력이 있으며, 긍정적인 자아 개념을 갖는 특성을 보인다.

이에 반해 또래로부터 싫어하는 아이로 지목된 배척아, 혹은 거부아는 또래 갈등을 자주 경험하고 갈등을 해결하기 위해 적대적인 언어, 공격적이고 규율에 벗어난 행동을 많이 사용하며 갈등이 종결된 후에 부정적인 정서를 많이 보였으며 자아존중감이 낮다는 특성을 보인다. 타인의 입장을 고려하기보다는 자신의 고집을 앞세우고 자기조절능력의 부족, 충동적인 성향이 나타난다.

또래로부터 선호의 대상도 배척의 대상도 아닌 아동은 고립아와 무시아로 나뉘는데 고립아는 다른 사람을 지목하지도 않고 본인도 아무런 지목을 받지 못한 아동이며, 무시아는 자신은 다른 사람을 지목했는데 본인은 아무런 지목도 받지 못한 아동을 말한다. 고립아동의 행동 특성은 주로 공격행동과 위축행동의 두 가지 유형으로 분류할 수 있는데 공격적 행동은 공격행동, 비협조적인 행동, 심하게 떼쓰는 행동으로 설명할 수 잇으며, 위축행동은 낮은 빈도의 사회적 상호작용을 하며 사람들과의 대인접촉을 기피하는 행동으로 정의된다. 무시아는 공격적이지는 않고 수줍어하거나 위축되어 있으며 주로 혼자 노는 행동 특성을 보인다.

각 유형의 특성을 정리하면 다음과 같다(표 12-2).

〈표 12–2〉 또래 수용 유형별 특성

유형	특성
인기아	• 놀이상황에서 주도적이며, 사회적 접촉을 많이 한다. • 놀이상황에서 리더십을 발휘하며 활동을 이끈다. • 언어를 많이 사용하며, 또래의 관심을 주도하고 유지하는 데 뛰어나다. • 우호적이고, 지지적이며, 남을 괴롭히는 행동을 피한다. • 또래의 의견을 수용하고 대안을 제시하면서 다른 사람의 견해에 반대한다. • 비공격적인 방법으로 갈등을 해결한다. • 그룹활동에 흥미를 가지고 조심성 있게 개입한다. • 사회적 상황과 또래의 특성을 정확하게 읽고, 갈등해결을 위한 적절한 행동을 선택한다.
배척/거부아	• 부정적이고, 불쾌감을 많이 표현한다. • 불평이 많고, 칭얼거리며, 비밀을 누설한다. • 이유없이 때리고, 밀고, 물며, 언어적 폭력을 사용한다. • 사회적 상황을 잘못 이해하고, 친절한 또래의 행동을 적대적인 의도로 오해한다. • 또래를 회피하고 혼자 놀이를 좋아한다.
고립아	• 혼자 놀고, 또래가 접근할 때 물러선다. • 사회적 상황에서 말이 없고, 염려를 많이 보인다. • 놀이상황에 개입하는 데 능력이 부족하다. • 또래의 관심을 끌고 유지하는 데 능력이 부족하다. • 또래의 놀이를 이끌고 놀이 제안을 하는 등 사회적 기술과 주도성이 부족하다.

출처: 권민균 외(2012).

3) 우정

우정관계는 유아기 및 아동기를 거치면서 점점 더 중요해진다. 이 시기 아동들은 같이 시간을 보내는 친한 친구가 3~5명이 있지만 대개는 한 번에 1~2명씩 함께 놀며, 우정관계를 통해 행복감이나 학교에 대한 긍정적인 태도를 갖게 된다.

Selman(1980)은 면접을 통해 우정의 개념에 대한 발달단계를 타인의 관점을 이해하는 능력에 기초해 다음과 같이 제시하였다(표 12–3). 그에 의하면 우정에 대한 개념은 연령에 따라 5단계를 거치면서 변화한다고 보았다. 즉 유아들의 우정은 대부분 일시적인 놀이 친구로서 일방적인 도움관계이며, 아동기는 대부분 이기심에 근거한 상호호혜적 관계이다. 9살 이후부터는 친밀감 및 서로 공유하는 관계로 점차 접어들게 된다.

〈표 12-3〉 우정 개념의 발달단계

단계	연령	특성
0단계 순간적인 단계	3~7세	자아중심적인 시기로 다른 사람의 입장을 이해하지 못한다. 지리적 근접성과 물질적이고 신체적인 특성에 가치를 두어 일시적 놀이 친구를 형성한다.
1단계 일방적인 단계	4~9세	친구는 내가 원하는 일을 해주는 일방적인 지원자로 인식하며, 사소한 일에 틀어지기 쉽다.
2단계 양방적인 단계	6~12세	친구관계에 있어 일방적인 아닌 상호 주고받는 것에 기초하나 여전히 공통 관심사보다 개인 관심사에 비중을 둔다.
3단계 공유단계	9~15세	친구관계를 서로를 위한 것으로 인식하며, 이전 단계보다 친구관계에 대해 소유적이 되고 친하지도 않은 주변 또래들을 멀리하는 배타적인 특성도 있다.
4단계 성숙한 우정 단계	12세 이상	친구의 요구를 존중하는 단계로 장기적이며 지속적인 특성을 보인다.

출처: 권민균 외(2012).

온정적이고 만족스러운 아동기의 우정은 심리·정서적 건강과 성인기 개인 역량에 다음과 같은 이유로 매우 중요한 영향을 줄 수 있다.

- 진정한 친구관계는 스스로를 성찰하고 타인에 대해 깊게 이해할 수 있는 기회를 제공한다.
- 진정한 친구관계는 미래의 친밀한 관계 형성의 기초를 마련해 준다.
- 진정한 친구관계는 일상생활의 스트레스를 적절히 관리할 수 있도록 도와준다.
- 진정한 친구관계는 학교에 대한 태도 및 학교생활 참여도를 증진시켜 준다.

우정관계의 여섯 가지 기능

(1) 동반자 기능
친숙한 파트너로서 기꺼이 놀아주고 같이 협력해서 일한다.

(2) 자극적 기능
흥미로운 정보와 즐거움, 재미를 느끼게 해 준다.

(3) 물리적 지원 기능
여러 가지 실제적 지원과 도움을 준다.

(4) 심리적 지원 기능
격려와 심리적 지지를 통해 능력감과 가치감을 갖게 해 준다.

(5) 사회적 비교 기능
자기가 제대로 잘하고 있는지 비교기준이 되어 준다.

(6) 친밀감/애정의 기능
자기노출을 통해 따뜻하고 친밀하며 신뢰 관계를 갖게 해 준다.

출처: 박성연(2006).

4) 또래 괴롭힘

특정 아동에 대해 지속적으로 의도적인 공격성을 보일 때 괴롭힘이 되며, 이러한 양상은 유아기부터 시작된다.

외국에서는 1980년대 중반부터, 국내에서는 1990년대 후반 이후에 아동 및 청소년 사이의 또래 괴롭힘이나 따돌림에 대한 연구가 활발히 이루어졌으며, 또래 괴롭힘의 피해자와 가해자 모두 자아존중감, 학교생활, 대인관계 등 여러 발달적 측면에 어려움을 가진다고 보고되고 있다.

또래 괴롭힘의 종류는 크게 세 가지로 분류될 수 있다(표 12–4).

〈표 12-4〉 또래 괴롭힘의 유형 및 특성

유형	특성
신체적 괴롭힘	때리거나 차기, 물건을 빼앗기 등을 일컬으며, 가장 쉽게 눈에 띄며 주로 남아들 사이에서 많이 관찰된다.
언어적 괴롭힘	조롱하기, 협박하기, 놀리기 등을 일컬으며, 남아와 여아를 막론하고 가장 많이 일어나는 또래 괴롭힘의 형태이다
관계적 혹은 사회적 괴롭힘	다른 사람을 괴롭히거나 상처를 주기 위하여 인간관계를 이용하는 것으로, 특정한 사람을 따돌리기, 그 사람에 대한 소문을 퍼트리거나 거짓말을 하기 등을 일컫는다. 주로 여아들이 가해자나 피해자가 되는 경우가 많다.

출처: Nowsel et al.(2001).

또래 괴롭힘은 직접적 괴롭힘과 간접적 괴롭힘으로 분류되기도 한다. 신체적 괴롭힘은 주로 가해자의 의도가 드러나는 직접적인 괴롭힘인 경우가 많으며, 언어적 괴롭힘이나 사회적 괴롭힘은 가해자의 의도를 드러내지는 않으나 피해자에게 상처를 주고자 하는 간접적 괴롭힘이 될 수도 있다. 어린 유아들의 경우 사회적 능력이 아직 잘 발달하지 않아서 직접적 괴롭힘을 하는 경우가 더 많고 연령이 증가할수록 보다 간접적이고 교묘한 또래 괴롭힘 방법을 사용한다.

2 대중매체

영유아 및 아동은 일상생활 중 많은 시간을 TV 시청이나 컴퓨터를 이용한 게임, 인터넷 검색, 학습 관련 작업 등에 보낸다. Papalia 등(2003)에 의하면, 아동의 연령이 증가하면서 비디오나 게임, 컴퓨터로 보내는 시간이 늘어나지만 TV는 꾸준히 시청하는 것으로 조사되었다.

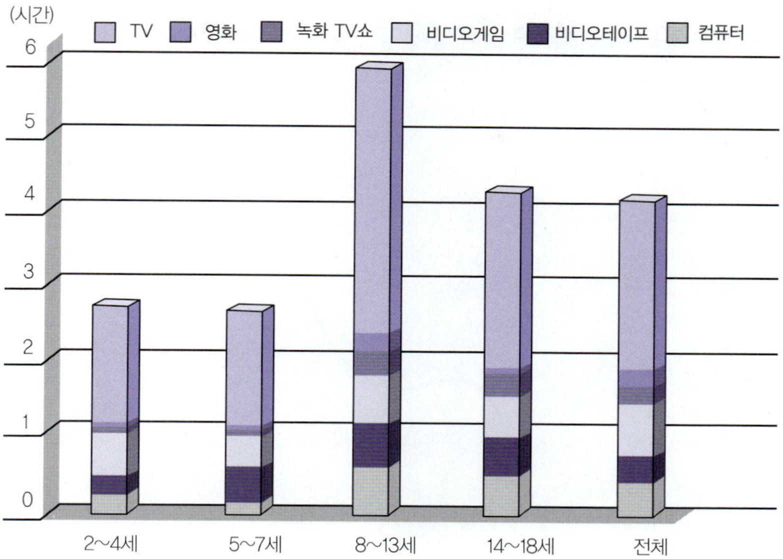

출처: Papalia et al.(2003).

[그림 12-2] 영유아 및 아동의 연령별 매체에 보내는 시간

1) TV

우리나라에서 TV는 1961년에 처음 도입되었으며, 영유아 및 아동의 사회환경을 구성하는 중요한 요인으로 오늘날의 아동은 TV의 영향권을 벗어날 수 없게 되었다.

유아기는 지적으로 호기심이 풍부하고 왕성하게 정보를 추구하는 동시에 기본적인 성격과 가치관 그리고 행동 유형 등이 형성되는 시기이며, 발달적으로 외부의 자극에 가장 민감한 때이다. 특히 영유아기는 TV 시청 습관의 사회화에 중요하고, 이 시기에 형성된 TV 시청 형태는 대체로 일생 동안 지속된다는 차원에서 큰 의미를 가진다.

영유아 및 아동의 TV 시청 시간은 연령에 따라 증가하다 초등학교 입학과 함께 감소하며, 다시 12세까지 증가하는 경향을 보인다(그림 12-3). Singer와

Singer(2001)는 영아들이 처음 TV를 접하는 시기는 생후 6~12개월 사이로, 하루 1~2시간 정도 노출되고, 2세 영아의 1/4, 4세 유아의 2/3가 하루에 2~4시간 정도 TV에 노출된다고 하였다.

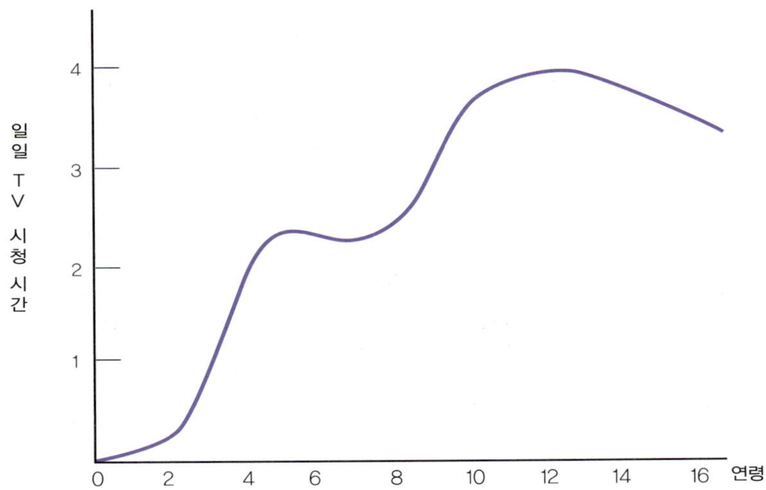

출처: Santrock(2003).

[그림 12-3] 연령별 일일 TV 시청 시간

TV 시청이 영유아 및 아동의 발달에 미치는 영향은 크게 긍정적인 측면과 부정적인 측면으로 볼 수 있다.

(1) 긍정적 측면

TV가 아동에게 미치는 긍정적인 측면으로 미국 유아교육 프로그램의 하나인 'Sesame Street'를 시청한 유아들은 그렇지 않은 유아들에 비해 알파벳 검사 점수 및 이름 쓰기, 그리고 총 점수, 학교생활에 적응, 어휘 습득면에서도 장기적으로 효과적이었으며(그림 12-4), 사회생활에 필요한 기본적인 기술, 즉 문자, 숫자, 신체구조, 분류방법 등의 내용을 합리적인 용어로 설명하고 가르치는 국내의 '뽀뽀뽀'나 '텔레비전 유치원'과 같은 유아용 프로그램도 유아의 발달 및 교육에 긍정적인 영향을 미치는 것으로 밝혀졌다. 또한 공격적인 유아에게 비공격적 또는 친사회적 내용의 TV 프로그램(예 'Mister Rogers Neighborhood')을 시청하게 한 경우 공격적인 행동은 감소된 반면 친사회적 행동은 증가되는 것으로 보고되었다.

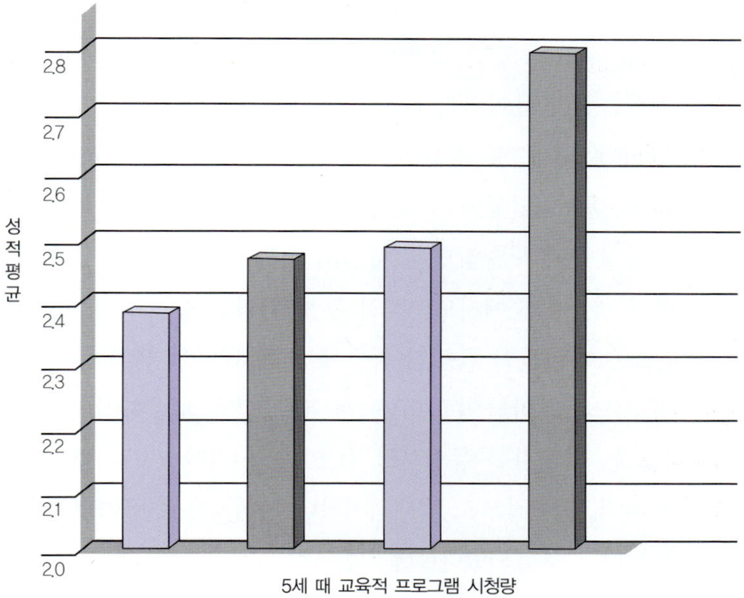

유아기에 남아들이 교육적인 방송(특히 Seame Street)을 많이 시청할수록 고등학교에서 학교성적이 높았다. 왼쪽 막대는 유아기 때 교육적인 TV 프로그램을 가장 적게 시청한 하위 25%, 다음 막대는 그 다음 25%, 오른쪽의 막대는 교육적 TV 프로그램을 가장 많이 시청한 남아 25%이다.

출처: Santrock(2004).

[그림 12-4] 5세 때 교육적 TV 프로그램 시청과 고등학교 남학생의 학교성적 간의 관계

(2) 부정적 측면

TV가 아동에게 미치는 부정적인 측면으로 첫째, 유아의 수동적인 TV 시청 태도는 적극적인 자발성의 상실을 초래할 수 있으며, 둘째, 공상에 치우친 만화내용은 유아들을 환상의 세계와 실제 환경을 구분하는 데 혼란을 줌으로써 사회 부적응을 유발할 수 있다. 셋째, 초인적 능력을 가진 주인공 등과 동일시해 마치 유아 자신이 주인공이 된 듯한 착각에 빠지게 하며, 주인공의 말투, 행동거지 등을 무분별하게 모방하고 수용하게 될 수 있다. 넷째, 고정화된 성역할 개념의 반복관찰은 적절한 사회적 편견과 선입관을 형성하는 데 결정적 역할을 한다. 예를 들어, 흑인이나 다른 소수인종들은 소수집단으로 대표되고, 주인공으로 주로 등장하는 남성은 지배적이거나 권력을 장악한 것으로 표현된다. 이외에도 TV는 가족 간의 대화 단절, 독서 및 놀이 시간 단축, 읽기 능력이나 언어 이해력, 언어적 유창성 저해, 창의성 저하 등이 언급되어 왔다. 더 나아가, TV 시청이 아동의 수면장애와 잘못된 식습관과 유아기의 잦은 TV 시청은 19세 여아의 비만과도 관련이 있는 것으로 나타났으며, TV 광고는 아동들에게 물질주의를 조장하고, 약물중독과 같은 심각한 행동발달상의 문제를 초래하는 것으로 나타났다. 특히 담배와 주류 광고에서 등장하는 노출장면은 아동의 흡연과 음주를 조장하고 있다는 연구도 발표된 바 있다. 이 중에서도 TV의 부정적 영향 중에 가장 큰 논란은 공격성의 증가이다. 즉, 아동들이 폭력의 공포에 대해 면역이 생기며 점차 폭력을 문제해결의 한 방법으로 받아들이고 TV에서 본 폭력을 모방하며 극 중의 특정 인물이나 피해자 또는 가해자를 동일시할 수 있다. 이러한 TV 폭력 프로그램에 노출된 아동은 정서적, 언어적으로 적대적이거나 신체적으로 공격적 행동을 나타낼 가능성이 매우 높다고 보고되었다(그림 12-5).

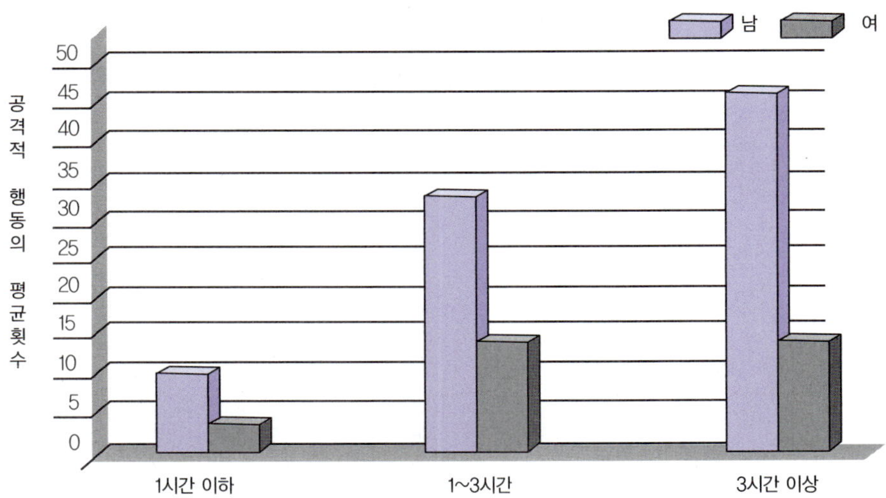

출처: Huesman & Eron(1986).

[그림 12-5] TV 시청 시간과 공격성 간의 관계

- TV와 공격성에 관한 많은 연구를 정리해 보면 다음과 같다(최경숙, 1985).
- TV에서 폭력적인 행동이 성공하는 것을 관찰한 아동은 그와 비슷한 실제 상황에 부딪치면 그것을 모방하여 공격적인 행동으로 옮기는 경향이 강하다.
- TV에서 폭력적인 장면을 빈번하게 보아 왔기 때문에 공격적인 정서가 일반화되어서 다른 사람에게 공격적인 행위를 불안 없이 하게 된다.
- TV의 폭력에서 고통, 공포나 괴로움을 관찰하는 것이 심리적 정화(카타르시스) 또는 긴장 해소의 수단이 되지 못한다.
- 공격성이 옳지 않다고 판단하거나 공격에 대한 결과의 고통만을 보고 공격적인 행동을 억제할 수 있는 것은 아니다.

바람직한 텔레비전 시청 습관을 위한 지침

- 가족의 TV 시청 시간을 계획하고 아동들은 일정한 원칙에 따라 어떤 프로그램을 시청할 것인지를 미리 결정한다.
- TV를 가족생활의 중심 공간인 거실에서 방으로 옮겨 자녀들의 하루 TV 시청 시간을 제한한다.
- 책을 읽어주거나 놀이 기회나 놀잇감을 많이 제공해 주고 창의적인 활동을 할 수 있는 기회를 갖게 한다.
- 자녀가 TV를 시청할 때는 부모가 함께 보면서 적절한 질문과 피드백을 통해 프로그램의 내용에 대한 이해도를 높일 수 있게 한다.
- TV 광고의 과장성이나 허위성을 자녀들과 함께 이야기 나누어보고 문제점이 무엇인지를 생각해 보게 한다.

출처: 권민균 외(2005).

TV 시청은 가정 내적 변인과 외적 변인에 따라 달라질 수 있는 다차원적인 특성을 지닌다고 볼 수 있다. 즉 TV 시청이 영유아 및 아동에게 미치는 영향은 프로그램의 내용에 따라 일방적으로 결정되는 것이 아니라 아동의 성별, 연령, 인지적 발달 수준, 개인의 성향, 시청 동기, 지역, 가정의 사회 경제적 지위(SES) 등 환경 맥락에 의해 다르게 나타난다는 것이다. 즉 남아보다 여아, 높은 연령의 아동보다 낮은 연령의 아동, 동생이 있는 아동보다 형이 있는 아동, 형제 수가 적은 아동보다 많은 아동, 농촌보다 도시 아동의 TV 시청 시간이 많은 것으로 나타났으며, 부모에 대해 친밀감을 느끼고 친구가 많은 아동일수록 TV 시청 시간이 적은 반면, 한부모, 취업모, 저소득층 가정의 아동들은 상대적으로 TV 시청 시간이 많은 것으로 나타났다.

Levin과 Carlsson-Paige(1994)는 TV 프로그램을 분석하기 위한 발달적 체계를 소개하였다(표 12-5). 이러한 체계의 예는 TV가 아동에게 미치는 부정적 영향에 대한 정보를 줄 수 있으며, 영유아 및 아동 발달을 지원하기 위해 TV 매체를 어떻게 활용해야 하는지 지침을 준다.

〈표 12-5〉 TV를 평가하기 위한 발달적 체계

발달적 이슈	아동이 텔레비전에서 보고 있는 것	아동이 텔레비전에서 보아야 할 것
신뢰감과 안전감의 확립	• 세상은 위험한 곳이다. • 나쁜 사람들은 모든 곳에 다 있다. • 안전을 위해 무기가 필요하다	• 사람들이 사는 세상은 믿을 수 있는 곳이고, 사람들은 서로 돕는다. • 세상은 안전하고, 예견할 수 있으며, 두려움은 극복될 수 있다.
사람들 간의 자율적 관계의 발달	• 자치권은 싸움이나 무기와 같은 의미를 뜻한다. • 사람들 간의 관계는 무력하고 허약하며 이기적이다.	• 사람들 간에는 서로 도우면서도 서로가 독립적인 자율성을 가지고 의미 있는 관계를 형성하고 있는 모델들이 폭넓게 존재한다.
효율성과 유능감의 발달	• 신체적인 강도와 폭력이 곧 힘과 효율성을 의미한다. • 나쁜 사람은 항상 돌아오며, 광범위한 영향력을 발휘한다.	• 폭력적이지 않는 방법으로 세계에 긍정적인 영향을 주는 사람에 대한 실례가 많다.
성 정체성의 확립	• 과장되고 견고한 성 편견이 존재하여 남아는 강하고, 여아는 무력하고 희생자이며, 세계의 여러 사건들과 무관한 존재로 비쳐진다.	• 양성 간에는 행동과 흥미, 기술이 복합적으로 공유되기도 하고, 양자가 할 수 있는 일이 겹치기도 한다.

발달적 이슈	아동이 텔레비전에서 보고 있는 것	아동이 텔레비전에서 보아야 할 것
사람들 사이의 다양성에 대한 인식의 발달	• 종교적이고 인종적인 고정관념이 존재한다. • 우리의 적에게는 인간성이 존재하지 않는 것으로 묘사된다. • 다양성은 위험한 것이다. • 나와 다른 사람에 대한 폭력은 정당화된다.	• 다양한 능력과 기술, 요구를 가진 서로 다른 사람들이 서로를 존중하고 문제를 비폭력적으로 해결하며, 서로 다른 사람들은 서로의 생활을 풍부하게 해줄 수 있다.
도덕성과 사회적 책임의 기초 다지기	• 좋거나 나쁜 한 가지 특성만 존재한다. • 폭력은 서로 간의 문제를 풀기 위한 해결책이 된다. • 승리만이 받아들여진다. • 나쁜 사람은 상처받아 마땅하다.	• 다른 사람을 향해 책임 있게 행동하는 복합적인 특징들–친절함과 존중을 보여주고, 도덕적 문제들은 다른 사람의 관점에서 해결하는–을 가진 사람들이 있다.
의미 있는 놀이를 할 기회를 가지기	• 프로그램 내용이 아동의 경험이나 이해 수준을 벗어난다. • 놀잇감들은 창의적이지 않는 제한적인 놀이를 조장하는 프로그램에 연결되어 있다.	• 프로그램의 내용이 발달적 욕구와 깊이 연관되어 있고, 아동이 자신들만의 독특한 놀이를 창조할 수 있게 해주는 놀잇감들과 연결되어 있다.

종합해 보면, TV가 제공하는 유익한 측면들을 간과하지 않고 가치중립적이며, 순기능적 입장에서 TV를 긍정적이고 유익하게 활용하려는 노력이 이루어져야 할 것으로 보인다.

2) 컴퓨터

최근에는 가정과 학교에 컴퓨터 보급이 확산되고 일상생활에서 차지하는 비중이 커짐에 따라 컴퓨터는 현대사회를 살아가는 아동에게 매우 익숙한 생활매체가 되었다. 3세 미만의 영유아 및 아동들도 컴퓨터를 이용하여 게임이나 놀이를 즐기고, 간단한 키보드 명령어를 이해하고 있는 등 컴퓨터가 영유아 및 아동의 발달에 미치는 영향에 대해 관심이 고조되고 있다. 또한 문자를 이해하기 시작한 아동들은 다양한 문서작업을 위해 컴퓨터를 사용하며, 컴퓨터 프로그램을 이용해 맞춤법을 확인하거나, 다양한 텍스트와 스타일을 편집할 수 있다. 그 결과, 아동은 '쓰기' 과정에서 나타날 수 있는 실수에 대한 두려움이 적어지고, 문장의 길이가 길어지고 문장력도 과거와 비교하여 우수한 것으로 보고되고 있다. 뿐만 아니라 아동은 조작적 능력을 향상시키고 문제해결력 및 창의성을 키울 수 있다. 그리고 연령이 높아질수록, 학교 과제 등을 위해서 문서작업 및 인터넷을 이용한 정보검색용으로 컴퓨터 사용이 증가한다.

(1) 긍정적 영향

컴퓨터가 아동에게 미치는 긍정적인 측면으로 컴퓨터 활동이 유아의 창의적 사고, 추론능력, 문제해결능력, 언어발달, 수학능력 발달에 도움이 되며, 학교에서 컴퓨터 보조학습(CAI)을 받은 아동은 통제집단에 비해 학업성취도와 학습에 대한 긍정적 태도를 높여주고 학교생활을 더욱 만족하게 해준다.

(2) 부정적 영향

우리 생활의 필수적인 도구로 자리 잡고 있는 컴퓨터가 영유아 및 아동의 발달을 저해한다는 부정적인 시각이 높다. 즉 컴퓨터가 혼자 놀이를 가능하게 하므로 또래집단 내에서의 사회적 관계 단절, 지나친 컴퓨터의 사용 시간과 몰입으로 인한 게임중독, 고립된 대인관계, 비(非)현실상의 수용, 신체활동의 제한 등이다. 이를 요약하면 다음과 같다.

① 사회적 기술을 익힐 수 있는 타인과의 상호작용 기회를 박탈함으로써 사회적 고립 및 발달상의 문제가 야기될 수 있다.
② 지나친 비현실상과 가상공간의 몰입은 현실 세계와의 괴리를 발생시키며 중독되기 쉽다. 특히 공격성, 파괴력, 충동성과 같은 정서발달의 부정적인 요인이 자극된다.
③ 구체적인 실물을 가지고 조작할 수 없기 때문에 블록이나 퍼즐처럼 직접 손으로 만지고 자료를 이용해 상호작용할 수 없으며, 가상현실적 경험을 촉발시킨다.

④ 신체활동을 제한하여 발달을 저하시킨다. 즉, 컴퓨터에 몰입하는 동안 고정된 자세와 전자파로 인한 시력의 이상을 가져올 수 있다.

⑤ 컴퓨터는 아동의 주변 사람과 언어를 사용할 기회를 제한해서 언어발달을 더디게 만든다.

⑥ 여러 사람과 어울리는 경험을 제한시켜 외톨이가 되기 쉬우며, 게임이나 통신 기능의 성격상 아동을 몰입하게 하여 균형 잡힌 생활에 방해가 될 수 있다.

컴퓨터 활용이 아동발달에 미치는 긍정적인 영향

① 컴퓨터는 아동의 자아 개념을 증진시켜 준다.
② 컴퓨터는 아동이 개념을 구성하고 수정하도록 조력하여 준다.
③ 컴퓨터는 아동의 사고력, 추리력, 문제해결력을 길러준다.
④ 컴퓨터는 아동의 놀이를 자극하는 매개자 구실을 한다.
⑤ 컴퓨터는 아동의 사회적 상호작용과 협동을 증진시키는 데 기여한다.
⑥ 아동기의 컴퓨터 이용은 컴퓨터 관련 기능을 익히고 나아가서 후기에 컴퓨터에 대한 긍정적 태도를 갖도록 한다.
⑦ 컴퓨터는 성 고정 개념을 타파하고 양성의 가치를 기르는 데 도움을 준다.

출처: 이소희(1997).

3) 인터넷

우리나라의 급속한 인터넷의 보급은 인터넷 사용의 저연령화 현상이 나타나고 있으며, 취학 전 유아의 인터넷 사용도 급속히 증가하였다. 인터넷 평균 연령은 3.2세, 주 평균 인터넷 사용 시간은 4.7시간인 것으로 조사되었으며, 유아의 인터넷 이용 목적은 게임이 가장 높게 나타났다(미래창조과학부, 2013). 한 조사(정아란·엄기영, 2006)에 의하면, 우리나라 유아의 인터넷 이용시간은 세계 1위이고 인터넷 게임 몰입현상이 유아기까지 퍼져 있어 우려를 나타냈다.

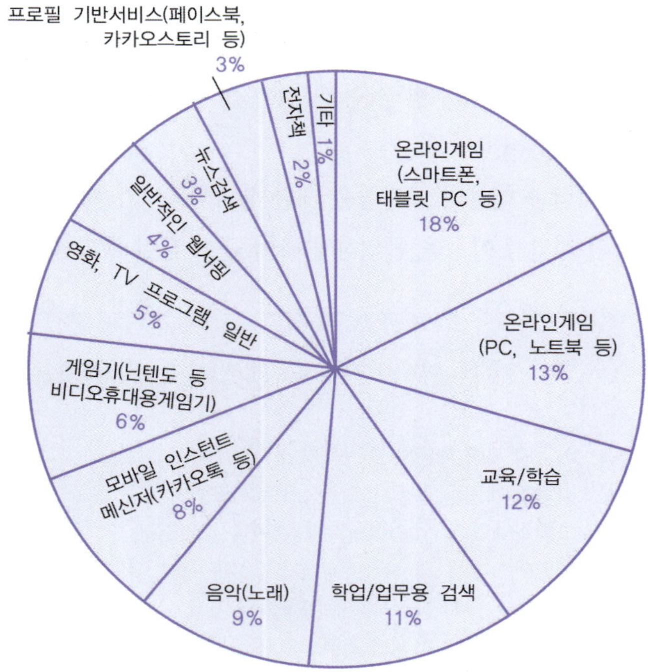

출처: 미래창조과학부(2013).

[그림 12-6] 유아의 인터넷 이용목적

또한 가정에서뿐만 아니라 대부분의 유아교육기관에서 인터넷을 활용하고 있고, 자유선택 활동시간에 컴퓨터 활동을 하고 있다. 이러한 환경은 유아들이 올바르게 인터넷을 사용하는 경우 다양한 정보문화와 많은 자료를 얻을 수 있는 좋은 학습환경이 되지만 무방비하게 노출되면 인터넷의 역기능적인 면이 부각될 수 있다는 점이 지적된다.

특히 인터넷 중독은 인터넷 사용에 있어 자율적인 통제가 불가능할 뿐 아니라 병적으로 집착하여 인터넷을 사용하는 증상으로, 최근 조사에 따르면 한국 아동의 약 30%가 중독 경향이 있으며, 인터넷 중독의 대표적인 하위 유형으로 게임 중독, 통신 중독, 음란물 중독이 지적되고 있다. 이러한 중독의 문제점으로 첫째, 현실의 일상생활에 흥미를 잃어 인간관계보다 게임에 몰두하고 게임을 하지 않으면 불안, 초조, 환상 등의 금단현상을 경험하고, 둘째, 과도한 게임사용으로 인해 학업, 직장과 가정 및 대인 관계에 지대한 영향을 끼치고, 셋째, 현실과 가상공간을 구분하지 못하게 되는 등의 심각한 문제를 야기하게 된다.

인터넷 중독 의심 증상

- 밥을 먹지 않고 게임에만 몰두한다.
- 밤새도록 게임을 하느라 학교에서는 잠만 잔다.
- 게임을 하지 않을 때에도 늘 게임에 관한 생각들뿐이다
- 과도한 게임사용으로 학업이 떨어졌거나, 주위 사람들의 불만이 쌓인다.
- 가족과 매일 다투거나 부모님으로부터 꾸중을 듣는다.
- 게임으로 인해 건강이 나빠졌다
- 가끔 현실과 게임 공간이 구분이 안 될 때가 있다.
- 꿈에서도 게임에 관한 꿈을 꾼다.

출처: 허혜경·김성희(2006).

4) 컴퓨터 게임

컴퓨터 게임은 전자기술에 의해 놀이적 재미로써 오락이라는 문화적 기능을 담당하는 게임으로 정의되며, 여러 명칭이 혼용되고 있다 1990년대 후반 들어 가정용 컴퓨터와 게임기의 급격한 보급으로 컴퓨터 게임을 하기 시작하는 연령은 매우 낮아졌으며, TV 매체와 달리 능동적 상호작용이 가능하며, 즉각적 피드백과 예측 불가능한 전개상황, 동적이며 시각적으로 화려한 그래픽과 음향효과는 아동의 흥미와 호기심을 자극하기에 충분한 요소를 지니고 있다.

대부분의 컴퓨터 게임은 폭력적 콘텐츠를 기본적으로 강렬한 속도감과 액션을 강조하는데, 아동들은 대체로 복잡하고, 실험적이며, 모험적인 게임에 몰입한다. 또한 가상현실이나 캐릭터가 있는 시뮬레이션 게임을 선호하기도 하는데, 이들 프로그램을 통해 경험하는 속도감은 아동의 선택적 주의력을 기르는 데 긍정적 영

향을 주며, 내용과 전개에 따라 효율적인 의사소통 능력과 상상력을 길러줄 수 있다고 한다. 한편, TV와 마찬가지로 폭력적 게임을 할 경우 적대감과 공격성이 증가하며, 인종과 성별에 대한 편견과 고정관념이 별 여과 없이 전달되고 있어 문제점으로 지적된다.

컴퓨터 게임의 유형은 아케이드, 어드벤처/롤플레잉, 텍스트, 시뮬레이션의 네 가지로 대별된다(표 12-6).

〈표 12-6〉 컴퓨터 게임의 유형

유형	특성
아케이드	전자오락실에서 흔히 볼 수 있는 게임으로 연속적으로 지나가는 화면에서 적을 공격하는 형태
어드벤처/롤 플레잉	등장인물을 통해 탐험과 모험을 하는 형태
텍스트	문자를 중심으로 하는 대화형태
시뮬레이션	가장 최근에 등장한 모의실험을 하는 형태

3 영유아 및 아동관련법

영유아 및 아동기에 국가가 얼마나 보호하고 제도적으로 개선을 꾀하느냐에 따라 아동이 처한 삶의 환경은 확연히 달라지기 때문에 아동관련법은 아동에게 큰 영향을 미치게 된다. 우리나라에서 시행되는 아동관련법에는 「영유아보육법」, 「유아교육법」, 「초·중등교육법」, 「아동복지법」, 「청소년보호법」, 「건강가정기본법」 등이 있다(그림 12-7).

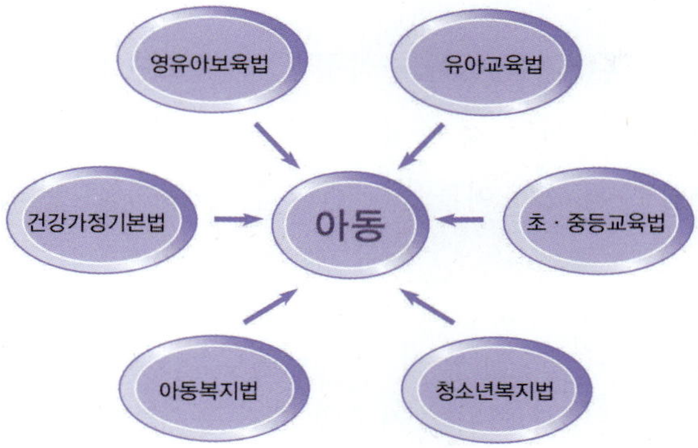

[그림 12-7] 아동관련법

가. 영유아보육법

「영유아보육법」은 영유아의 심신을 보호하고 건전하게 교육하여 건강한 사회구성원으로 육성함과 아울러 보호자의 경제적·사회적 활동이 원활하게 이루어지도록 함으로써 가정복지 증진에 이바지함을 목적으로 한다. 여기서 '영유아'란 6세 미만의 취학 전 아동을 말하며, "보육"이란 영유아를 건강하고 안전하게 보호·양육하고 영유아의 발달 특성에 맞는 교육을 제공하는 보육시설 및 가정양육 지원에 관한 사회복지서비스를 말한다.

나. 유아교육법

이 법은 「교육기본법」 제9조의 규정에 따라 유아교육에 관한 사항을 정함을 목적으로 한다. 여기서 '유아'라 함은 만 3세부터 초등학교 취학 전까지의 어린이를 말하며, '유치원'이라 함은 유아의 교육을 위하여 이 법에 따라 설립·운영되는 학교를 말한다.

다. 초중등교육법

이 법은 초·중등교육에 관한 사항을 정함을 목적으로 한다.

라. 아동복지법

이 법은 아동이 건전하게 출생하여 행복하고 건전하게 육성되도록 그 복지를 보장함을 목적으로 한다. 이 법에서 아동이라 함은 18세 미만의 자를 말한다.

마. 청소년 보호법

이 법은 청소년에게 유해한 매체물과 약물 등이 청소년에게 유통되는 것과 청소년이 유해한 업소에 출입하는 것 등을 규제함으로써 청소년을 유해한 각종 사회환경으로부터 보호·구제하고 이들을 건전한 인격체로 성장할 수 있도록 함을 목적으로 한다.

바. 건강가정기본법

이 법은 건강한 가정생활의 영위와 가족의 유지 및 발전을 위한 국민의 권리·의무와 국가 및 지방자치단체 등의 책임을 명백히 하고, 가정문제의 적절한 해결방안을 강구하며 가족 구성원의 복지증진에 이바지할 수 있는 지원정책을 강화함으로써 건강가정 구현에 기여하는 것을 목적으로 한다.

참고문헌

강봉규(2003). 인간발달. 서울: 동문사.
곽금주 외(2006). 아동발달심리학. 서울: 박학사.
곽노의·김경철·김유미·박대근(2007). 영유아발달. 경기: 양서원.
권민균·권희경·문혁준·성미영·신유림·안선희·안효진·이경옥·천희영·한유미·한유진·황혜신(2005). 아동발달. 서울: 창지사.
권민균·문혁준·권희경·성미영·신유림·안선희·안효진·이경옥·천희영·한유미·한유진·황혜신(2012). 개정 아동발달. 서울: 창지사.
권민균·김정민·최형성(2008). 아동과 발달. 서울: 시그마프레스 .
김경희(1999). 발달심리학: 생애발달. 서울: 학문사.
김광웅·방은령(2003). 아동발달. 서울: 형설출판사.
김나영·이경열·정욱호·홍계옥(2005). 영유아발달. 경기: 양서원.
김수희·김지현·나용선·전대성(2006). 아동발달. 경기: 양서원.
김승옥·이경옥(2005). 유아교육기관의 온라인 콘텐츠 사용실태 및 요구. 어린이미디어 연구, 4, 223-241.
김연진·송주미(2009). 유아건강교육. 서울: 동문사.
김현진(2009). 놀이를 통한 유아비만 예방의 일러스트레이션 표현 연구: 가정 내 유아 접점 매체를 중심으로. 이화여자대학교 디자인대학원 석사학위논문.
대한소아과학회(2002). 한국소아발육표준치. 서울: 대한소아과학회.
문혁준·김경은·서소정,·성미영·안선희·임정하·하지영·황혜정(2017). 영유아발달. 서울: 창지사.
문혁준·김경은·서소정,·성미영·안선희·임정하·하지영·황혜정(2020). 증보 영유아발달. 서울: 창지사.
문혁준·김정희·안선희·양성은·임연진·한세영(2009). 아동발달. 서울: 창지사.
문혁준·권희경·김명애·김상희·김정희·김혜금·김혜연·안효진·이경옥·이윤경·이희선(2016). 영유아 건강교육. 서울: 창지사.
박성연(2005). 아동발달. 서울: 교문사.
박성연(2006). 아동발달. 서울: 교문사.
박성연·도현심(2003). 아동발달. 서울: 동문사.
박성연·서소정, & Bornstein, M.(2005). 어머니-영아 간의 상호작용방식이 영아발달에 미치는 영향. 아동학회지, 26(5), 15-30.
보건복지가족부(2009). 2008년 전국아동학대현황보고서.
서울경제신문(2006. 4. 14).

서울특별시 교육청(2013. 11. 4.). 유아 시기! 놀면서 배울 때입니다. 웃음이 터지는 아이들, 행복한 유아 적기교육 캠페인.

송길연·장유경·이지연·정윤경(2005). 발달심리학. 서울: 시그마프레스.

송명자(1995). 발달심리학. 서울: 학지사.

신희선·한경자·오가실·오진주·하미나(2002). 한국형 Denver 2 검사지침서. 서울: 현문사.

유효순·이영자(1986). 유아사회교육. 서울: 교문사.

유효순·최경숙(2006). 아동발달. 서울: 한국방송통신대학교출판부.

이난희·정효지·조성희,·최영선(2001). 영유아 보육시설의 영양교육 프로그램 개발. 대한지역사회영양학회지, 6(2), 234–242.

이봉주·이호균(2004). 우리나라 아동학대 실태 및 보호체계. 2004 한국아동학회 추계학술대회 자료집, 1–34.

이소희(1997). 부모가 알아야 할 컴퓨터 교육. 서울: 동문사.

이숙 외(2008). 인간행동과 사회환경. 서울: 창지사.

이슬기(2008). 어린이집에서의 낮잠에 대한 교사와 부모의 인식 및 실제. 이화여자대학교 교육대학원 석사학위논문.

이승복 역(2001). 언어발달. 서울: 시그마프레스.

이영(2017). 영유아발달(개정판). 서울: 학지사.

이영숙·박경란·전귀연(2004). 가족문제와 복지. 서울: 신정.

이영환(2005). 오늘의 부모: 역할과 지원대책. 2005 한국아동학회 춘계학술대회 자료집, 51–58.

이은해·이미리·박소연(2006). 아동연구방법의 이해. 서울: 학지사.

이정숙(2000). 아동 비만과 청소년 비만을 위한 대처방안. 한국체육교육학회지, 4(2), 297–311.

장유경·정영진·문현경·윤진숙·박혜련(2001). 지역사회 영양학. 신광출판사.

정희영·최영해·장은희·이선경·신현정·정다운·정희정(2014). 영아발달. 서울: 파워북.

전남련·김재환·이혜배(2009). 아동행동 연구 및 관찰평가. 서울: 창지사.

전주미(2004). 가정에서 영아의 TV 프로그램과 비디오 시청 현황에 관한 연구. 성균관대학교 교육대학원 석사학위 청구논문.

정보통신부·한국인터넷진흥원(2006). 2006년 하반기 정보화 실태조사. 서울: 한국인터넷진흥원.

정선숙(1992). 아동의 성 고정관념에 대한 연구. 이화여자대학교 교육대학원 석사 학위청구논문.

정순화(1992). 성과 관련된 과제의 선호에서의 성도식의 영향. 아동학회지, 13(2), 65-82.

정순화·정옥분(1994). 아동의 성도식과 성관련 과제의 기억 및 선호. 아동학회지, 15(1), 37-54.

정아란·엄기영(2006). 유아의 컴퓨터게임 과몰입 예방교육프로그램 모형개발연구. 한국보육학회지, 6(2), 211-237.

정옥분(2002). 아동발달의 이해. 서울: 학지사.

정옥분(2003). 아동발달의 이론. 서울: 학지사.

정옥분(2004). 영유아발달의 이해. 서울 : 학지사.

정옥분(2006). 사회정서발달. 서울: 학지사.

정정옥·이경희·임은숙(2007). 아동의 성장과 발달 이해. 서울: 교육아카데미.

정현숙·유계숙(2001). 가족관계. 서울: 학지사.

정희영·최영해·장은희·이선경·신현정·정다운·정희정(2014). 영아발달. 서울: 파워북.

조복희(2006). 아동발달. 서울: 교육과학사.

조복희·박혜원(2004). 한국 Bayley 영유아발달검사(K-BSID-II) 표준화 연구(1); 지역, 성별 및 모의 교육수준에 따른 K-BSID-II 수행 분석. 한국심리학회지: 발달, 17(1), 191-206.

조성연·이정희·천희영·심미경·황혜정·나종혜(2005). 아동발달의 이해. 서울: 신정.

조성연·이정희·황혜정·나종혜·양성은(2008). 아동관찰 및 행동연구. 서울: 신정.

조형숙·박은주·강현경·김태인·배정호(2013). 유아발달. 서울: 학지사.

질병관리본부(2007). 소아비만 후보유전자의 genotype 분석 및 질환지표상관성 분석: 결과보고서.

질병관리본부·대한소아과학회((2007). 소아·청소년 표준 성장도표. 서울: 대한소아과학회.

최경숙(1985). 아동심리학. 서울: 민음사.

최경숙(2006). 아동발달심리학. 서울: 교문사.

최경숙·박영아(2005). 아동발달. 서울: 창지사.

통계청(2005). 사망원인통계연보. 통계청.

통계청(2010). 2008 사망 및 사망원인 통계결과. 통계청.

한국교육개발원(2007). 교육통계연보. 서울: 한국교육개발원.

한순미(2000). 비고츠키와 교육: 문화-역사적 접근. 서울: 교육과학사.

허혜경·김성희(2006). 현대사회와 아동발달. 서울: 교육과학사.

황혜신·이순형(1990). 아동의 성향상성과 성별특정화 행동. 아동학회지, 11(2), 82-97.

홍순옥·박순호·김인순 (2014). 영아발달. 경기: 양서원.

Ainsworth, M. D. S.(1983). Patterns of infant-mother attachment as related to maternal care: Their early history and their contribution to continuity. In D. Magnusson & V. L. Allen (Eds.), *Human development* (pp. 26-45). NY: Academic Press.

Anglin, J. M.(1995). Word learning and the growth of potentially knowable vocabulary. Paper presented at the biennial meetings of the Society for Research in Child Development, Indianapolis.

Ary, D., Jacobs, L. C., & Razavieh, A. (2002). *Introduction to research in education*. Wadsworth Group: CA.

Bahrick, L. E., & Lickliter, R.(2002). Intersensory redundancy guides early perceptual and cognitive development. In R. V. Kail (Ed.), *Advances in child development and behavior* (Vol. 30, pp. 153-177). Orlando, FL: Academic Press.

Bandura, A.(1965). Influence of models' reinforcement contingencies on the acquisition of imitative responses. *Journal of Personality and Social Psychology, 1*, 589-595.

Bandura, A.(1973). *Aggression: A social learning analysis*. Englewood Cliffs, NJ: Prentice Hall.

Bandura, A.(1977). Self-efficacy: Toward a unifying theory of behavioral change. *Psychological Review, 84*, 191-215.

Bandura, A.(1977). Social learning theory. Englewood Cliffs, NJ: Prentice Hall.

Bandura, A.(1989). Social cognitive theory. In R. Vasta (Ed.), Annals of child development, 6, 1-60. Greenwich, CT: JAI Press.

Bandura, A., Ross, D., & Ross, S. A.(1963). Imitation of film-mediated aggressive models. *Journal of Abnormal and Social Psychology, 66*, 3-11.

Bandura, A., Grusec, J. E., & Menlove, F. L.(1966). Observational learning as a function of symbolization and incentive set. *Child Development, 37*, 499–506.

Bar–Tal, D., Raviv, A., & Goldberg, M.(1982). Helping behavior among preschool children: An observational study. *Child Development, 53*, 393–402.

Bates, E., Marchman, V., Thal, D., Fenson, L., Dale, P., Reznick, J. S., Reilly, J., & Hartung, J.(1988). Developmental and stylistic variation in the composition of early vocabulary. *Journal of Child Language, 21*, 85–123.

Bayley, N.(1969). *Manual for the Bayley Scales of Infant Development*. NY: The Psychological Corporation.

Bee, H., & Boyd, D.(2004). *The developing child*(10th Ed.). Boston : Pearson Education, Inc.

Bem, S. L.(1974). The measurement of psychological androgyny. *Journal of Consulting of Clinical Psychology, 42*, 155–162.

Bem, S. L.(1975). Sex role of adaptability: One consequence of psychological androgyny. *Journal of Personality and Social Psychology, 31*, 634–643.

Bem, S. L.(1989). Genital knowledge and gender constancy in preschool children. *Child Development, 60*, 649–662.

Berk, L. E.(1997). *Child development*(4th ed.). MA: Allyn & Bacon.

Berk, L. E.(2000). *Child development*(5th ed.). MA: Allyn & Bacon.

Berk, L. E.(2006). *Child development*(7th ed.). MA: Allyn & Bacon.

Berk, L. E.(2005). *Infants and children*. Boston: Allyn & Bacon.

Berk, L. E.(2014). 아동발달. 이종숙·신은수·안선희·이경옥(역). 서울: 시그마프레스. (원저 2013)

Berk, L. E., & Spuhl, S. T.(1995). Maternal interaction, private speech, and task performance in preschool children. *Early Childhood Research Quarterly, 10*, 145–169.

Bernnan, W. M., Ames, E. W., & Moore, R. W.(1966). Age differences in infants' attention to patterns of different complexities. *Science, 151*, 354–356.

Bigner, J.(2005). *Parent-child relations: An introduction to parenting*(7th ed.). NJ: Pearson, Merrill Prentice Hall.

Bjorklund, D. F.(1995). *Children's thinking: Developmental function and individual differences*(2nd ed.). Pacific Grove, CA: Brooks/Cole.

Bloom, L.(1993). *The transition from infancy to language: Acquiring the power of expression*. England: Cambridge University Press.

Bouchard, T. J., Jr., & McGue, M.(1981). Familial studies of intelligence: A review. *Science, 212*, 1055–1059.

Boukydis, C. F. Z., & Lester, B. M. (1998). Infant crying, risk status and social support in families of preterm and term infants. *Early Development and Parenting, 7*, 31–39.

Bowlby, J.(1969). *Attachment and loss, Vol. 1: Attachment*. London: Hogarth Press.

Bredekamp, S., & Copple, C. (Eds.)(1997). *Developmentally appropriate practice in early childhood program*. Washington, D.C.: NAEYC.

Bridges, K. M.(1932). Emotional development in early infancy. *Child Development, 3*, 324–341.

Brody, G. H., & Shaffer, D. R.(1982). Contributions of parents and peers to children's moral socialization. *Developmental Review, 2*, 31–75.

Brody, N.(1997). Intelligence, schooling, and society. *American Psychologist, 52*, 1046–1050.

Broman, S. H., Nichols, P. L., & Kennedy, W. A.(1975). *Preschool IQ: Prenatal and early developmental correlates*. Hillsdale, NJ: Erlbaum.

Campbell, F. A., & Ramey, C. T.(1994). Effects of early intervention on intellectual and academic achievement: A follow-up study of children from low-income families. *Child Development, 65*, 684–698.

Capron, C., & Duyme, M.(1989). Assessment of effects of socio-economic status on IQ in a full cross-fostering study. *Nature, 340*, 552–554.

Case, R.(1985). Intellectual development: Birth to adulthood. FL: Academic Press.

Caspi, A., & Silva, P. A.(1995). Temperamental qualities at age three predict personality traits in young adulthood: Longitudinal evidence from a birth cohort. *Developmental Psychology, 66*, 486–498.

Center on the Developing Child/Harvard University: The Science of Early Childhood Development, http://46y5eh11fhgw3ve3ytpwxt9r.wpengine.netdna-cdn.com/wp-content/uploads/2007/03/InBrief-The-Science-of-Early-Childhood-Development2.pdf

Cernoch, J. M., & Porter, R. H. (1985). Recognition of maternal axillary odors by infants. *Child Development, 56*, 1593–1598.

Child Profile(2016). *Help me learn and grow from birth to 18 months.*

Chall, J.(1983). *Stages of reading development.* NY: McGraw–Hill.

Chess, S., & Thomas, R.(1984). *Origins and evolution of behavior disorders.* NY: Brunner/Mazel.

Coopersmith, S.(1967). *The antecedents of self-esteem*. NY: W. H. Freeman.

Crain, W. (1992). *Theories of development: Concepts and applications.* NJ: Prentice Hall.

Dacey, J. S.,& Lennon, K. H.(2004). Understanding creativity. CA: Jossey–Bass.

Damon, W.(1977). *The Social world of the child.* San Francisco: Jossey–Bass.

DeCasper, A. J., & Spence, M. J.(1986). *Prenatal maternal speech influences.* NJ: Ablex.

DeCasper, A. J., & Spence, M. J.(1991). Auditorily mediated behavior during the perinatal period: A cognitive view. In M. J. S. Weiss & P. R. Zelazo (Eds.), *Newborn attention: Biological constraints and the influence of experience*. NJ: Ablex.

Dodge, K. A.(1980). Social cognition and children's aggressive behavior. *Child Development, 51*, 1386–1399.

Dodge, K. A.(1986). A social information processing model of social competence in children. In M. Perlmutter(Ed.), Minnesota symposia in psychology, Vol. 18: Cognitive prospective in children's social and behavioral development. NJ: Erlbaum.

Dollard, J., Doob, L., Miller, N. E., Mowrer, O. H., & Sears, R. R.(1939). *Frustration and aggression.* New Haven: Yale University Press.

Dworetzky, J. P.(1990). *Introduction to child development*(4th ed.). MN: West Publishing.

Eccles, J. S., & Jacobs, J. E.(1986). Social forces shape math attitudes and performance. *Signs: Journal of Women in Culture and Society, 11*, 367–389.

Ellis, S., Rogoff, B., & Cromer, C. D.(1981). Age segregation in children's social interactions. *Developmental Psychology, 17*, 399–407.

Entwisle, D. R., & Alexander, K. L.(1990). Beginning school math competence: Minority and majority comparisons. *Child Development, 61,* 454–471.

Fabes, R., Eisenberg, N., Karbon, M., Bernzweig, J., Speer, A., & Carlo, G.(1994). Socialization of children's vicarious emotional responding and prosocial behavior. *Developmental Psychology, 30*, 44–55.

Fagot, B. I.(1985). Beyond the reinforcement principle: Another step toward under standing sex-role development. *Developmental Psychology, 21*, 1097–1104.

Feinman, S.(1992). *Social referencing and the social construction of reality in infancy.* NY: Plenum.

Fenson, L., Dale, P. S., Reznick, J. S., Bates, E., Thal, D.J., & Pethick, S. J.(1994). Variability in early communicative development. *Monographs of the Society for Research in Child Development, 59*(5, Serial No. 242).

Fomon, S., & Nelson, S. E.(2002). Body composition of the male and female reference infants. *Annual Review of Nutrition, 22*, 1–17.

Freud, S.(1933). *New introductory lectures in psychoanalysis*. NY: Norton.

Gallup, G. G., Jr.(1979). Self-recognition in chimpanzees and man: A developmental and comparative perspective. In M. Lewis, & L. A. Rosenvlum (Eds.), Genesis of behavior (Vol. 2). *The child and its family*. NY: Pelenum.

Gardner, L. I.(1972). Deprivation dwarfism. *Scientific American, 227*, 76–82.

Garrison, W., Earls, F. J., & Kindel, D.(1984). Temperament characteristics in the third year of life and behavior adjustment at school entry. *Journal of Clinical Child Psychology, 13*, 298–303.

Gibson, E. J., & Walk, R. D.(1960). The "visual cliff." *Scientific American, 202*, 64–71.

Graham, A., Powell, M., Taylor, N., Anderson, D. & Fitzgerald, R. (2013). *Ethical research involving children*. Florence: UNICEF Office of Research Innocenti.

Green, F. P., & Schneider, F. W.(1974). Age differences in the behavior of boys on three measures of altruism. *Child Development, 45,* 248–251.

Green, G. E., Irwin, J. R., & Gustafson, G. E.(2000). Acoustic cry analysis, neonatal status and long-term developmental outcomes. In R. G. Barr, B. Hopkins, & J. A. Green (Eds.), *Crying as a sign, a symptom, and a signal* (pp. 137–156). UK: Cambridge University Press.

Green, M.(1989). *Theories of human development: A comparative approach*. NJ:

Prentice-Hall.

Guttemtag, R. E., Omstein, P. A., Siemans, L.(1987). Children's spontaneous rehearsal: Translations in strategy acquisition. *Cognitive Development,* 2, 307-326.

Halpern, D. F.(1997). Sex differences in intelligence: Implications for education. *American Psychologist, 52,* 1091-1102.

Hannaford, C.(1995). *Smart moves.* Virginia: Great Ocean Publishers.

Harlow, H. F., & Zimmerman, R.(1959). Affectional responses in the infant monkey. *Science, 130,* 421-432.

Hart, B., & Risley, T. R.(1995). *Meaningful differences in the everyday experience of young American children.* MD: Brookes.

Harter, S.(1985). Competence as a dimension of self-evaluation: Toward a comprehensive model of self-worth. In R. Leahy (Ed.), *The development of the self.* FL: Academic Press.

Harter, S.(1988). Developmental processes in the construction of the self. In T. D. Yawkey, & J. E. Johnson(Eds.), *Integrative processes and socialization: Early to middle childhood.* NJ: Erlbaum.

Health Education Resource Exchange(2016). Watch and help me grow, Birth to 18 months. Retrieved from http://here.doh.wa.gov/materials/watch-me-grow-birth-to-18-months

Henderson, E. H., & Beers, J. W. (Eds.)(1980). *Developmental and cognitive aspects of learning to spell: A reflection of knowledge.* Mewarl. DE: International Reading Association.

Hetherington, E. M., & Frankie, G.(1967). Effects of parental dominance, warmth, and conflict on imitation on children. *Journal of Personality and Social Psychology, 6,* 119-125.

Holloway, S. D., & Hess, R. D.(1985). Mothers' and teachers' attributions about children's mathematics performance. In I. E. Sigel (Ed.), *Parental belief systems: The psychological consequences for children*(pp. 177-200). NJ: Erlbaum.

Honzik, M. P.(1986). The role of the family in the development of mental abilities: A 50-year study. In N. Datan, A.L. Greene, & H. W. Reese (Eds.), *Life-span developmental psychology: Intergenerational relations*(pp. 185-210). NJ:

Erlbaum.

Hower, J. T., & Edwards, K. J.(1979). The relationship between moral character and adolescent's perception of parental behavior. *Journal of Genetic Psychology, 135*(1), 23–32.

Huesman, L., & Eron, L.(1986). *Television and the aggressive child: A cross-national comparison*. NJ: Erlbaum.

Kagan, J.(1992). Behavior, biology, and the meanings of temperamental constructs. *Pediatrics, 90,* 510–513.

Kellog, R.(1979). *Children's drawings children's minds*. NY: Avin Books.

Kohlberg, L. A.(1966). Cognitive developmental analysis of children's sex–role concepts and attitudes. In E. E. Maccoby (Ed.), *The development of sex differences*. California: Stanford University Press.

Kopp, C. B.(1982). Antecedent of self regulation: A developmental perspective. *Developmental Psychology, 18*, 199–214.

Kopp, C. B.(1987). The growth of self regulation: Caregivers and children. In N. Eisenberg (Ed.), *Contemporary topics in developmental psychology*. NY: Wiley.

Kroll, B.(1981). Developmental relationships between speaking and writing. In B. Kroll & R. Vann (Eds.), *Exploring speaking-writing relationships: Connections and contrasts.* IL: National Council of Teachers of English.

Kuhn, D., Nash, S. C., & Brucken, L.(1978). Sex role concepts of two–and three–year–olds. *Child Development, 49,* 445–451.

Lamb, M. E., Pleck, J. H., Charnov, E. L., & Levine, J. A.(1985). Parental behavior in humans. *American Zoologist, 25*, 883–894.

Landry, S. H., Garner, P. W., Swank, P. R., & Baldwin, C. D.(1996). Effects of maternal scaffolding during joint toy play with preterm and full–term infants. *Merrill-Palmer Quarterly, 42*, 177–199.

Lerner, R. M., & Von Eye, A.(1992). Sociobiology and human development: Arguments and evidence. *Human Development, 35,* 12–33.

Levin, D., & Carlsson–Paige, N.(1994). Developmentally appropriate television: Putting children first. *Young Children, 49*(5), 38–44.

Levine, S., Huttenlocher, J., Tayler, A., & Langrock, A.(1999). Early sex differences in spatial skill. *Developmental Psychology, 35*, 940–949.

Lewis, M., Alessandri, S. M., & Sullivan, M. W.(1990). Violation of expectancy, loss of control and anger expressions in young infants. *Developmental Psychology, 26,* 745–751.

Lewis, M., & Broods–Gunn, J.(1979). *Social cognition and the acquisition of self.* NY: Plenum.

Lewis, M., Stranger, C., & Sullivan, M. W.(1989). Deception in 3–year–olds. *Developmental Psychology, 25*, 439–443.

Lloyd, M. A.(1985). Adolescence. NY: Harper & Row.

Lorenz, K. Z.(1943). Die angeborenen Formen möglicher Erfahrung. *Zeitschrift Für Tierpsychologie, 5*, 235–409.

Lorenz, K. Z.(1966). *On aggression*(M. Wilson, Trans.). NY: Harcourt, Brace, & World.

Ludemann, P. M.(1991). Generalized discrimination of positive facial expressions by seven–and ten–month–old infants. *Child Development, 62*, 55–67.

Ludemann, P. M., & Nelson, C. A.(1988). Categorical representation of facial expressions by 7–month–old infants. *Developmental Psychology, 24*, 492–501.

Maccoby, E. E.(1980). *Social development: Psychological growth and the parent-child relationship*. San Diego: Hartcourt Brace Jovanovich.

Mahan, L. K., & Escott–Stump, S.(2000). *Krause's food, nutrition, and diet therapy.* loth.: WB Saunders.

Mangelsdorf, S. C., Shapiro, J. R., & Marzolf, D.(1995). Developmental and temperamental differences in emotion regulation in infancy. *Child Development, 66,* 1817–1828.

Marlier, L., Schaal, B., & Soussignan, R.(1998). Neonatal responsiveness to the odor of amniotic and lacteal fluids: A test of perinatal chemosensory continuity. *Child Development, 69,* 611–623.

Martin, C. L., & Halverson, C. F.(1981). A schematic processing model of sex typing and stereotyping in children. *Child Development, 52,* 1119–1134.

Martin, C. L., & Halverson, C. F.(1987). The roles of cognition in sex role acquisition. In D. B. Carter(Ed.), *Current conceptions of sex roles and sex typing.* NY: Praeger.

Mayer, J. D., & Salovey, P.(1997). What is emotional intelligence? In P. Salovey &

D. Sluyter(Eds.), *Emotional development and emotional intelligence: Implications for educators*(pp. 3–31). NY: Basic Books.

Melsoff, A. N., & Borton, R. W.(1979). Intermodal matching by human neonates, *Nature, 282,* 403–404.

Meltzoff, A. N., & Moore, M. K.(1989). Imitation in newborn infants: Exploring. the range of gestures imitated and the underlying mechanism. *Developmental Psychology, 25*, 954–962.

Mennella, J. A., & Beauchamp, G. K.(1998). Early flavor experiences: Research update. *Nutrition Reviews, 56,* 205–211.

Menyuk, P., Liebergott, W., & Schultz, M. C.(1995). *Early language development in full-term and premature infants*. NJ: Erlbaum.

Meredith, N. V.(1978). Research between 1960 and 1970 on the standing height of young children in different parts of the world. In H. W. Reece, & L. P. Lipsitt (Eds.), Advances in child development and behavior, 12. NY: Academic Press.

Mischel, W.(1974). Processes in the delay of gratification. In L. Berkowitz (Ed.), *Advances in experimental social psychology*(Vol. 7). NY: Academic.

Mitchell, P. R., & Kent, R. D.(1990). Phonetic variation in multisyllable babbling. *Journal of Child Language, 17*, 247–265.

Moely. B. E., Olson, F. A., Halwes, T. G., & Flavell, J. H.(1969). Production deficiency in young children's clustered recall. *Developmental Psychology, 1*, 26–34.

Molfese, V. J., DiLalla, L. F., & Bunce, D.(1997). Prediction of the intelligence test scores of 3– to 8–year–old children by home environment, socioeconomic status, and biomedical risks. *Merrill-Palmer Quarterly, 43*, 219–234.

Morton, J.(1993). Mechanisms in infant face processing. In de Boysson Bardies, S. de Schonen, P. Jusczyk, P. McNeilage, & J. Morton(Eds.), Developmental neurocognition: Speech and face processing in the first year of life(pp. 93–102). London: Kluwer.

Murray, A. D., & Hornbaker, A. V.(1997). Maternal directive and facilitative interaction styles: Associations with language and cognitive development of low risk and high risk toddlers. *Development and Psychopathology, 9,* 507–516.

Nansel, T. R., Overpeck, M., Pilla, R. S., Rusan, J., Simons–Morton, B.,

& Scheidt, T.(2001). Bullying behaviors among US youth: Prevalence and association with psychological adjustment. *Journal of the American Medical Association, 285*, 2094–2100.

Neisser, U., Boodoo, G., Bouchard, T. J., Jr., Boykin, A. W., Brody, M., Ceci, S. J., Halpern, D. F., Loehlin, J. C., Perloff, R., Sternberg, R. J., & Urbina, S.(1996). Intelligence: Knowns and unknowns. *American Psychologist, 51*, 77–101.

Newman, C., Atkinson, J., & Braddick, O.(2001). The development of reaching and looking preferences in infants to objects of different sizes. *Developmental Psychology, 37*, 561–572.

NICHD Early Child Care Research Network(2000). Characteristics and quality of child care for toddlers and preschoolers. *Applied Developmental Science, 4,* 116–135.

Ostrander, S., & Schroeder, L.(1991). *Supermemory*. NY: Carroll and Graf Publishers.

Owens, R. E.(1996). *Language development*(4th ed.). Boston: Allyn & Bacon.

Papalia, D., Gross, D., & Feldman, R. D.(2003). *Child development*. NY: McGraw–Hill.

Patton, M. Q.(2002). *Qualitative research and evaluation methods*(3rd ed.). CA: Sage.

Perry, B. D.(2002). Childhood experience and the expression of genetic potential: What childhood neglect tells us about nature and nurture. *Brain and Mind, 3,* 79–100.

Pipp. S., Easterbrooks, M. A., & Harmon, R. J.(1992). The relation between attachment and knowledge of self and mother in one–year–old infants to three–year–old infants. *Child Development, 63*, 738–750.

Rogoff, B. (2003). *The cultural nature of human development.* NY: Oxford University Press.

Rothbart, M. K., & Bates, J. E.(1998). Temperament. In W. Damon (Series Ed.), & N. Eisenberg (Vol. Ed.), *Handbook of child psychology*(Vol. 3): Social, emotional and personality development(5th ed., pp. 105–176). NY: Wiley.

Rovee–Colleer, D. K.(1995). Time windows in cognitive development.

Developmental Psychology, 31, 147–169.

Santrock, J. W.(2003). *Children*(7th ed.). NY: McGraw Hill.

Santrock, J. W.(2004). *Child Development*(10th ed.). NY: McGraw–Hill.

Schober–Peterson, D., & Johnson, C. J.(1991). Nondialogue speech during preschool interactions. *Journal of Child Language, 18,* 153–170.

Schweinhart, L. J. (2004). The High/Scope Perry Preschool study through age 40: Summary, conclusions, and frequently asked questions. High/Scope Educational Research Foundation.

Schweinruber, H.(1997). The effects of gender and exposure to advanced mathematics on achievement and attitudes in four countries. *Paper presented at the biennial meetings of the Society for Research in Child Development.* Washington, DC.

Scollon, R.(1976). *Conversations with a one-year old.* Honolulu: University of Hawaii Press.

Selman, R. L.(1980). *The growth of interpersonal understanding*. NY: Academic.

Shaffer, D. R.(1993). *Developmental Psychology: childhood and adolescence*(3rd ed.). California: Brooks/Cole.

Shaffer, D. R.(2000). *Social and personality development*(4th ed.). Belmont, CA: Wadsworth.

Shaffer, D. R.(2002). *Development psychology: Childhood and adolescence*(6th ed.). Thomson Learning, INC.

Shaffer, D. R.(2008). 사회성격발달. (송길연·이지연 역). 서울: 시그마프레스.

Siegler, R. S. (1998). *Children's thinking*(3rd ed.). NJ: Prentice–Hall.

Signer, D. G., & Signer, J. L.(2001). *Handbook of children and the media*. Sage Publication.

Slater, A. (2001). Visual perception, In G. Bremner & A. Fogel (Eds.), *Blackwell handbook of infant development*(pp. 5–34). MA: Blackwell.

Slaughter–Defoe, D., & Rubin, H.(2001). A longitudinal case study of Head Start elgible children: Implications for urban education. *Educational Psychologist, 36,* 31–44.

Smith, J. R., Brooks–Gunn, J., & Klebanov, P. K.(1997). Consequences of living in poverty for young children's cognitive and verbal ability and early school achievement. In G. J. Duncan & J. Brooks–Gunn (Eds.), *Consequences of growing up poor*(pp. 132–179). NY: Russel Sage Foundation.

Steele, B. F., & Plooack, C. B.(1974). Psychiatric study of parents who abuse infants and small children. In P. E. Helfer, & C. H. Kempe (Eds.), *The battered child*. Chicago: University of Chicago Press.

Sullivan, M. W., Lewis, M., & Alessandri, S. M.(1992). Cross–age stability in emotional expressions during learning and extinction. *Developmental Psychology, 28*, 58–63.

Thomas, A., & Chess, S.(1977). *Temperament and development.* NY: Brunner/Mazel.

Trivers, R. L.(1971). The evolution of reciprocal altruism. *The Quarterly Review of Biology, 46,* 35–57.

Warnock, F., & Sandrin, D.(2004). Comprehensive description of newborn distress behavior in response to acute pain(newborn male circumcision). *Pain, 107*, 242–255.

Zigler, E. F., & Styfco, S. J.(1993). Using research and theory to justify and inform Head Start expansion. Social Policy Report, *Society for Research in Child Development, 7*(2), 1–21.

저자소개

안선희 경희대학교 아동가족학과 교수

문혁준 가톨릭대학교 아동학과 교수

김연하 경희대학교 아동가족학과 교수

김정희 총신대학 유아교육과 교수

임연진 동서울대학교 아동보육과 교수

한세영 이화여자대학교 아동학과 교수

(증 보)

영유아발달

초판 1쇄 발행 2017년 8월 10일
증보 2쇄 발행 2024년 1월 12일

지 은 이| 안선희 · 문혁준 · 김연하 · 김정희 · 임연진 · 한세영
펴 낸 이| 김기섭
책임편집| 이윤미
펴 낸 곳| 창지사 www.changjisa.com
08589 서울시 금천구 가산디지털 1로 83 파트너스타워 1차 9층
전화 (02) 719-2211~3
팩스 (02) 701-9386
등 록|1977년 4월 28일 · 제1-421호

ISBN 978-89-426-1439-4 (93370)

값 20,000원